商业流程自动化系列丛书

RPA 机器人与商务应用

陈海城　胡　令　刘　杰　主　编
牛博林　柴方艳　张雪存　耿兴隆　副主编

电子工业出版社
Publishing House of Electronics Industry
北京·BEIJING

内 容 简 介

本书全面介绍了 RPA（Robotic Process Automation）技术，从概述到基本原理，再到技术细节和应用场景，为读者提供了全方位的知识。首先，本书详细解释了 RPA 的基本工作原理，包括机器人如何模拟人类操作、自动执行任务和处理数据。其次，本书涵盖了 RPA 技术的不同模块和基本概念，解释了 RPA 机器人的逻辑设计和执行流程。再次，本书探讨了 RPA 在电商和新媒体行业中的具体应用案例，展示了 RPA 机器人在商品自动上新、商品优惠券设置、新媒体视频批量上传、新媒体直播数据获取等方面的实际效用。最后，本书提供了一系列实训案例，引导读者通过实际操作，深入了解 RPA 技术的开发流程和设计要点，帮助读者掌握 RPA 技术的应用技巧。无论读者是初学者还是有经验的专业人士，本书都为他们提供了全面的学习指导，帮助他们掌握 RPA 技术的理论知识和实际操作技巧。

未经许可，不得以任何方式复制或抄袭本书之部分或全部内容。

版权所有，侵权必究。

图书在版编目（CIP）数据

RPA 机器人与商务应用 / 陈海城，胡令，刘杰主编．—北京：电子工业出版社，2024.5
ISBN 978-7-121-47811-6

Ⅰ. ①R⋯ Ⅱ. ①陈⋯ ②胡⋯ ③刘⋯ Ⅲ. ①财务管理－专用机器人 Ⅳ. ①F275②TP242.3

中国国家版本馆 CIP 数据核字（2024）第 089705 号

责任编辑：张云怡　　　　　特约编辑：田学清
印　　刷：三河市良远印务有限公司
装　　订：三河市良远印务有限公司
出版发行：电子工业出版社
　　　　　北京市海淀区万寿路 173 信箱　　邮编：100036
开　　本：787×1092　1/16　印张：15.5　字数：339 千字
版　　次：2024 年 5 月第 1 版
印　　次：2025 年 9 月第 3 次印刷
定　　价：55.00 元

凡所购买电子工业出版社图书有缺损问题，请向购买书店调换。若书店售缺，请与本社发行部联系，联系及邮购电话：(010) 88254888，88258888。

质量投诉请发邮件至 zlts@phei.com.cn，盗版侵权举报请发邮件至 dbqq@phei.com.cn。

本书咨询联系方式：(010) 88254573，zyy@phei.com.cn。

前　言

随着信息技术的快速发展，科技创新已成为推动世界经济增长的重要力量。2022 年，党的二十大会议强调了创新的重要性，明确提出要加快建设创新型国家，推动互联网、大数据、人工智能和实体经济深度融合。2024 年《政府工作报告》指出，大力推进现代化产业体系建设，加快发展新质生产力。在这样的背景下，RPA 技术在商业领域中的应用日益广泛，为企业提高效率、降低成本、优化管理提供了有力支持。RPA 技术为企业提供了一条新型的创新增长之路，以实现生产要素投入少、资源配置效率高、资源环境成本低、经济社会效益好的新增长路径。

本书旨在探讨 RPA 技术在商务领域的实际应用，为广大企业、管理人员和技术人员提供有益的参考。本书紧密结合党的二十大会议精神，以企业商务应用为背景，深入剖析 RPA 技术在各行各业的应用现状和前景，为读者呈现一幅 RPA 技术与商业融合发展的美好画卷。

本书共分为 5 章，内容涵盖了 RPA 技术的各个方面。

第 1 章为 RPA 概述，介绍了 RPA 的定义与特点、RPA 与传统自动化技术、RPA 的基本工作原理、RPA 的技术介绍和 RPA 的应用场景，还介绍了几种常用的 RPA 软件，以便读者在了解 RPA 技术的同时，能够快速上手实践。第 2 章为 RPA 机器人开发基础，以影刀 RPA 为例，详细介绍了影刀 RPA 的基本应用、RPA 的功能模块、RPA 的基本概念和 RPA 的三大逻辑。此外，还提供了影刀 RPA 的安装步骤与要求，以及环境配置方法，帮助读者顺利开展 RPA 开发工作。第 3 章和第 4 章分别以电商行业和新媒体行业为例，设计了多个 RPA 机器人应用案例，涵盖了商品自动上新、商品优惠券设置、商品 SKU 信息获取、批量物流信息查询、新媒体视频批量上传、新媒体直播数据获取、批量添加员工微信至企业微信、新媒体舆情分析等多种业务场景。这些案例旨在帮助读者了解 RPA 技术在实际业务中的应用，并提供参考和借鉴。第 5 章为影刀 RPA 实训案例，设计了消息群发机器人、商品数据采集机器人、新媒体自动关注机器人和店铺经营报表制作机器人等多个实训案例。通过这些案例，读者可以进一步加深对 RPA 技术的理解，掌握 RPA 开发的实际操作技巧。

本书内容丰富，结构清晰，既可作为高等学校电子商务等专业课程教材，也可作为企业内部培训用书，或者对 RPA 技术感兴趣者的自学教材，帮助师生、员工快速掌握 RPA 技术，实现业务流程的自动化和智能化。期待本书能够为读者在学习 RPA 技术的道路上提供有益的指导和帮助。

本书特点如下：

1．丰富的案例分析，帮助读者深入了解 RPA 技术在实践中的具体应用和效果。

2．阐述 RPA 技术发展趋势，展望 RPA 技术在不同领域的应用前景。

3．语言通俗易懂，兼顾理论与实践，适合不同层次的读者阅读。

本书配套的资源如下：

1．RPA 脚本案例。

2．实训案例操作视频。

3．微课。

4．用于高校教学使用的教学计划、教案和课件，其中思政内容将设计在教案和课件中。

我们希望本书能够为您在探索 RPA 技术与商业融合的道路上提供指引和启示，助力我国企业实现高质量发展，为建设创新型国家贡献力量。在此，感谢我国政府对科技创新的大力支持，感谢广大企业和读者对本书的关注。愿我们共同携手，共创美好未来！

编　者

2024 年 4 月

目　　　录

第1章　RPA 概述 1

1.1　RPA 的定义与特点 1
1.1.1　RPA 的定义 1
1.1.2　RPA 的特点 1
1.2　RPA 与传统自动化技术 3
1.2.1　传统自动化技术的定义 3
1.2.2　RPA 与传统自动化技术的区别 3
1.3　RPA 的基本工作原理 4
1.3.1　RPA 的系统体系结构 4
1.3.2　RPA 工作的技术架构 5
1.4　RPA 的技术介绍 7
1.4.1　屏幕抓取技术 7
1.4.2　业务流程自动化管理技术 8
1.4.3　人工智能技术 9
1.4.4　其他技术 10
1.5　RPA 的应用场景 12
1.5.1　电商业务应用场景 13
1.5.2　金融和银行业务应用场景 13
1.5.3　客户服务和支持应用场景 14
1.5.4　人力资源管理应用场景 14
1.5.5　供应链管理应用场景 16
1.6　常用 RPA 软件 16
1.6.1　UiPath Studio 17
1.6.2　Power Automate 17
1.6.3　UiBot 17
1.6.4　影刀 RPA 17

第 2 章　RPA 机器人开发基础 18

2.1　影刀 RPA 概述 18
2.1.1　影刀 RPA 简介 18
2.1.2　影刀 RPA 的基本应用 19
2.1.3　影刀 RPA 的版本及权限 19

2.2　影刀 RPA 的功能模块 20
2.2.1　综合管理 20
2.2.2　个人中心 29
2.2.3　应用开发 37

2.3　影刀 RPA 的基本概念 50
2.3.1　指令的一般构成 50
2.3.2　元素的一般捕获方式 51
2.3.3　捕获相似元素 52
2.3.4　元素捕获的实质 53
2.3.5　深度模式捕获元素 53
2.3.6　获取网页对象 55
2.3.7　获取窗口对象 56
2.3.8　数据的表达 57
2.3.9　文本处理 62
2.3.10　列表处理 67
2.3.11　变量 74
2.3.12　输入模式 77
2.3.13　对话框 78
2.3.14　输出方式 80
2.3.15　正则表达式 82
2.3.16　应用的分享与获取 84

2.4　影刀 RPA 的三大逻辑 90
2.4.1　条件判断 90
2.4.2　循环 96
2.4.3　等待 101

2.5　影刀 RPA 的下载与安装 107
2.5.1　影刀 RPA 的下载 107
2.5.2　影刀 RPA 的安装 108

2.6　影刀 RPA 的环境配置 110

目录

  2.6.1 电脑端环境配置 110
  2.6.2 安卓手机端环境配置 112
 2.7 机器人流程设计概述 114
  2.7.1 机器人流程设计的含义 114
  2.7.2 机器人流程设计的好处 114
  2.7.3 机器人流程设计的原则 115
  2.7.4 机器人流程设计的步骤 116

第 3 章　电商行业 RPA 机器人设计案例 118

 3.1 商品自动上新 118
  3.1.1 场景描述 118
  3.1.2 业务流程 118
  3.1.3 RPA 机器人流程设计 125
 3.2 商品优惠券设置 126
  3.2.1 场景描述 126
  3.2.2 业务流程 127
  3.2.3 RPA 机器人流程设计 130
 3.3 商品 SKU 信息获取 132
  3.3.1 场景描述 132
  3.3.2 业务流程 132
  3.3.3 RPA 机器人流程设计 135
 3.4 批量物流信息查询 137
  3.4.1 场景描述 137
  3.4.2 业务流程 137
  3.4.3 RPA 机器人流程设计 140

第 4 章　新媒体行业 RPA 机器人设计案例 144

 4.1 新媒体视频批量上传 144
  4.1.1 场景描述 144
  4.1.2 业务流程 144
  4.1.3 RPA 机器人流程设计 148
 4.2 新媒体直播数据获取 150
  4.2.1 场景描述 150
  4.2.2 业务流程 150
  4.2.3 RPA 机器人流程设计 153

4.3 批量添加员工微信至企业微信 155
　　4.3.1 场景描述 155
　　4.3.2 业务流程 155
　　4.3.3 RPA 机器人流程设计 159
4.4 新媒体舆情分析 160
　　4.4.1 场景描述 160
　　4.4.2 业务流程 160
　　4.4.3 RPA 机器人流程设计 165

第 5 章　影刀 RPA 实训案例 168

5.1 消息群发机器人 168
　　5.1.1 场景描述 168
　　5.1.2 业务流程 168
　　5.1.3 RPA 机器人流程设计 171
　　5.1.4 开发步骤 173
5.2 商品数据采集机器人 188
　　5.2.1 场景描述 188
　　5.2.2 业务流程 188
　　5.2.3 RPA 机器人流程设计 191
　　5.2.4 开发步骤 193
5.3 新媒体自动关注机器人 208
　　5.3.1 场景描述 208
　　5.3.2 业务流程 208
　　5.3.3 RPA 机器人流程设计 212
　　5.3.4 开发步骤 212
5.4 店铺经营报表制作机器人 224
　　5.4.1 场景描述 224
　　5.4.2 业务流程 225
　　5.4.3 RPA 机器人流程设计 227
　　5.4.4 开发步骤 228

第 1 章

RPA 概述

随着全球化和数字化的发展，企业的业务流程变得越来越复杂。为了提高工作效率并降低成本，许多企业开始探索自动化技术。RPA 作为一个新兴的自动化技术，已经在全球范围内得到了广泛关注和应用。本章将探讨 RPA 的定义与特点、RPA 与传统自动化技术、RPA 的基本工作原理、RPA 的技术介绍、RPA 的应用场景及常用 RPA 软件，帮助读者了解 RPA 的基本概念和特点。

1.1 RPA 的定义与特点

1.1.1 RPA 的定义

RPA（Robotic Process Automation）即机器人流程自动化，又可以称为 Digital Labor（数字化劳动力）。它是指一种能够依据预先设定好的业务处理规则，模拟用户与计算机系统的交互过程，自动完成一系列特定工作流程和预期任务的智能化技术。

1.1.2 RPA 的特点

RPA 作为一种能够自动化处理人类工作的机器人技术，其主要作用就是让机器人代替人类完成重复性强、标准化程度高、规则明确、大批量和跨系统的日常事务操作，其主要特点如下。

1. 基于明确的规则操作

由于机器人只能理解一些简单且明确的指令，因此在制作 RPA 机器人时，必须为其预先设置明确的指令。

2. 模拟人类手动操作及交互

RPA 机器人可以模拟人类进行日常的计算机操作，比如鼠标点击、键盘键入、复制、粘贴等。

3. 非侵入性

RPA 机器人通过遵循现有的安全标准和数据完整性标准，使用与人类完全相同的方式来访问和操作当前系统，这属于非侵入性的部署。

4. 无须编程

RPA 程序的编写支持无代码开发和轻代码开发，只需通过拖曳控件的方式即可实现自动化业务流程。如果应用场景较为复杂，也可以支持编程，但一般只有少部分环节需要编程。这对不懂编程的业务人员非常友好，可以使他们快速部署自己的 RPA 程序。

5. 无区域限制

RPA 机器人是一种在电脑端部署的软件，可以在任何时间、任何地点使用，不受区域限制，且地理位置也不会影响 RPA 机器人工作的成本效益。

6. 错误率低

长时间的人工操作可能会导致员工视觉疲劳，从而产生错误。在使用 RPA 机器人进行工作时，可以将每个工作流程录入系统并自动执行，从而有效避免员工因长时间的人工操作而产生的错误。

7. 高度严密性

工作中的许多数据都需要严格保密。人工处理数据无法避免员工接触数据，当员工离职时，就可能出现人为泄露数据的情况。使用 RPA 机器人处理数据则不会泄露机密信息，可以有效避免因数据泄露而造成的损失。

8. 降低企业用工成本，提高工作效率

RPA 机器人可以完成耗时且重复性强的任务。企业使用 RPA 机器人的成本远低于使用人工的成本，让 RPA 机器人代替人工，减少该岗位上的人力投入，有利于帮助企业降低用工成本，提高工作效率。

1.2 RPA 与传统自动化技术

1.2.1 传统自动化技术的定义

传统自动化是指使用机械、电气和控制技术等传统手段，通过编程或预设规则来实现对任务或流程的自动执行和控制的技术。它依据预先设定的程序或逻辑来指导设备或系统的运行，以完成特定的操作或任务，从而帮助企业提高生产效率、节约劳动力成本，以及提升企业产品的质量和稳定性。

1.2.2 RPA 与传统自动化技术的区别

在数字化时代，自动化技术已经成为企业提高生产效率和降低成本的重要手段。然而，在选择自动化技术时，企业需要综合考虑不同自动化技术的特点、企业自身的需求及应用场景。

在众多自动化技术中，RPA 作为一种新兴的自动化技术，与传统的自动化技术有一些区别，具体如下。

1. 应用范围不同

传统自动化技术主要应用于工业生产过程中，主要关注物理任务和生产流程的自动化。RPA 主要应用于计算机软件领域，旨在通过软件机器人模拟和执行人工操作，自动化处理电子数据和业务流程。简而言之，传统自动化技术主要关注硬件设备的自动化，而 RPA 主要关注计算机软件的自动化。

2. RPA 实现的智能化程度更高

传统自动化技术主要依靠物理设备和控制系统来实现自动化，它需要用户手动设置规则和流程，无法自主地适应不同的环境和应用场景，也无法自我学习和优化，因此智能化程度相对较低。

RPA 则基于软件的自动化，使用软件机器人来模拟和执行人工操作。它通常通过模拟用户界面、屏幕抓取和脚本化等方式实现，能够适应不同的环境和应用场景。此外，RPA 还能够通过机器学习和人工智能技术来识别与理解数据及信息，从而更好地执行任务。这种智能化程度可以提高自动化效率，减少人工干预的需求，并帮助企业更好地应对市场和客户需求的变化，因此智能化程度相对较高。

3. RPA 更加灵活与易用

传统自动化技术通常需要进行硬件设备的调整和布线，所以比较复杂，对设备和系统的更改可能需要较长时间和较高成本。

RPA 则可以通过编程或配置软件机器人来实现自动化，相较于传统自动化技术需要对硬件设备进行大量调整，RPA 更加灵活与易用，无须对现有系统进行改动。

4．RPA 在成本更低的同时效率更高

传统自动化技术通常需要较高的成本和较长的开发周期，此外，它还需要更多的专业知识和技能来维护与升级自动化设备。

RPA 则具有更低的成本和更高的效率。这是因为，RPA 可以直接在软件或服务器上快速部署和实施，并且可以轻松地进行扩展和维护。比如 RPA 可以通过桌面软件的可视化界面进行操作和调试，这样就减少了开发时间和成本。

5．RPA 的适应性更强，可扩展性更高

传统自动化技术通常需要针对特定的任务和应用场景进行定制化开发，因此缺乏一定的适应性和可扩展性。当应用场景或任务需求发生变化时，传统自动化技术需要重新编写代码和流程，难以快速适应新的需求变化。

RPA 则具有更好的适应性和可扩展性，能够快速适应不同的应用场景和任务的需求变化。例如，它可以识别不同场景中的相似元素，并针对具有相似特点的对象进行自动化操作。这种适应性和可扩展性可以帮助企业更好地应对市场和客户需求的变化，提高生产效率和竞争力。

1.3　RPA 的基本工作原理

1.3.1　RPA 的系统体系结构

RPA 的系统体系结构是典型的 C/S 软件系统体系结构，它通过服务器来开展客户端机器人流程自动化的维护升级、任务调度、工作监控等管理工作，并以此来达到保障机器人流程自动化正常工作的目的。

C/S 软件系统体系结构（Client/Server Software System Architecture）是一种常见的分布式系统架构，用于构建客户端和服务器之间的应用程序通信与协作模型。在 C/S 软件系统体系结构中，应用程序被拆分为两个主要组件——客户端（Client）和服务器（Server），它们分别承担不同的角色和功能。完整的 C/S 软件系统体系结构的基本组成部分为客户端、服务器、网络通信及数据库管理系统。

1．客户端

客户端是用户与应用程序交互的接口，通常是运行在用户设备上的软件。它负责向用

户展示界面，接收用户输入，并将请求发送给服务器。客户端可以是桌面应用程序、移动应用程序或 Web 浏览器等。

2．服务器

服务器是响应客户端请求并提供服务的计算机或设备。它负责处理客户端发送的请求、执行相应的逻辑和业务处理，并将结果返回给客户端。服务器可以是物理服务器、虚拟服务器或云端服务器。

3．网络通信

客户端和服务器之间需要通过网络进行通信、数据传输和信息交换。常见的网络协议包括 TCP/IP、HTTP、WebSocket 等。网络通信为客户端和服务器之间的连接与数据传输奠定了基础。

4．数据库管理系统

服务器通常使用数据库管理系统（Database Management System，DBMS）来管理和存储数据。客户端可以通过与服务器的交互，对数据库中的数据进行查询、更新等操作。

1.3.2 RPA 工作的技术架构

从总体设计上看，常见 RPA 产品的技术架构包含三大部分：开发器、执行器及管理器。虽然不同的 RPA 厂商对它们的命名可能不同，但是开发器、执行器和管理器这"三件套"，如今已经成为 RPA 产品的标配了。

1．开发器

开发器是 RPA 的设计生产工具，用于构建软件机器人的配置或设计机器人。通过开发器，开发者可以为机器人提供一系列的执行指令。

开发器具有以下 5 个方面的功能和特点。

1）机器人脚本引擎

RPA 机器人内建的机器人脚本引擎（BotScript）具备词法分析、编译、运行等计算机语言的标准组件。该引擎的内置语言有 C++、Python、Lua 等，并且在开发时通过外置的.NET 适配器，可以实现其他语言与机器人脚本引擎数据类型的双向自动转换，以便在机器人的自动化交互中获取和传递数据。

2）RPA 核心架构

RPA 核心架构（RPA Core）——界面识别器，能识别桌面应用（Desktop Application）、网络浏览器（Web Browser）等各种界面元素；也能动态加载自定义识别器；配合抓取工具，能快速实现目标应用的选择与抓取。

3）图形用户界面

图形用户界面（Graphical User Interface，GUI）是一种用户接口，通过 IPC（Inter-Process Communication，进程间通信）与相应的引擎进行通信。RPA 产品由 GUI 承担流程的编写、开发和调试工作，通过 GUI 与控制中心进行通信，结合 HTTP 与 FTP 实现流程的发布和上传。

4）记录仪

记录仪（Recorder）也称"录屏"，用于配置软件机器人。类似 Excel 中的宏，记录仪可以记录在用户界面（UI）中发生的每一次鼠标或键盘的动作。

5）插件/扩展

为了让配置的软件机器人变得简单，大多数平台都会通过提供许多插件和扩展应用来提高机器人的运行效率。

2. 执行器

执行器是用来运行已有的软件机器人或查阅运行结果的工具。

开发者首先需要在开发器中完成开发任务，生成机器人文件，然后需要将该文件放置在执行器上执行。

为了保证开发与执行的高度统一性，执行器与开发器一般采用类似的架构，以"机器人脚本引擎"与"RPA 核心架构"为基础，辅以不同的"图形用户界面"交互，满足终端执行器常见的交互控制功能。

执行器可与管理器通过 Socket 接口的方式建立长连接，接收管理器下发的流程执行、状态查看等指令。在执行完成时，进程将运行的结果、日志与录制视频通过指定通信协议上报到管理器，确保流程执行的完整性。

3. 管理器

管理器主要用于软件机器人的部署与管理，包括开始/停止机器人的运行，为机器人制作日程表，维护和发布代码，重新部署机器人的不同任务，管理许可证和凭证等。

管理器具有以下 4 个方面的功能和特点。

1）管理调度

管理器在本质上是一个管理平台，可以管控和调度无数个 RPA 执行器；同时，也可以将设计完成的流程从 RPA 控制中心管理平台下派至各个局域网内有权限的单机上执行。

当需要在多台 PC 上运行机器人时，可以使用管理器对这些机器人进行集中管控，比如统一分发流程/统一设定启动条件等。

2）用户管理

用户可以通过用户名和密码登录 RPA 控制中心。一般的控制中心会提供完备的用户管理功能，对每个用户进行权限设定，以保证数据安全。

另外，控制中心还提供了类似于组织架构的功能，用户可以利用该功能定义 RPA 机器人的使用权限。

3）流程管理

管理器会提供流程管理界面，用户可以通过它查看已有流程被哪些任务使用及流程的激活状况等，同时可以新建流程。

4）机器人视图

机器人视图功能可以帮助用户查看所有的或某一部门下的 RPA 机器人流程，具体包括查看这些机器人是否在线及其到期时间，有权限的用户还可以对相关机器人流程进行编辑或删除。

1.4 RPA 的技术介绍

RPA 是一种可以让机器人代替人类完成烦琐工作的自动化技术。RPA 机器人可以通过模拟用户在操作系统中的交互动作，自动执行基于规则的、重复的操作，最终达到提高工作效率、减少人力成本的目的。

RPA 包含以下 3 个核心技术。

- 屏幕抓取技术：用于捕捉和模拟用户在屏幕上的交互动作。
- 业务流程自动化管理技术：用于管理和执行自动化的业务流程。
- 人工智能技术：用于提供更智能化的决策和处理能力。

其他相关技术如下。

- 光学字符识别技术：用于将图像中的文字转换为可编辑的文本。
- 自然语言处理技术：用于处理和理解人类语言。
- 图像对比技术：用于比较和匹配图像。
- 机器学习技术：用于让机器从数据中学习和改进。

1.4.1 屏幕抓取技术

屏幕抓取技术能够通过抓取与识别屏幕上的图像、文字和图形等信息并将其转换为机器人能理解的数据，使 RPA 机器人操作屏幕上的图像、文字和图形等，以执行各种任务。

该技术的特点是在与应用程序和系统进行交互时，无须访问底层数据库或接口，即可直接进行操作。

屏幕抓取技术可以直接抓取网页或软件中任何位置的元素，如网页中的输入框、按钮等。RPA也可以直接操作抓取的元素，例如，在输入框元素中输入文字，点击按钮元素进入下一个界面等。

屏幕抓取技术也可以被理解为，屏幕抓取是机器人的"眼睛"，只要是屏幕能抓取的内容，就可以被转换为机器人能理解的数据，并且可以直接使用。总之，屏幕抓取技术在RPA中扮演着重要的角色，它使得机器人能读取和处理屏幕上的信息，并模拟人类的操作，从而实行自动化的任务。

1.4.2 业务流程自动化管理技术

业务流程自动化管理是指利用RPA来自动化管理业务流程。它的目标是通过使用机器人代替人工操作来提高工作效率、降低成本，并确保业务流程的准确性和一致性。

业务流程自动化管理技术主要包括以下3个方面。

1．业务流程的建模和设计

要实现业务流程自动化管理，首先需要对自动化的业务流程进行建模和设计。这包括通过流程图等方式记录工作流程的各个步骤、环节和规则，并确定机器人需要执行的任务和操作。

下面以抓取淘宝商品搜索数据为例来说明该工作流程的步骤。

（1）打开淘宝网页。

（2）登录淘宝账号。

（3）搜索商品。

（4）记录每一页的数据。

开发者通过以上步骤可以进一步建模，并设计机器人需要执行的任务和操作。

2．机器人的编程和配置

在对业务流程进行建模和设计后，为了实现自动化，需要进行机器人的编程和配置。

（1）在编程方面，需要将业务规则和逻辑转换为机器人可以理解与执行的指令。这可以通过编写代码或脚本来实现，以定义机器人应该如何执行任务。编程可以被理解为机器人实现某个操作的方法，比如编写某段代码或脚本来实现某个控件的点击、数据提取等操作。

（2）在配置方面，需要对操作系统或浏览器等进行匹配和设置，以保证RPA程序能够正常运行。这包括配置机器人的工作环境和参数，比如配置机器人的登录信息、配置浏览器的版本或代理等，以确保机器人能够在正确的环境中执行任务。

第1章　RPA 概述

通过机器人的编程和配置，我们可以将业务规则和逻辑转换为机器人可以理解与执行的指令，并配置机器人的工作环境和参数，从而实现自动化的业务流程。

3. 监控和管理

要实现业务流程自动化管理，监控和管理机器人的工作表现与运行状态至关重要。通过监视机器人的执行情况，我们可以及时发现并解决问题，优化和调整机器人的工作流程与配置。

可以将整个业务流程自动化管理比喻为人体的四肢和躯干。

- 业务流程的建模和设计相当于组成四肢和躯干的基本结构，它定义了机器人执行任务的步骤和规则。
- 机器人的编程和配置类似于血管，它将机器人的流程连接起来，并与当前环境进行匹配，以确保机器人能够在正确的环境中执行任务。
- 监控和管理则类似于淋巴系统，它能够判断机器人是否出现问题或异常，并及时做出调整。通过监控和管理机器人的工作表现与运行状态，我们可以发现机器人在运行过程中遇到的错误、延迟或中断等问题，并采取相应的措施来解决。此外，监控和管理还可以帮助我们评估机器人的效率和性能，以及进行优化和调整，以提高自动化流程的效果和效率。

1.4.3　人工智能技术

人工智能（Artificial Intelligence，AI）是一种计算机技术，是模拟人类思维和行为的技术与方法。这种技术与方法可以使计算机实现自主学习、推理、判断和决策等功能。

在 RPA 中，AI 技术被广泛应用，使得机器人流程自动化更加智能和灵活。

首先，AI 技术可以用于 RPA 中的数据处理和分析。比如，AI 技术可以用于发票的光学字符识别，使机器人能够自动识别和提取发票中的关键信息，如发票号码、金额等。这样，机器人就能够自动处理大量的发票数据，提高处理效率。

其次，AI 技术可以用于 RPA 中的语义分析和自然语言处理。比如，在合同管理方面，AI 技术可以用于合同的语义分析和自然语言处理，使机器人能够理解和解析合同条款，从合同扫描件中提取所需要的总金额、账期、供应商等关键信息，之后通过 RPA 把这些信息发送给财务部门，给财务部门提供一个成本的管理依据。

此外，AI 还可以用于 RPA 中的决策支持。通过机器学习和深度学习等技术，机器人可以从历史数据中学习和推断，从而做出更加智能的决策。比如，电商店铺的 AI 客服可以根据客户的历史记录和行为，为客户自动推荐店铺商品，也可以回复客户所提出的简单问题，并将复杂的、无法回复的问题记录下来或者直接反馈给人工客服。

AI 技术为 RPA 提供了更高级和更智能的处理功能。通过与 AI 技术的结合，RPA 可以处理更加复杂的任务，更好地满足企业的需求。

1.4.4 其他技术

1．光学字符识别技术

光学字符识别（Optical Character Recognition，OCR）技术可以将图像中的文字转换为可编辑的文本，使得 RPA 机器人能够读取和处理这些文字信息。在 RPA 中，OCR 技术被广泛应用于处理扫描文档和图像中的文字等场景。

通过使用 OCR 技术，RPA 机器人可以自动识别和提取文档中的关键信息，比如合同、发票、申请表等文档，从而实现自动化的数据录入和处理。OCR 技术的实现通常包括以下 6 个步骤。

（1）图像采集：使用扫描仪、摄像头或其他图像采集设备采集包含要识别文字的图像，比如使用扫描仪将纸质文档扫描为数字图像。

（2）图像预处理：对输入图像进行处理，如去噪、增强对比度等，以提高字符识别的准确性。这个步骤主要用于处理图像上的污渍、划痕，或者对色彩不清楚的图像增强对比度和色相饱和度等。

（3）字符分割：对预处理后的图像进行字符分割，将图像中的字符单独分割出来。这个步骤是实现 OCR 技术的重要一步，可以确保每个字符都能够被独立识别，从而提高字符识别的准确性。

（4）特征提取：对每个分割出来的字符进行特征提取，以获取字符的关键特征。这个步骤可以包括提取字符的形状、纹理、颜色和灰度等特征，如图片上的图案标记等。

（5）字符识别：使用 OCR 技术对提取的字符特征进行识别。OCR 技术可以根据字符的特征将字符翻译为机器人可以理解的文字，使机器人间接读懂这些字符。

（6）结果后处理：对识别结果进行后处理。这个步骤可以包括字符校验、纠错和校正等操作，以提高识别结果的准确性和可靠性。

2．自然语言处理技术

在 RPA 中，自然语言处理（Natural Language Processing，NLP）属于重要的技术领域，使得 RPA 机器人能够理解和处理人类的语言。NLP 涵盖多种任务和技术，包括但不限于以下 4 个方面。

1）文本分类和情感分析

通过对文本进行分类和情感分析，NLP 技术可以帮助 RPA 机器人理解文本的含义和情感倾向。这可以应用于自动处理客户反馈、社交媒体监控等场景，从而更好地了解用户需求和情感。例如，电商 RPA 机器人客服在客户情绪不稳定时，会给客户发送安慰的话语，以抚平客户情绪。

2）信息提取和实体识别

RPA 机器人通过 NLP 技术从文本中提取关键信息和识别特定的实体（如人名、地名、日期等），这在自动化的信息收集、数据抓取等任务中非常有用。例如，获取一篇旅游报告中提到的所有地名。

3）语言生成和智能问答

NLP 技术可以帮助 RPA 机器人生成自然语言文本，并根据用户的问题提供智能化的回答。这可以应用于自动化的客户服务、智能助手等场景。例如，电商 RPA 机器人客服可以根据客户提出的问题和需求，为客户推荐合适的产品。

4）文本摘要和机器翻译

NLP 技术还可以自动提取文本的摘要信息并实现自动化的机器翻译。这主要应用于 RPA 机器人自动化的文档处理、多语言交流等任务。例如，RPA 可以提取某篇论文的主要内容作为摘要，使阅读者快速地了解论文内容。

结合 NLP 技术，RPA 机器人可以更好地与人类进行交互，理解人类的意图和需求，并做出相应的反应和处理。这使得 RPA 机器人更加智能化和灵活，能够处理更加复杂的任务和场景。

3. 图像对比技术

RPA 中的图像对比技术是指通过对比两个或多个图像的相同或不同之处来进行自动化决策或操作的技术。这项技术通常用于识别和验证图像中的特定内容，例如，确认特定按钮或图像是否出现在屏幕上，或者检测屏幕上的错误消息。图像对比技术通常包括以下 3 个方面。

1）图像识别

RPA 机器人可以使用图像对比技术识别屏幕上的特定图像或图像区域。这在自动化流程中很常见，需要根据图像内容来判断下一步的操作。例如，在一个网页中，RPA 机器人可以通过图像识别来点击特定的图像，虽然网页会不定时地刷新，但是图像的样式和位置并没有改变，因此图像识别可以确保在运行时点击图像的操作不会受到网页刷新的影响。同时，RPA 机器人也可以识别不同的图像元素，如网页中的输入框和按钮，并对不同的图像元素采取不同的操作，如在输入框中输入文字，点击搜索按钮搜索输入框中的内容。

2）图像对比

在 RPA 中，常用的是基于像素级别的图像对比技术，即对两张图片的每个像素点进行比较，如果出现差异，就认为这两张图片不同。

3）图像验证

图像验证的作用主要是判断捕获的图像是否正确，以确保自动化流程执行的准确性和一致性。在 RPA 机器人需要使用图像进行操作之前，可以先验证该图像是否是正确的或所需的元素。

图像对比技术在 RPA 中广泛应用于自动化流程的验证和决策，例如，在网页自动化中模拟用户的点击操作，或者在文档处理中识别和提取特定的信息。该技术可以提高 RPA 的准确性和稳定性，减少人工干预的需求，提高工作效率。

4．机器学习技术

机器学习（Machine Learning，ML）是 AI 的分支领域，它通过使用统计学和计算机科学的技术，使计算机系统能够从数据中学习和改进，而无须显式地进行编程。ML 的目标是通过训练模型，使其能够从数据中发现模式、做出预测和做出决策。

在 RPA 中，ML 技术可以用于提高自动化流程的智能化和自适应能力。以下是 RPA 中常见的几种 ML 技术。

1）分类算法

分类算法是 ML 中的一类算法，用于将数据分为不同的类别。在 RPA 中，使用分类算法可以让机器人自动识别和分类文档、邮件、图像等。例如，使用分类算法可以自动地将电子邮件分类为垃圾邮件和非垃圾邮件。

2）聚类算法

聚类算法是一种将数据分组为具有相似特征的集群的算法。在 RPA 中，聚类算法可以用于自动分组和归类数据。例如，在电商领域，使用聚类算法可以将客户按购买数量分类为低价值客户和高价值客户。

3）预测模型

预测模型可以通过历史数据来预测未来结果，可以用于自动预测销售趋势、需求量、股票价格等。将预测模型与 RPA 机器人结合使用，可以实现自动化的预测和决策。例如，使用 RPA 机器人可以自动对店铺下一季度的销售额进行预测。

这些 ML 技术的应用可以使 RPA 机器人更加智能和灵活，提高自动化流程的效率和准确性。

1.5　RPA 的应用场景

目前，RPA 正被广泛应用于各行各业，涉及电商、物流、财务、银行、金融等领域。

第 1 章　RPA 概述

以下是 RPA 的 5 个应用场景及典型案例。

1.5.1　电商业务应用场景

RPA 可以用于自动进行数据录入和处理任务，包括数据清洗和校验、数据导入和导出等。这可以大大减少人工操作的时间，降低错误率。典型案例如下。

1. 数据清洗和转换

某电商店铺从内部数据平台上下载的店铺经营数据表中发现，该数据表中存在很多无用数据，以及数据重复和数据缺失的情况。RPA 机器人可以直接对该数据表中的数据进行处理，删除多余和重复的数据，并使用相应的算法对缺失的数据进行填充。

2. 客户数据管理

RPA 机器人可以自动地通过不同的渠道（如电子邮件、电商数据平台、社交媒体等）提取客户数据，并将其整合到一个统一的客户数据库中。例如，某店铺使用 RPA 机器人采集店铺客户的数据，并将其分类存放到数据库中。

3. 数据采集和更新

在电商运营中，数据采集和更新是非常重要的。RPA 机器人可以定时启动，自动采集数据并将数据存放到数据库中。通过添加一个定时器，RPA 还可以实现数据的实时更新。

4. 数据报告和分析

基于采集的数据或已有的数据，RPA 机器人可以自动生成各种数据报告和分析结果。例如，使用 RPA 机器人可以对店铺 4 个季度的销售额进行预测分析，预测出下一个季度的销售额，并形成销售报告，以便店铺运营人员更好地做出下一个季度的营销方案。

1.5.2　金融和银行业务应用场景

在金融和银行业务应用场景中，RPA 可以用于自动处理贷款申请、账户开户、账户关闭等任务，提高操作效率和准确性。同时，RPA 还可以用于自动处理交易结算、风险管理、合规性检查等任务。典型案例如下。

1. 贷款申请处理

RPA 机器人从申请人提交的贷款申请表中提取必要的信息，并将其录入相应的系统以进行评估和审批，判断该申请人是否符合申请贷款的条件，从而实现自动化的贷款申请处理。

2. 交易处理

交易处理是实现商业交流、利润增长和决定客户满意度的关键环节。RPA 机器人从交易明细中提取必要的信息，并将其录入相应的系统，之后根据这些信息自动处理各种金融交易，如支付、转账、结算等。例如，RPA 机器人可以统计公司银行账号上的各项支出/收入，并计算公司银行账号的盈亏情况。

3. 风险管理

自动收集和分析大量的金融数据，如市场数据、客户数据、交易数据等，可以识别出潜在的风险和异常情况。例如，RPA 机器人可以从收集的数据中识别出潜在风险和异常情况，如股票的涨跌情况，让投资人尽快避险。

1.5.3 客户服务和支持应用场景

RPA 可以用于自动进行客户服务和支持流程，包括自动回复电子邮件、处理客户投诉、提供实时支持等。这可以提高客户满意度，减少人工干预的需求。典型案例如下。

1. 自动回复和处理常见问题

银行可以通过 RPA 实现对常见问题的自动回复和处理。例如，当客户提出问题时，RPA 机器人可以自动识别并提供相应的解决方案。对于无法处理的问题，RPA 机器人会将其记录下来并反馈给人工客服。

2. 自动化的支付和转账处理

当客户提交支付或转账申请时，RPA 机器人可以自动验证账户余额、收款方信息和交易金额，并执行相应的支付或转账操作，实现自动化地处理客户的支付和转账请求。例如，在使用微信或支付宝转账时，如果账户中余额不足，那么系统会自动弹出提示信息。

3. 自动化的投诉处理

对于客户提交的投诉信息，RPA 机器人会自动分析和归类投诉内容，并将其分配给相应的处理人员。例如，在服装店铺中，使用 RPA 机器人可以将客户的投诉划分为服装材质、服装款式、店铺售后处理等不同类型，以便处理人员分别处理不同类型的投诉。

1.5.4 人力资源管理应用场景

RPA 可以用于自动处理人力资源管理任务，如招聘管理、员工入职和离职管理、员工薪资和绩效管理等。这可以提高招聘效率、减少错误，并降低人力资源管理成本。典型案例如下。

1. 自动化的招聘流程

RPA 机器人在招聘流程中的应用确实可以提高效率并减少人力资源管理方面的工作量。例如，某公司在裁员后需要迅速填补职位空缺时，可以使用 RPA 机器人来自动发布招聘广告并筛选出符合条件的简历。因为 RPA 可以根据预设的条件自动筛选出合适的候选人，并安排他们进行面试，所以这样可以实现整个招聘流程的自动化，无须人工干预。

在这个例子中，RPA 机器人能够帮助公司快速找到合适的候选人，节省了人力资源团队大量的时间和精力。借助 RPA 的自动化处理，公司可以更高效地进行招聘工作，提高招聘流程的效率。

2. 自动化的员工入职和离职流程

在员工入职和离职流程中，RPA 机器人也可以发挥重要作用。当有新员工入职时，RPA 机器人可以自动化地处理一系列任务。例如，当一位新员工入职时，公司需要向他发送入职材料、安排培训，并更新员工信息。

RPA 机器人可以自动给这位新员工发送入职材料，并帮助他加入公司内部的钉钉群，减少了人工操作可能引发的错误。同时，机器人还可以在公司系统中自动添加该员工的信息，确保员工信息的准确性和即时性。

借助 RPA 机器人的自动化处理，公司可以更快速、准确地完成员工入职流程的各项任务。这不仅提高了工作效率，还减轻了人力资源团队的工作负担，使他们能够更专注于其他重要的人力资源管理工作。

3. 自动化的员工考勤和薪资计算

在员工考勤和薪资计算方面，RPA 机器人可以帮助公司更高效地处理相关任务。例如，某公司需要在每个月末对员工的考勤数据进行统计，并计算出相应的薪资。

RPA 机器人可以与考勤系统和薪资系统进行集成，自动收集员工的考勤数据，并统计出每位员工的考勤信息，包括迟到、缺勤等情况，之后根据公司的薪资计算规则，自动计算出每位员工的当月薪资。

一旦计算完成，RPA 机器人就可以将计算结果发送给财务部门的相关工作人员，以确保薪资计算的准确性和及时性。这样可以节省人力资源团队大量的时间和精力，同时减少发生人为错误的可能性。

借助 RPA 机器人的自动化处理，公司可以更快速、准确地完成员工考勤和薪资计算的工作。这不仅提高了工作效率，还降低了人力资源管理的成本，并确保了数据的准确性和可靠性。

4. 自动化的培训管理

在公司中，员工培训是一项重要的任务。使用 RPA 机器人可以实现自动化的培训管理，提高培训效率。

首先，RPA 机器人可以在培训之前自动发送适用于每位员工的培训材料并通知其培训时间。这样，员工可以提前准备并安排自己的时间，确保能够参加培训并获取所需的知识。

其次，RPA 机器人可以自动创建钉钉群，将参加相同培训的员工组合在一起。这样一来，员工就可以在培训期间与其他人交流和分享学习心得。

自动化的培训管理使得人力资源团队能够节省大量的时间和精力，将更多的精力投入到其他重要的人力资源管理工作中。此外，自动化的培训管理也可以减少错误和遗漏，提高培训的质量和效果。

1.5.5　供应链管理应用场景

RPA 可以用于自动进行供应链管理任务，包括订单处理、库存管理、物流跟踪等，从而提高供应链的响应速度和准确性。典型案例如下。

1．订单处理

RPA 机器人可以从电子邮件或电子商务平台中自动提取订单信息，并将其输入到企业资源计划（ERP）系统中进行处理。例如，某店铺每月都会有大量的订单数据，RPA 机器人可以将这些订单数据划分为交易成功的订单数据和交易失败的订单数据，并将结果反馈给运营人员。

2．库存管理

在电商库存管理中，店铺可以使用 RPA 机器人监控库存水平。当库存不足或堆积时，RPA 机器人会及时发出警报。此外，RPA 机器人还可以分析库存中商品的保质期，将临近保质期的商品统计出来，并将统计结果发送给仓库管理员。仓库管理员将根据这些信息采取相应的处理措施。

3．物流跟踪

RPA 机器人通过集成不同的物流跟踪系统和传感器，可以自动获取物流信息，并将其实时更新到供应链管理系统中。例如，当店铺使用 RPA 机器人跟踪商品的物流信息时，如果物流出现异常情况，RPA 就会给相关人员发送通知，并协助其制定解决方案。

1.6　常用 RPA 软件

常用 RPA 软件包括 UiPath Studio、Power Automate、UiBot、影刀 RPA 等。其中，UiPath

Studio 和 Power Automate 是国外软件，而 UiBot 和影刀 RPA 则是国产软件。本书后续内容将以国产软件影刀 RPA 为例进行介绍。以下是对这些 RPA 软件的简单介绍。

1.6.1　UiPath Studio

UiPath Studio 是 UiPath 公司开发的 SaaS 产品。它是一种图形化的集成开发环境（IDE），允许用户通过拖放、录制和自定义操作来创建自动化流程。该软件具有强大的功能，可以模拟人类用户的操作，与各种应用程序和系统进行交互，并处理数据和执行复杂的决策。UiPath Studio 的用户遍布全球的多个行业，包括金融、保险、制造、零售、医疗等。

1.6.2　Power Automate

Power Automate 是 Microsoft 公司开发的 SaaS 产品，该产品已经被内置在操作系统 Microsoft Windows 11 中，且包含在操作系统的工具列表中，无须安装和进行额外授权就可以使用。

Power Automate 提供了丰富的内置连接器和模板，可以与 Microsoft 生态的各种应用程序和服务集成，如 Microsoft 365、Dynamics 365、SharePoint、Outlook、OneDrive、Excel、Salesforce、Twitter 等。

1.6.3　UiBot

UiBot 是国内企业来也科技开发的 SaaS 产品，该产品广泛应用于财务、银行和金融等领域。

UiBot 可以启动一个独立的窗口，并在这个窗口中运行自动化流程，且即使窗口被遮挡也不会对运行的流程产生影响。如此一来，在运行流程的同时，也可以进行人工操作。

1.6.4　影刀 RPA

影刀 RPA 是一款功能强大且易于使用的 RPA 软件。它提供了一系列的自动化工具和功能，可以使用户快速、高效地建立和执行自动化任务。影刀 RPA 具有直观的用户界面和友好的操作方式，即使没有开发经验的用户也能够轻松上手。它支持多种数据源的集成，可以与其他系统进行无缝对接，实现数据的自动抓取和处理。此外，影刀 RPA 还提供了强大的调度和监控功能，可以对任务进行灵活的管理和控制。总之，影刀 RPA 是一款功能全面、易于操作的 RPA 软件，适用于各种行业和领域的自动化需求。

影刀 RPA 还可以连接手机，实现手机的自动化管理，并且手机端和电脑端的操作方法基本一致。

第 2 章

RPA 机器人开发基础

随着信息技术的飞速发展，自动化已经成为企业提高生产力和效率的关键。作为一种新兴的技术，RPA 正逐渐改变着传统的工作方式。本章将深入探讨影刀 RPA 的基础知识和机器人流程设计。

2.1 影刀 RPA 概述

2.1.1 影刀 RPA 简介

影刀 RPA 是杭州分叉智能科技有限公司研发的一款 RPA 软件。它具备模拟人类各种操作的能力，可以在任何应用程序上执行鼠标点击、键盘输入、信息读取等自动化操作，使人类从非主观决策（非主观决策指不是基于个人主观意识、情感或偏见的决策）、逻辑性强和规则性高的工作中解脱出来。除了模拟人类操作，影刀 RPA 还可以结合现有的各项技术，实现流程自动化的目标。

在影刀 RPA 中，用户可以通过简单的拖曳操作，创建自动化流程并进行配置。这意味着即使没有编程经验，用户也可以轻松地使用影刀 RPA 进行任务自动化。影刀 RPA 还支持与其他系统集成，使数据的获取和处理更加灵活与高效。

通过使用影刀 RPA，企业可以实现业务流程的自动化，提高工作效率，减少人工错误，节省时间和成本。它在各个行业和领域中都有广泛的应用，包括人力资源管理、供应链管理、金融服务等。

2.1.2　影刀 RPA 的基本应用

影刀 RPA 可以执行各种任务和操作，包括但不限于以下 6 个方面。

1．数据录入和处理

影刀 RPA 可以通过不同的数据来源自动收集数据，并将其录入目标体系。它可以处理大量的数据，进行格式转换、验证和清洗等操作。

2．数据提取和分析

影刀 RPA 可以从不同的系统和应用程序中提取数据，并进行分析、汇总和报告生成。它可以从结构化和非结构化的数据中提取信息。

3．文档生成和处理

影刀 RPA 可以根据预定模板自动生成各种文档，如合同、报告、信函等。它可以处理文档的格式、内容和布局等。

4．任务调度和监控

影刀 RPA 可以自动执行定期任务和计划任务，并监控任务的执行情况。它可以发送通知和警报，并生成任务的执行报告。

5．应用程序和系统集成

影刀 RPA 可以与各种应用程序和系统集成，包括 ERP 系统、CRM 系统、人力资源系统等。它可以在不同系统之间传输数据，并协调不同系统的操作。

6．客户服务和支持

影刀 RPA 可以处理客户的查询和请求，并提供实时的支持和解决方案。它可以自动回复电子邮件、处理客户数据，并提供基本的客户服务。

需要注意的是，影刀 RPA 的应用范围非常广泛，企业可以根据具体的业务需求进行定制和扩展。

2.1.3　影刀 RPA 的版本及权限

影刀 RPA 有多个版本，以满足不同用户的需求。以下是一些常见的影刀 RPA 版本。

- 社区版：社区版是影刀 RPA 的免费版本，仅适用于个人用户或小型团队，具有基本的自动化功能和一定的任务限制。

- 创业版：创业版是影刀 RPA 的标准版本，提供了较多的功能和较强的灵活性，适用于中小型企业和团队。
- 企业版：企业版是影刀 RPA 的高级版本，具有更多的定制化功能和更强的扩展性，适用于大型企业和复杂的自动化需求。

除了以上版本，影刀 RPA 还提供了定制化的开发服务，可以根据用户的特定需求提供个性化的解决方案。

用户可以根据自身的需求和预算选择合适的版本进行任务和流程管理自动化。影刀 RPA 各版本的权限如表 2-1 所示。

表 2-1　影刀 RPA 各版本的权限

企业版		创业版		社区版	
使用人数	多人	使用人数	1人	使用人数	1人
运行器（Robot）	部分支持	运行器（Robot）	支持	运行器（Robot）	部分支持
设计器（Studio）	支持	设计器（Studio）	支持	设计器（Studio）	支持
PC 自动化	支持	PC 自动化	支持	PC 自动化	支持
手机自动化	支持	手机自动化	支持	手机自动化	支持
创建应用数目	无限	创建应用数目	99 个	需要 Renew	每月
计划执行编排	支持	计划执行编排	支持		
触发设置运行	支持	触发设置运行	支持		
创建专属市场	支持				

除了版本权限，影刀 RPA 还提供了一些增值服务，包括影刀 GPT、自然语言处理 NLP、验证码识别和文字识别 OCR。这些增值服务都有免费体验的选项。

2.2　影刀 RPA 的功能模块

目前，影刀 RPA 分为 3 个功能模块，分别是【综合管理】、【个人中心】和【应用开发】。在使用影刀 RPA 之前，我们应该先了解这些功能模块的特性和作用。

2.2.1　综合管理

【综合管理】模块用于统一管理流程应用的开发和获取。它被细分为 5 个功能子模块，分别是【应用】、【触发器】、【市场】、【教程】和【社区/企业空间】。每个功能子模块都有自己的特性，用于管理多个机器人并协调它们的工作。

1. 应用

【应用】子模块下包含两个功能子模块，分别是【我的应用】和【自定义指令】。【我的应用】子模块下又包含【我开发的应用】和【我获取的应用】两个功能子模块;【自定义指令】子模块下又包含【我开发的指令】这个功能子模块。

1) 我开发的应用

这个功能子模块会将用户自己开发并保存的应用汇总到一个界面(见图 2-1)中,并以列表的形式显示。

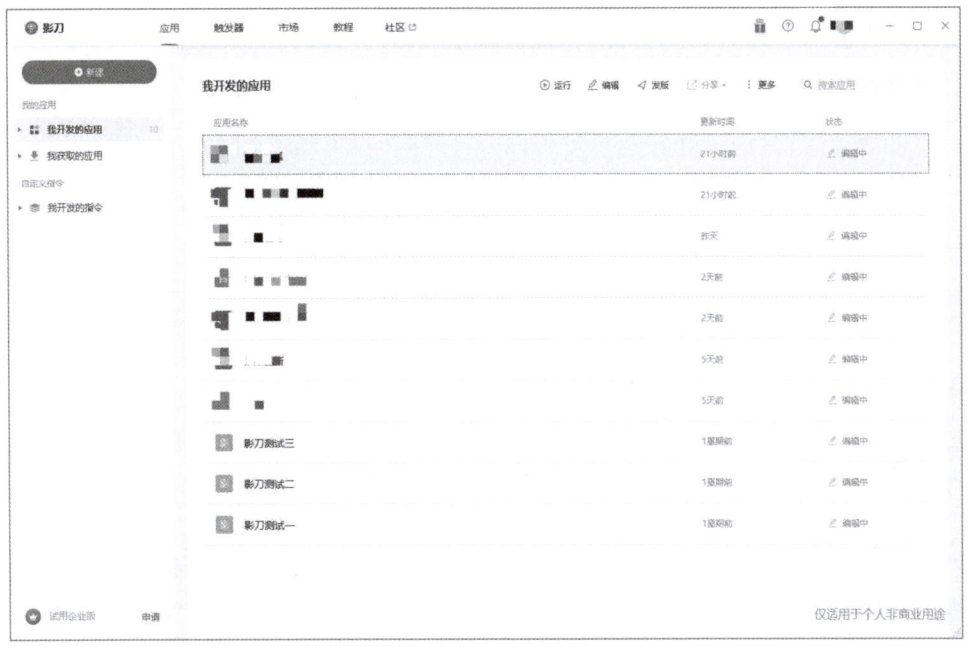

图 2-1 【我开发的应用】界面

如图 2-2 所示,【我开发的应用】界面右上方包含【运行】、【编辑】、【发版】、【分享】和【更多】这 5 个按钮。其中,【运行】按钮用于运行已开发的应用;【编辑】按钮用于打开一个编辑模式,在这个模式下,用户可以对自动化流程进行修改、调整和优化;【发版】按钮用于发布已开发的应用,应用只有在发布后才能进行分享;【分享】按钮用于分享已开发的应用;【更多】按钮下包含了下级菜单按钮【虚拟桌面中运行】和【历史版本】,【虚拟桌面中运行】按钮用于在虚拟的桌面上运行流程脚本,且在运行过程中会出现与本机大致相同的窗口桌面,帮助用户调试和开发流程脚本,而【历史版本】按钮则用于展示用户在流程脚本上进行优化更新所得到的版本修改记录。

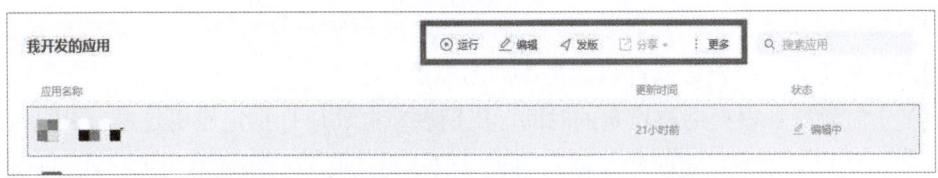

图 2-2 【我开发的应用】界面右上方的 5 个按钮

2）我获取的应用

这个功能子模块会将用户通过市场或个人分享所获得的应用汇总到一个界面（见图 2-3）中，并以列表的形式显示。在【我获取的应用】界面中，用户无法编辑应用，只能查看相关信息。

图 2-3 【我获取的应用】界面

3）我开发的指令

这个功能子模块会将用户自己开发并保存的指令汇总到一个界面（见图 2-4）中，并以列表的形式显示。在【我开发的指令】界面中，用户可以对保存的指令进行编辑及发版。

图 2-4 【我开发的指令】界面

2．触发器

【触发器】子模块下包含两个功能子模块，分别是【计划任务】和【运行日志】。其中，【计划任务】子模块会将用户设置了触发条件的任务汇总到一个界面（见图 2-5）中，并以列表的形式显示；【运行日志】子模块会显示每次应用运行的日志信息。

触发器的触发条件包括定时触发、文件触发、热键触发及邮件触发。这些触发条件可以为用户提供不同的触发方式，以满足不同的需求。

（1）定时触发：根据用户设定的时间，周期性地自动运行指定应用是影刀 RPA 的一个重要功能。用户可以设置定时触发器，用于按照指定的时间间隔或特定的日期和时间来触发应用的运行。【定时触发器】界面如图 2-6 所示。

图 2-5 【计划任务】界面

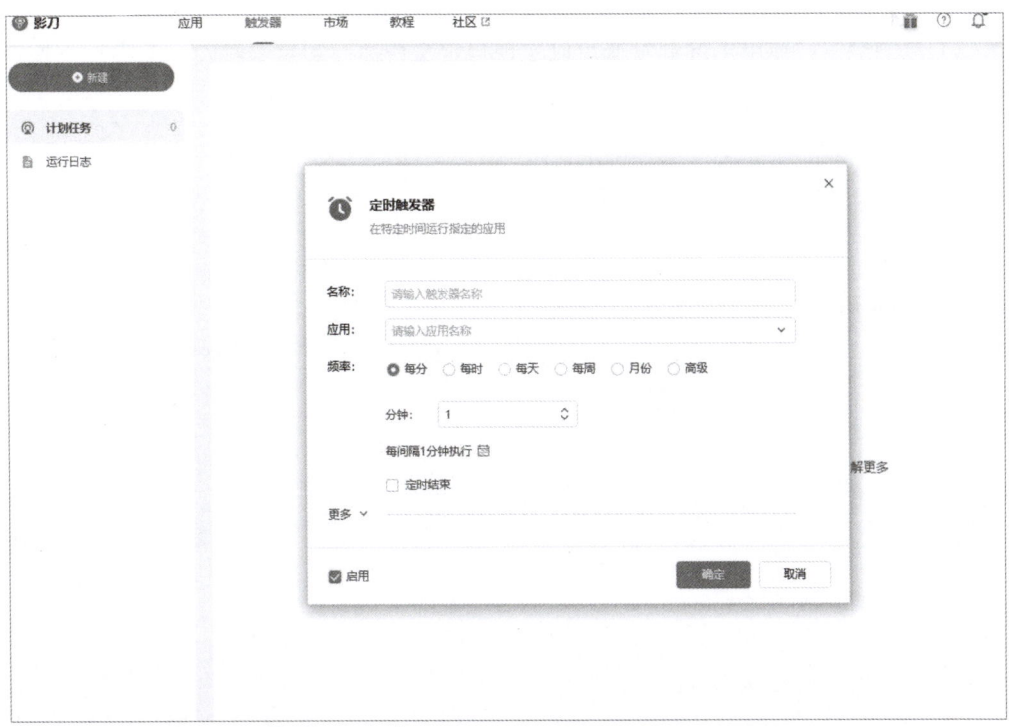

图 2-6 【定时触发器】界面

（2）文件触发：文件触发器可以监控指定文件的创建、删除、更新和重命名等操作，以触发应用的运行。【文件触发器】界面如图 2-7 所示。

图 2-7 【文件触发器】界面

（3）热键触发：使用热键触发器可以实现自定义快捷键的点击触发，即当按下指定的快捷键时，RPA 流程就会被触发执行。【热键触发器】界面如图 2-8 所示。

图 2-8 【热键触发器】界面

（4）邮件触发：使用邮件触发器可以实现当指定的邮箱收到特定邮件时，与该邮箱绑定的应用会被触发执行。【邮件触发器】界面如图 2-9 所示。

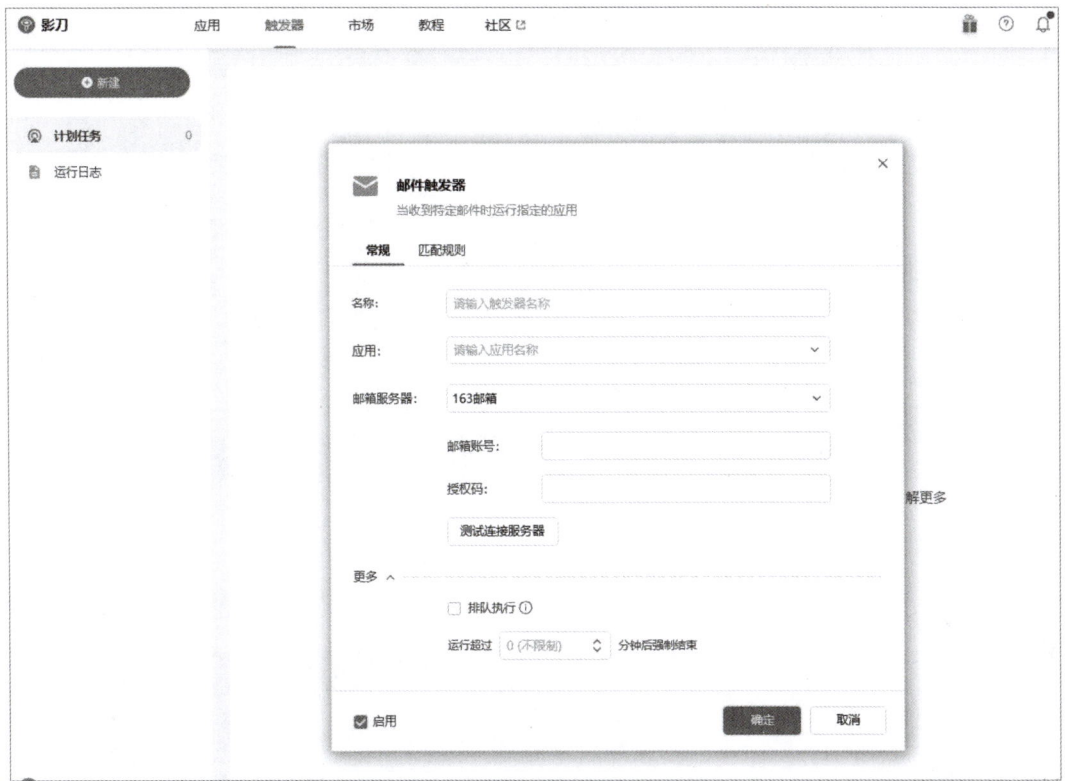

图 2-9 【邮件触发器】界面

3. 市场

【市场】子模块下包含两个功能子模块，分别是【我加入的市场】和【我创建的市场】。其中，【我加入的市场】子模块下又包含【应用推荐】和【影刀企业市场】两个功能子模块。【应用推荐】子模块用于管理官方市场应用，【影刀企业市场】子模块用于管理企业市场应用。而【我创建的市场】子模块用于管理个人市场应用。【市场】界面如图 2-10 所示。

1）应用推荐

在官方发布的流程脚本中，它们确实提供了一种方便快捷的方式来执行任务。然而，这种方式也存在一些限制。首先，这些脚本是无法编辑的；其次，只有创业版和企业版的用户才能使用这些脚本，社区版的用户无法使用。【应用推荐】界面如图 2-11 所示。

2）影刀企业市场

【影刀企业市场】子模块是企业版独有的功能子模块，可以通过激活企业版来访问。企业市场与本企业的其他账号可以互通，这意味着企业内部的不同账号可以共享和交流。这样一来，企业内部可以更好地协作和共享资源，提高工作效率。

图 2-10 【市场】界面

图 2-11 【应用推荐】界面

3）我创建的市场

【我创建的市场】子模块允许用户将自己开发的应用发布到个人市场中，以便与他人分享。这个功能可以基于用户已经发布的应用来实现。用户可以在个人市场中发布自己的应用，允许其他人使用和下载。【我创建的市场】界面如图 2-12 所示。

图 2-12 【我创建的市场】界面

4．教程

【教程】子模块是影刀 RPA 的学习入口，可以帮助新手快速了解软件的使用方法。学习课程包括初级课程、中级课程、高级课程、案例课程、专题课程、场景课程及 100 个小技巧等。

在【教程】子模块中，用户可以按照自己的学习需求选择不同难度级别的课程。初级课程适合刚开始接触影刀 RPA 的用户；中级课程涉及的知识讲解更加深入；高级课程涉及的知识讲解更加复杂和专业；案例课程以实际案例为基础，帮助用户学习如何应用影刀 RPA 解决实际问题；专题课程侧重于特定主题的学习；场景课程则以实际场景为背景，帮助用户理解如何在具体环境中应用影刀 RPA。

此外，【教程】子模块还提供了 100 个小技巧，这些小技巧可以帮助用户更加高效地使用影刀 RPA，并解决一些常见的问题。用户可以根据自己的需求和兴趣选择相应的课程与技巧进行学习。【教程】界面如图 2-13 所示。

5．社区/企业空间

【社区/企业空间】子模块是影刀 RPA 的一个重要功能子模块，它提供了一个交流和互助的平台，使用户能够与其他用户共享经验、获得帮助并参与讨论。

在【社区/企业空间】子模块中，用户可以加入不同的社区或企业，与其他用户进行互动。用户可以提出自己的问题或疑惑，也可以回答其他用户所提出的问题，共同解决问题。这种交流和互助的氛围有助于用户更好地理解和应用 RPA 技术。

RPA 机器人与商务应用

图 2-13 【教程】界面

1）社区

【社区】子模块是社区版界面的功能子模块之一。它的主要作用是进入影刀 RPA 的社区平台。用户可以在社区平台中提出问题、寻求帮助，或者帮助其他人解决问题。社区平台是一个交流和学习的平台，用户可以在这里与其他影刀 RPA 用户交流经验、分享心得，并解决使用过程中的疑惑。通过社区平台，用户可以获得更多的支持和指导，提高自己的技能，丰富自己的知识。影刀 RPA 的社区平台如图 2-14 所示。

图 2-14 影刀 RPA 的社区平台

2）企业空间

在企业版被激活后，用户将得到企业控制台界面，即【企业空间】界面，如图 2-15 所示。

图 2-15 【企业空间】界面

该界面主要分为【首页】、【账号管理】和【应用管理】三部分。

- 【首页】部分是企业版的主要界面，提供了关键的统计信息概览，包括开发应用数、应用运行时长、应用运行次数等。这个界面可以帮助企业管理员快速了解整个企业的 RPA 运行情况。
- 【账号管理】部分用于管理企业版下的用户账号，企业管理员可以在这里添加、编辑和删除用户账号，设置用户的权限和角色，以及管理用户的访问权限。
- 【应用管理】部分用于管理企业版下的应用，企业管理员可以在这里创建新的应用，编辑和删除现有的应用，以及查看和监控应用的运行状态与日志等。

通过【企业空间】界面，企业管理员可以更好地管理和监控整个企业的 RPA 应用，提高工作效率和协作性。

2.2.2　个人中心

【个人中心】模块是一个用于集中管理和配置个人设置、工具和服务的模块。该模块下包含【设置】、【工具】和服务管理相关功能子模块。

1. 设置

【设置】子模块提供了一系列个性化的设置选项，用户可以在这里进行个人信息的编辑和更新，包括用户名、密码、联系方式等。此外，用户还可以设置偏好和通知选项，以满足自己的需求。

（1）启动项、登录：设置开机后是否自动启动/登录，如图 2-16 所示。开机后自动启动/登录与触发器相关，如果应用未启动，则触发器将无法运行。

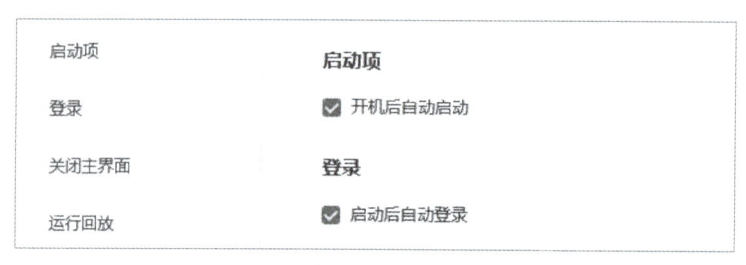

图 2-16　启动项、登录

（2）关闭主界面：可以设置为【最小化到系统托盘】或【退出程序】，如图 2-17 所示。

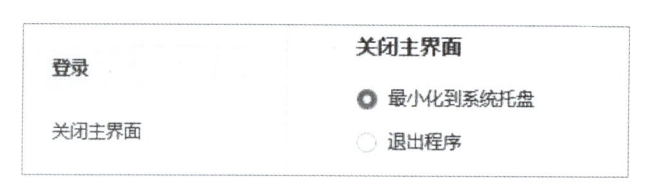

图 2-17　关闭主界面

- 最小化到系统托盘：在选中这个单选按钮后，当关闭主界面时，程序将会最小化到系统托盘中，方便用户快速访问和管理。
- 退出程序：在选中这个单选按钮后，当关闭主界面时，程序将完全退出，不再运行。用户可以根据自己的喜好和需求，在关闭主界面时选择适合自己的设置。

（3）运行回放：当流程运行出错时，可以进行回放操作，将流程回放到运行失败的前 X 秒（时间可自行设置），如图 2-18 所示。通过运行回放功能，用户可以重新执行出错的部分，以便找出问题并进行修复。

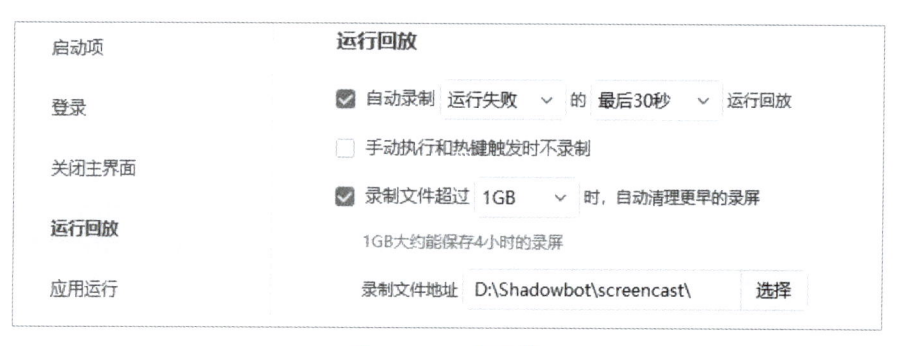

图 2-18　运行回放

（4）应用运行：在应用运行时，可以设置自动隐藏执行窗口，以便观察运行是否正常；

同时，为了确保应用在运行结束后的信息保密性，可以设置自动关闭影刀浏览器，如图 2-19 所示。

图 2-19　应用运行

（5）设计器：在编辑脚本/应用时，可以设置自动保存功能来自动保存用户所做的修改，如图 2-20 所示。这样可以避免因意外情况导致的数据丢失。

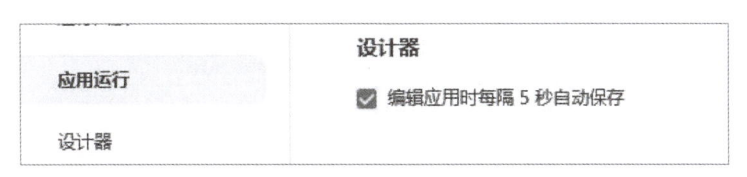

图 2-20　设计器

（6）快捷键：用户可以根据自己的需求，设置常用功能的快捷键，从而更快速地完成相应操作，如图 2-21 所示。这样能够大大提高用户的工作效率。

图 2-21　快捷键

（7）运行错误处理：在计划中运行的任务或触发器运行的任务发生异常时，可以通过邮件、钉钉群、企业微信群、飞书群等方式提醒用户处理错误，如图 2-22 所示。这样用户可以在最短的时间内得知错误信息，并进行相应的判断和调整。这种错误处理机制可以帮助用户更加高效地解决问题，减小错误的影响。

图 2-22　运行错误处理

2．工具

【工具】子模块是一个非常实用的组件，它提供了一系列功能强大的工具，可以帮助用户更高效地进行 RPA 开发和管理。

（1）自动化插件、扩展：自动化插件是影刀 RPA 中执行自动化任务所必需的扩展程序，其中包括应用较为广泛的【Google Chrome 自动化】、【Microsoft Edge 自动化】、【Firefox 自动化】、【Java 自动化】、【Android 手机自动化】和【360 安全浏览器自动化】插件，如图 2-23 所示。如果需要插入其他浏览器自动化插件，可以点击【添加自定义浏览器自动化】按钮来添加。

除了自动化插件，影刀 RPA 的扩展也是不可忽视的工具，它包括以下几部分，如图 2-24 所示。

- 虚拟键盘鼠标驱动：支持以虚拟键盘或鼠标进行自动化驱动输入。
- 屏幕解锁服务：支持 Windows 操作系统自动解锁。
- 浏览器唤起影刀：支持可信的管理后台通过浏览器唤起影刀客户端。

第 2 章　RPA 机器人开发基础

图 2-23　自动化插件

图 2-24　扩展

（2）影刀浏览器：影刀浏览器是一款功能强大的工具，它不仅支持静默运行，还能在后台进行自动化任务的执行，且不会影响用户进行其他正常的设备操作，如图 2-25 所示。通过影刀浏览器，用户可以实现各种网页自动化操作，如填写表单、点击按钮、抓取数据等。无论是进行网页数据采集，还是进行网银操作，影刀浏览器都能展示出出色的性能和稳定性。同时，影刀浏览器还支持多种浏览器内核，可以灵活适应不同的网页环境，确保自动化任务的顺利执行。

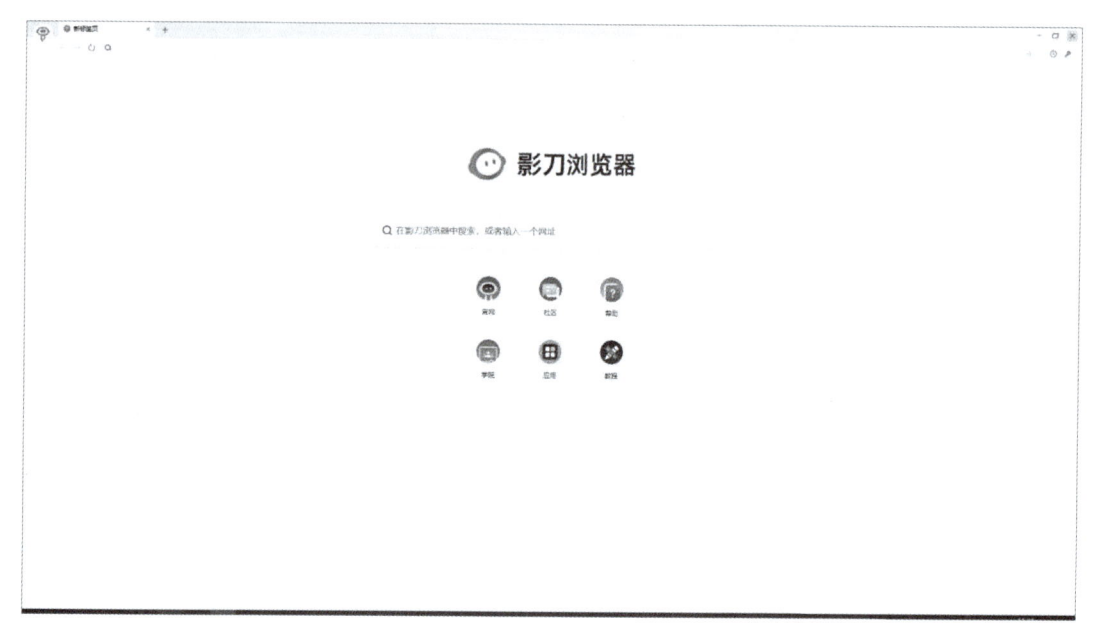

图 2-25　影刀浏览器

（3）手机管理器：手机管理器是一款方便实用的工具，它基于电脑与手机的连接，提供了强大的手机自动化管理功能，如图 2-26 所示。通过手机管理器，用户可以轻松地进行手机的远程控制和操作。无论是进行手机数据备份、文件传输，还是进行手机应用的安装、卸载，手机管理器都能高效地完成任务。此外，手机管理器还支持批量操作，可以帮助用户同时管理多台设备，提高工作效率。不仅如此，手机管理器还提供了丰富的手机调试和测试工具，可以帮助用户进行应用程序的调试和性能优化，确保应用在各种手机环境下良好运行。通过手机管理器，用户可以更加便捷地管理和控制手机设备，提高工作效率和用户体验。

3．增值服务

在使用增值服务时，如【影刀 GPT】、【自然语言处理 NLP】、【验证码识别】和【文字识别 OCR】服务，用户需要在充值后才能使用，如图 2-27 所示。在限免期间，新用户将获赠一定额度的减免。

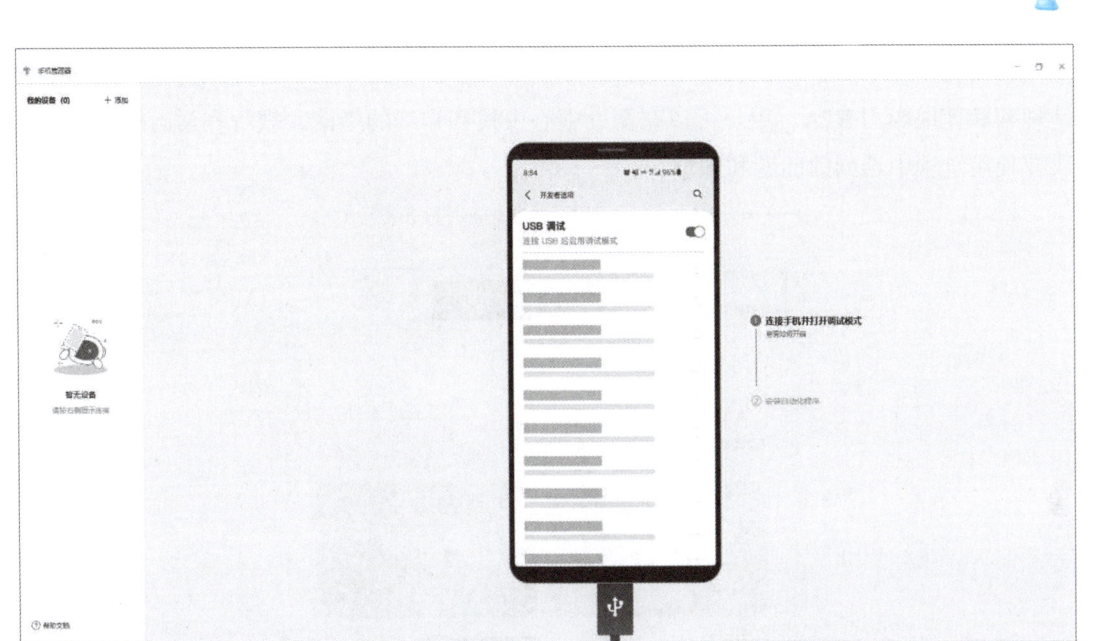

图 2-26　手机管理器

图 2-27　增值服务

4．帮助中心

帮助中心提供了多个有用的功能，包括【帮助】、【教程】和【学习影刀】，如图 2-28 所示。点击【学习中心】按钮会自动跳转到【学习中心】界面，其中的资源将帮助用户更好地理解和使用影刀 RPA。用户可以在帮助中心中找到详细的指南、教程和学习材料，以解决在使用过程中遇到的问题和困惑。

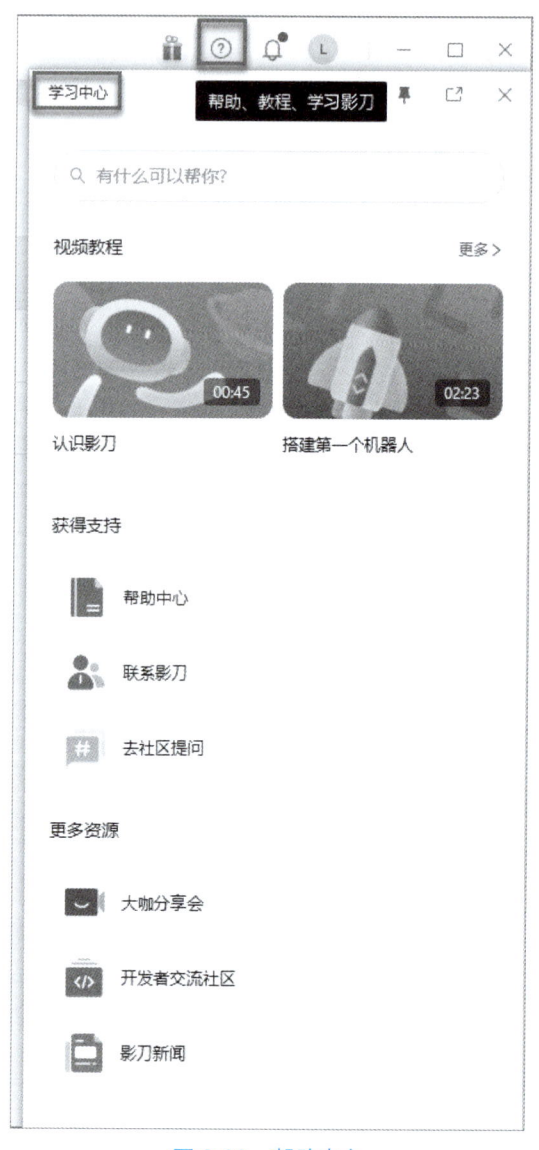

图 2-28 帮助中心

5．消息中心

消息中心主要用于接收系统、团队、社区和学院等发布的相关通知，如图 2-29 所示。用户可以在消息中心中查看和管理各种通知，包括系统更新消息、团队消息、社区活动通知和学院培训通知等。通过消息中心，用户可以及时了解最新的消息和重要通知，以便更好地参与相关活动和使用影刀 RPA。

第 2 章　RPA 机器人开发基础

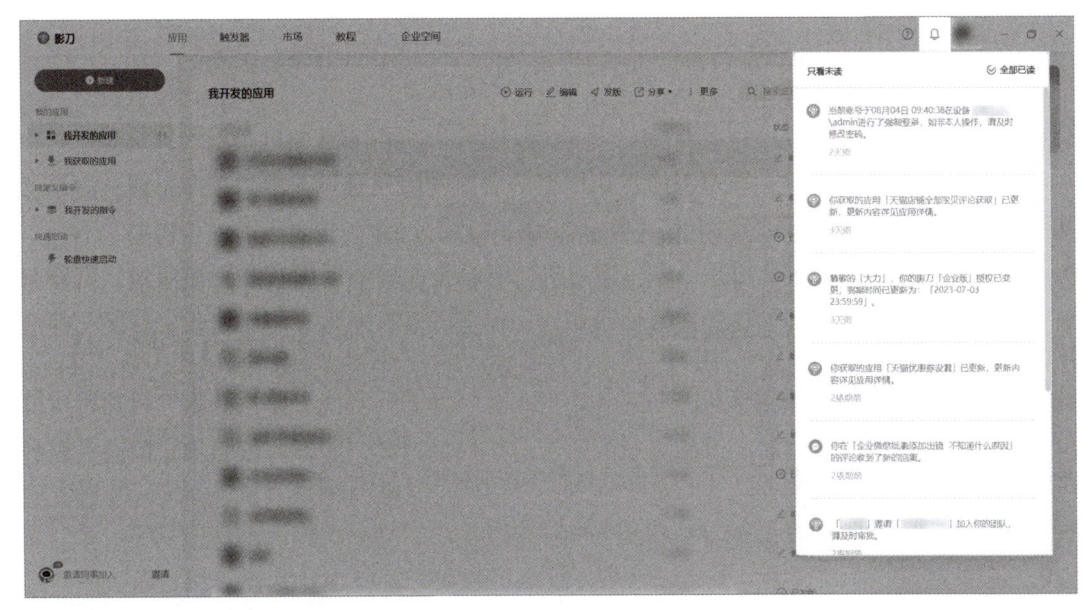

图 2-29　消息中心

2.2.3　应用开发

【应用开发】模块是影刀 RPA 中的核心模块之一，它提供了一系列强大的工具和功能，可以帮助用户进行自动化流程的开发和管理。该模块的界面主要分为顶部菜单栏、指令区、应用流程指令编排区、底部功能区及流程与全局变量可视区等区域。

1. 顶部菜单栏

顶部菜单栏包括以下功能，如图 2-30 所示。

- 应用信息：用于设置应用的名称和使用说明等信息。
- 保存：将应用保存至云端，以便随时进行查看和编辑。
- 撤销/前进：在进行流程编辑操作时，撤销或前进一步，方便用户进行修改和调整。
- 折叠：将部分流程折叠为一组，方便用户查看和管理大型流程。
- 智能录制：支持录制连续的人工操作，方便用户快速生成自动化流程。
- 数据抓取：提供批量抓取网页数据的功能，帮助用户快速获取所需的数据。
- 影刀浏览器：影刀内置浏览器，支持静默运行，不会影响用户其他设备的正常操作。
- 运行/停止：用于运行或停止整个流程。
- 调试：可以逐条运行并调试指令，帮助用户查找和解决问题。
- 学习中心：提供影刀 RPA 开发和使用的学习中心，用户可以在其中获取相关的教程和指导。

图 2-30　顶部菜单栏

2. 指令区

指令区包括流程开发所需的各种指令。常用的指令类型如下。

（1）标准指令：用于规整和组织自定义编排的指令。

（2）条件判断：影刀 RPA 中【应用开发】模块的重要功能之一，如图 2-31 所示。其中，【IF 条件】指令是常用的条件判断指令之一。它可以根据比较结果（True 或 False）来执行不同的操作。除了【IF 条件】指令，影刀 RPA 还提供了其他条件判断指令，如【IF 网页包含】和【IF 窗口存在】等。这些条件判断指令可以帮助用户根据不同的条件，灵活地控制自动化流程的执行路径。

（3）循环：循环是一种重要的功能，可以用来重复执行一组指令、内容或文件等，如图 2-32 所示。无论是循环次数还是循环条件，循环的工作原理都是一样的。例如，【For 次数循环】指令可以让一组指令重复执行特定次数的操作。用户可以在这里定义需要执行的指令，并指定循环次数，从而方便地重复执行相同的操作，提高工作效率。

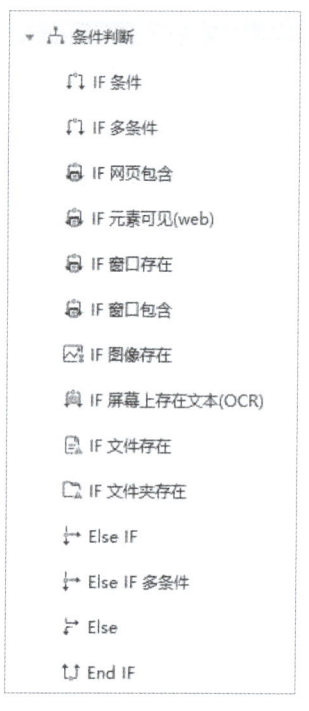

图 2-31　条件判断　　　　图 2-32　循环

（4）等待：指令中不可或缺的一部分。它的主要目的是在执行过程中暂停程序的执行，并等待特定的条件满足后再继续执行，如图 2-33 所示。在 RPA 中，等待是一种常用的功能，可以用来等待页面加载完成、等待特定图像出现、等待特定文本出现、等待特定窗口出现等。使用等待指令可以确保在执行自动化流程时，所需的元素或条件已经准备好，从而提高任务的稳定性和可靠性。

（5）相似元素操作：对一组相似的元素进行操作和编辑的功能，如图 2-34 所示。例如，在淘宝页面中，可以使用相似元素操作指令来循环点击商品，实现批量操作。在应用流程中，相似元素操作可以帮助用户快速处理多个相似的元素。

图 2-33　等待

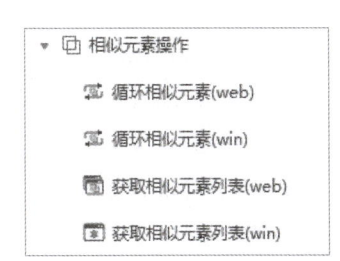

图 2-34　相似元素操作

根据具体的应用场景，相似元素操作在 RPA 中提供了几种不同的指令，包括【循环相似元素(web)】、【循环相似元素(win)】、【获取相似元素列表(web)】和【获取相似元素列表(win)】指令等。其中，web 代表网页应用，win 代表桌面应用。通过使用这些指令，用户可以方便地处理相似元素，并实现自动化流程的高效执行。【循环相似元素(web)】指令如图 2-35 所示。

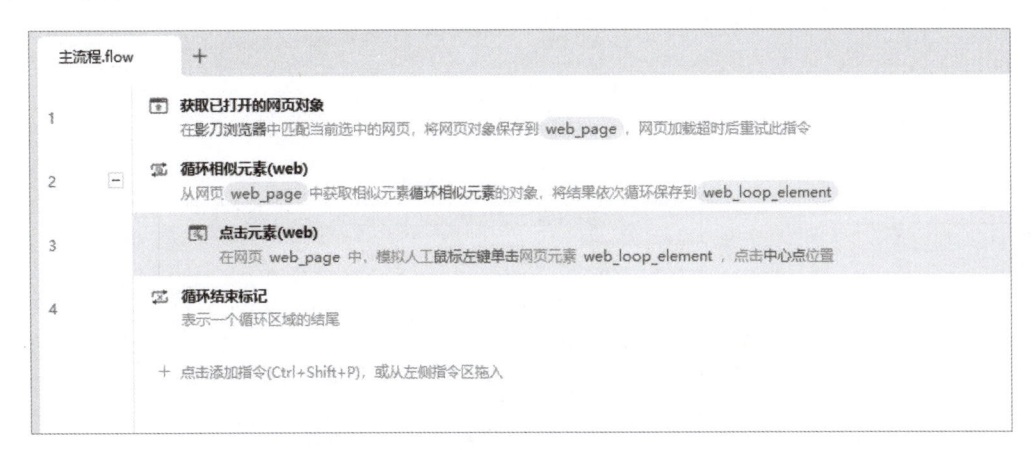

图 2-35　【循环相似元素(web)】指令

（6）网页自动化：用于基于网页元素的操作，包括【打开网页】、【获取已打开的网页对象】、【点击元素(web)】、【鼠标悬停在元素上(web)】、【填写输入框(web)】和【关闭网页】

等指令，以及【元素操作】、【网页操作】、【数据提取】和【对话框处理】等指令集，如图 2-36 所示。

（7）桌面软件自动化：用于基于桌面软件元素的操作，包括【获取窗口对象】、【获取窗口对象列表】、【点击元素(win)】、【鼠标悬停在元素上(win)】、【填写输入框(win)】和【运行或打开】等指令，以及【元素操作】、【窗口操作】、【数据提取】和【SAP】等指令集，如图 2-37 所示。

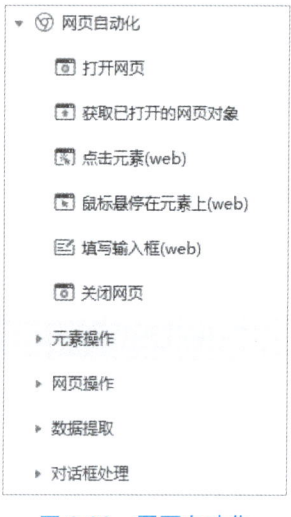

图 2-36　网页自动化

图 2-37　桌面软件自动化

（8）鼠标键盘：顾名思义，就是模拟鼠标和键盘的各种操作，其特点是代替人工执行一些重复且有规律的操作，比如点击进入浏览器等。它包括多种模拟指令，如【键盘输入】、【移动鼠标】和【滚动鼠标滚轮】等，如图 2-38 所示。

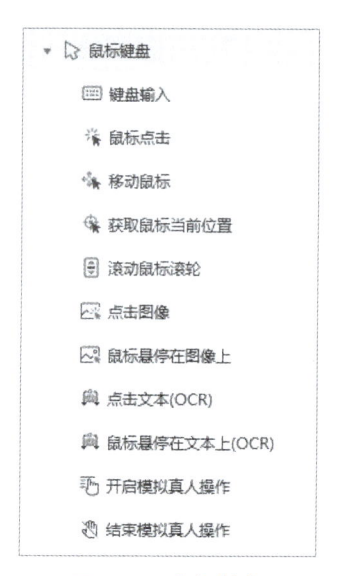

图 2-38　鼠标键盘

（9）数据表格：影刀 RPA 内置了数据表格功能，其最大的优势是无须打开其他软件即可进行表格的写入和读取操作，可以帮助用户更加方便地处理和管理数据，如图 2-39 所示。

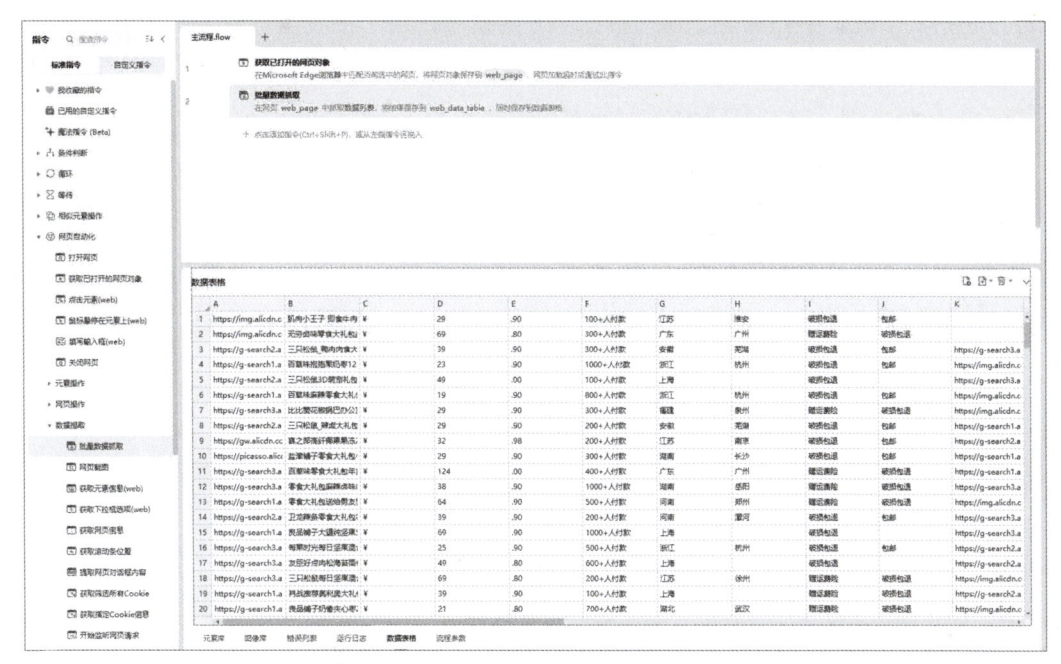

图 2-39　数据表格

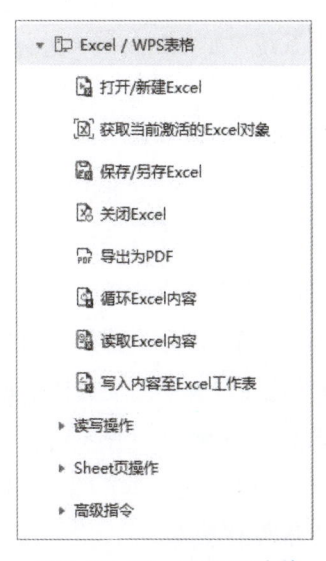

（10）Excel/WPS 表格：用于基于 Excel 和 WPS 表格的操作，包括【打开/新建 Excel】、【获取当前激活的 Excel 对象】、【保存/另存 Excel】、【关闭 Excel】、【导出为 PDF】、【循环 Excel 内容】、【读取 Excel 内容】和【写入内容至 Excel 工作表】等指令，以及【读写操作】、【Sheet 页操作】和【高级指令】等指令集，如图 2-40 所示。

图 2-40　Excel/WPS 表格

（11）对话框：用于在流程开发过程中进行人机交互，如图 2-41 所示。开发者可以通过多种类型的对话框与机器人进行交互，使机器人根据输入的内容执行后续任务。这些对话框可以包括文本框、下拉列表、单选按钮、复选框等，用于接收用户输入的信息。通过对话框，开发者可以实现与机器人的交互，提高流程的灵活性和可定制性。

（12）数据处理：用于对数据进行处理，如图 2-42 所示。其中，常用的指令包括【设置变量】和【产生随机数】等。这些指令在实现数据处理任务时发挥着重要的作用。值得注意的是，【设置变量】指令用于存储和管理数据，而【产生随机数】指令则用于生成随机的数据或作为数据处理的辅助工具。合理运用这些指令，可以提高数据处理的效率和准确性。

图 2-41　对话框　　　　　　　　图 2-42　数据处理

（13）操作系统：用于与操作系统（如 Windows）进行交互。操作系统指令的应用场景非常广泛，可以细分为以下几个方面。

- 批量打开本地文件夹中的多个表格文件：操作系统指令可用于快速定位并打开本地文件夹中的多个表格文件，提高数据处理的效率。
- 将本地文件复制到聊天对话框中：操作系统指令可用于将本地文件复制到聊天对话框中，方便用户与他人分享文件或发送附件。
- 将浏览器下载的压缩包解压缩至本地：操作系统指令可用于解压缩浏览器下载的压缩包，让用户可以方便地获取其中的文件或数据。
- 防止信息泄密：在流程运行过程中，操作系统指令可以提供安全性保护，防止敏感信息的泄露。

图 2-43 展示了操作系统所涉及的指令。

（14）流程/应用：调用其他流程来实现不同的功能，如图 2-44 所示。同时，还可以调用其他 Python 模块来扩展流程的功能。另外，在处理资源文件时，可以使用相关的操作指令来进行读取和获取等操作。这些操作指令可以帮助开发者轻松地处理各种类型的资源文件。

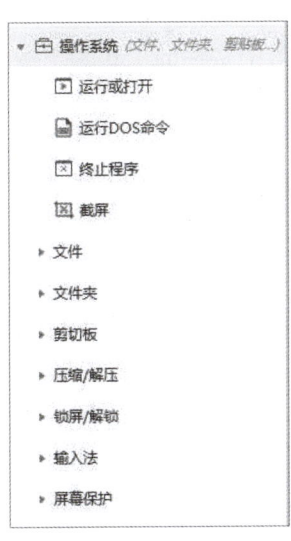

图 2-43　操作系统

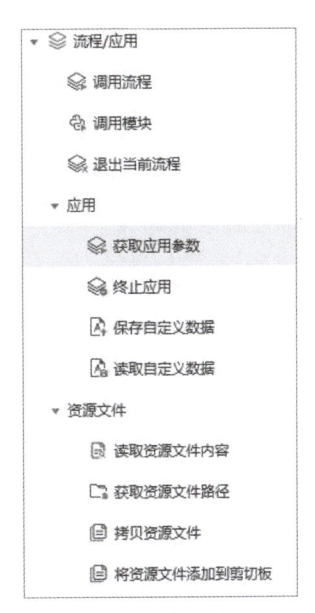

图 2-44　流程/应用

（15）人工智能 AI：属于增值服务，包括常用的【影刀 GPT】和【配置 AI 引擎】等指令，以及【文字识别 OCR】和【自然语言处理 NLP】等指令集，可以帮助开发者处理和分析大量的数据，从而进行更准确、智能的决策和操作，如图 2-45 所示。

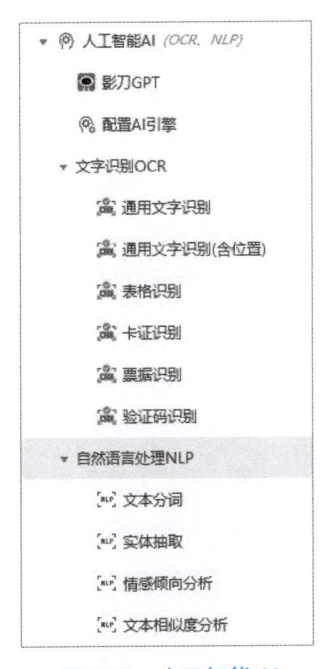

图 2-45　人工智能 AI

（16）网络：一个非常重要且丰富的部分，如图 2-46 所示。它涵盖了多个指令集，包括【邮件】、【HTTP】、【FTP】和【群通知】。这些指令集可以帮助开发者在自动化任务中实现与网络的交互。【邮件】指令集可以用于自动发送和接收邮件，实现自动化的邮件处理流程。【HTTP】指令集可以用于模拟浏览器的行为，实现网页的自动化操作，比如自动填写表单、点击按钮等。【FTP】指令集可以用于文件的上传和下载，方便地与远程服务器进行文件传输。【群通知】指令集可以用于实现在各种聊天工具中发送消息，方便地进行即时通信和通知。

图 2-46　网络

(17) 其他：包括【打印日志】、【导出日志】、【插入代码段(Python)】和【添加备注说明】等指令，以及【数据库】、【PDF文件】、【Word/WPS文字】和【异常处理】等指令集，如图 2-47 所示。

(18) 自定义指令：通过自定义指令，用户可以根据不同的需求获取官方市场发布的指令，以及不同平台的应用流程和个人开发的自定义指令，从而实现指令集的拓展。以淘宝为例，自定义指令如图 2-48 所示。

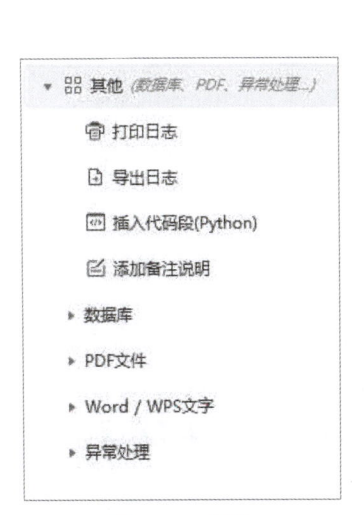

图 2-47　其他

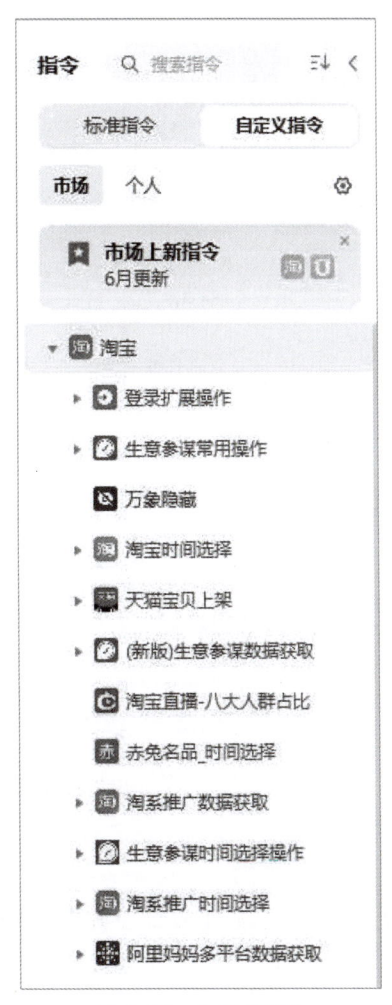

图 2-48　自定义指令

3. 应用流程指令编排区

将指令拖曳到应用流程指令编排区进行设置，可以通过逻辑的堆积，构成一个自动化流程。应用流程指令编排区的作用是进行可视化编辑，如图 2-49 所示。

序号	指令	说明
1	打开/新建Excel	打开已有的Excel D:\Desktop\影刀RPA\商品数据采集.xlsx，将Excel对象保存到 excel_instance
2	打开网页	在影刀浏览器中新建标签页https://www.taobao.com/，将网页对象保存到 web_page，网页加载超时后终止流程
3	点击元素(web)	在网页 web_page 中，模拟人工鼠标左键单击网页元素亲，请登录，点击中心点位置
4	填写输入框(web)	在网页 web_page 的账号输入框中，模拟人工输入
5	填写输入框(web)	在网页 web_page 的商品输入中，模拟人工输入短袖男
6	批量数据抓取	在网页 web_page 中抓取数据列表，将结果保存到 web_data_table，同时保存到数据表格
7	读取数据表格内容	从数据表格中读取第A列中的内容，将数据保存到 datatable
8	For次数循环	从1开始到datatable[14]结束，递增值为1，将当前循环值保存到 loop_index
9	For次数循环	从1开始到12结束，递增值为1，将当前循环值保存到 loop_index2
10	等待	等待2秒后继续运行
11	滚动鼠标滚轮	向下滚动鼠标滚轮4次
12	循环结束标记	表示一个循环区域的结尾
13	批量数据抓取	在网页 web_page 中抓取数据列表2，将结果保存到 web_data_table2，同时保存到数据表格
14	写入内容至Excel工作表	在Excel对象 excel_instance 中，从单元格（第-1行，第1列）开始写入内容 web_data_table2
15	循环结束标记	表示一个循环区域的结尾
16	关闭Excel	关闭Excel

图 2-49　应用流程指令编排区

4．底部功能区

底部功能区包括【元素库】、【图像库】、【错误列表】、【运行日志】、【数据表格】和【流程参数】等模块。

1）元素库

开发者可以捕获网页或软件上的元素，并将其保存到【元素库】模块中，以便在应用流程中对其进行调用和编辑，如图 2-50 所示。通过【元素库】模块，开发者可以方便地管理和使用各种元素，如按钮、文本框、下拉列表等。

2）图像库

开发者可以捕获屏幕上的图像元素，并将其保存到【图像库】模块中，以便在应用流程中对其进行调用和编辑，如图 2-51 所示。

图 2-50 【元素库】模块

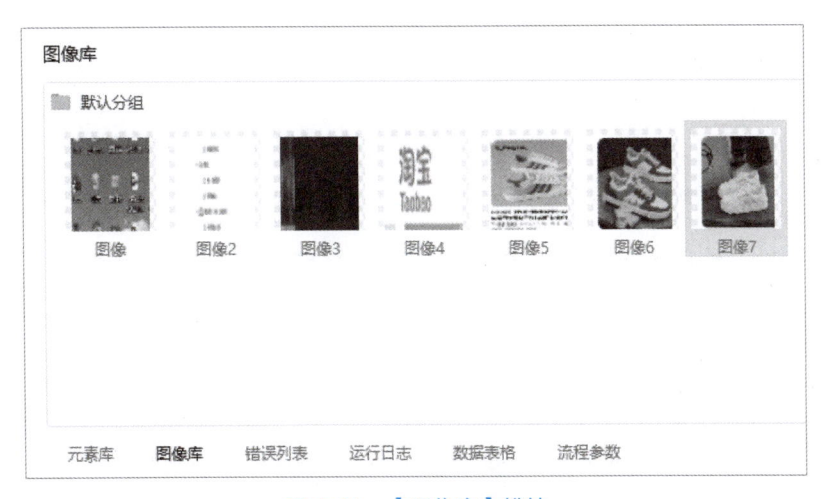

图 2-51 【图像库】模块

3）错误列表

开发者可以捕获流程运行过程中发生的错误，并将其保存到【错误列表】模块中，以便在应用流程中查看流程运行过程中发生的错误，并进行调试，如图 2-52 所示。

图 2-52 【错误列表】模块

4）运行日志

【运行日志】模块会显示流程运行的相关信息，包括开始执行时间、执行结束时间、错误时间、错误流程、错误的指令、错误的原因等，如图 2-53 所示。

图 2-53 【运行日志】模块

5）数据表格

【数据表格】模块用于管理流程运行过程中生成的数据表格，如图 2-54 所示。

6）流程参数

【流程参数】模块一般用于为子流程、Python 模块设置输入及输出的参数，如图 2-55 所示。

图 2-54 【数据表格】模块

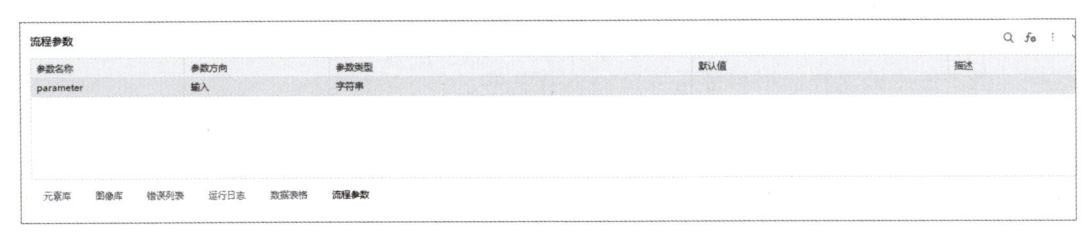

图 2-55 【流程参数】模块

5. 流程与全局变量可视区

流程与全局变量可视区用于管理在主流程中使用的子流程、资源文件及全局变量，包括【流程】和【全局变量】模块。其中，【流程】模块包括【新建可视化流程】、【新建 Python 模块】和【Python 包管理】等功能组件，如图 2-56 所示。【全局变量】模块如图 2-57 所示。

图 2-56 【流程】模块

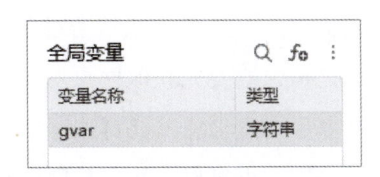

图 2-57 【全局变量】模块

（1）新建可视化流程：用于新建一个可视化流程，实现相对独立的功能，如图 2-58 所示。该流程可以被主流程或其他流程调用。

（2）新建 Python 模块：用于新建一个 Python 模块，如图 2-59 所示。该模块可以与影刀自动化接口无缝衔接，搭建自动化流程，且该流程也可以被主流程或其他流程调用。

图 2-58　新建可视化流程　　　　图 2-59　新建 Python 模块

（3）Python 包管理：用于管理 Python 模块的库，可以导入或删除第三方 Python 库，如图 2-60 所示。

（4）添加资源文件：可以为流程添加一些公用的文件，如 Excel 文件，如图 2-61 所示。这样一来，使用该流程的用户都可以访问这些文件。

图 2-60　Python 包管理　　　　图 2-61　添加资源文件

2.3　影刀 RPA 的基本概念

2.3.1　指令的一般构成

影刀 RPA 采用积木式流程搭建应用，每个应用都是由多条指令叠加构成的，而每个指令都代表一个动作，因此指令是影刀 RPA 最基本的单元。了解指令的构成是学习影刀 RPA 的基础。

一般而言，一条指令通常由对象、元素及对元素的操作这几部分构成。因此，在创建一条指令之前，需要先获取网页对象或窗口对象，并在该对象上捕获相应的元素。例如，在执行【获取元素信息(web)】指令的操作时，需要注意以下几个步骤。

- 获取网页对象：如何获取网页对象？
- 捕获网页元素：如何捕获网页元素？

- 网页操作：对网页执行何种操作？
- 操作结果：指令的操作结果如何？

【获取元素信息(web)】指令的操作示例如图 2-62 所示。

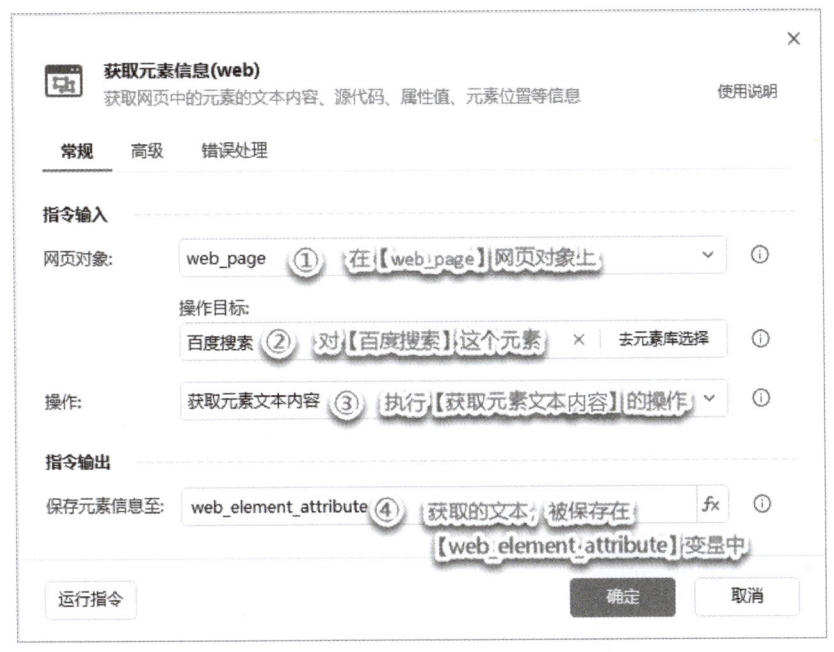

图 2-62　【获取元素信息(web)】指令的操作示例

2.3.2　元素的一般捕获方式

在影刀 RPA 中，元素的一般捕获方式如下：首先，点击【元素库】模块中的【捕获新元素】按钮，如图 2-63 所示，进入需要捕获元素的网页或软件界面；然后，按住键盘上的 Ctrl 键，即可捕获网页或软件上的元素，且捕获的元素会被显示在【元素编辑器】界面中，如图 2-64 所示。在确认元素是否为所需元素时，可以点击【校验元素】按钮。当该元素不是所需元素时，可以点击【重新捕获】按钮来重新捕获元素。此外，还可以对元素进行命名，以便区分不同的元素。捕获的所有元素都会被存放在元素库中。

图 2-63　点击【捕获新元素】按钮

图 2-64 【元素编辑器】界面

2.3.3 捕获相似元素

在基础元素已经被捕获的情况下，如果需要捕获相似元素，则可以点击【捕获相似元素】按钮，如图 2-65 所示，捕获一个与上一个被捕获元素相似的元素。

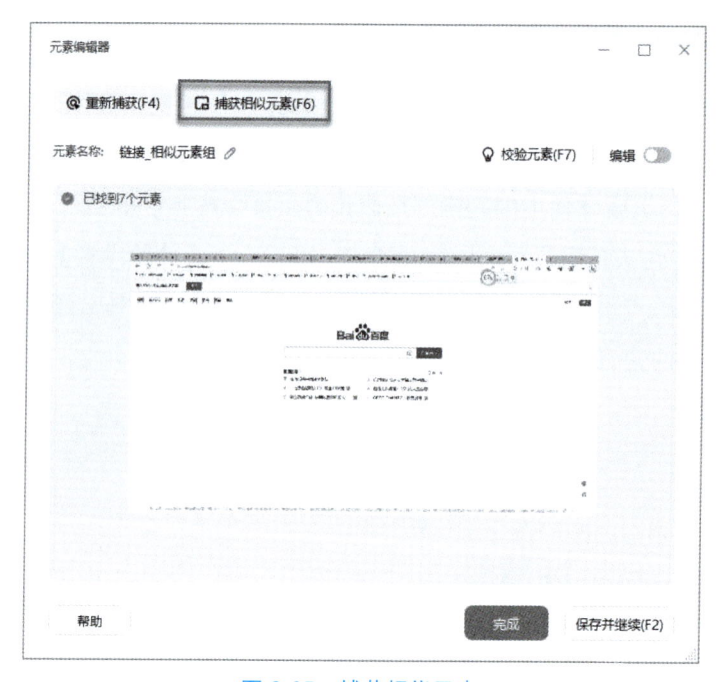

图 2-65 捕获相似元素

捕获相似元素的过程遵循相似规则，比如，假设已经捕获了 A 元素和 B 元素，并且它们有 n 个相似点，那么捕获的其他元素也会具有 n 个相似点。

相似规则的应用基于最大相似性。如果选择的两个元素的内容完全相同，那么只会提取内容相同的元素；如果选择的两个元素的内容不同但位置相似，那么会提取出所有位置相似的元素。

2.3.4 元素捕获的实质

在捕获元素之后，可以在【元素编辑器】界面中开启【编辑】选项，如图 2-66 所示。其中的元素节点可以被理解为一个文件夹，而捕获的元素就像是多级文件夹下的图片，因此，可以说元素捕获的实质是获取元素的路径。

图 2-66 开启【编辑】选项

2.3.5 深度模式捕获元素

在捕获元素时，深度模式适用于以下情况：当无法获取对应的网页对象时，可以先点击【元素库】模块中【捕获新元素】的下拉按钮，在弹出的下拉列表中选择【深度模式捕获】选项，之后直接点击【捕获】按钮。

深度模式捕获元素分为以下两种方式。

（1）点击捕获元素：使用鼠标左键点击可以直接捕获该元素，而使用鼠标右键点击可以捕获隐藏的元素。例如，在输入框中使用鼠标右键点击，会弹出一个编辑菜单，在深度模式下，使用鼠标右键点击就可以捕获这个菜单中的元素，如图 2-67 所示。

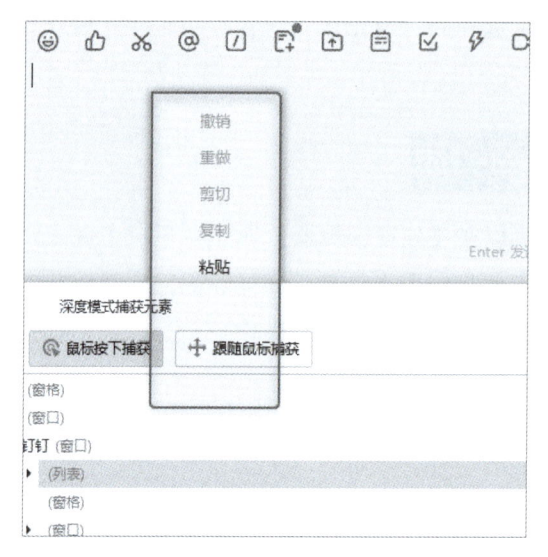

图 2-67　点击捕获元素

（2）在编辑器中通过路径捕获元素：这是元素捕获的实质，即获取元素的路径。在编辑器中选择合适的路径，可以定位到相应的元素，如图 2-68 所示。

图 2-68　在编辑器中通过路径捕获元素

这是 RPA 自动化技术中的突破性技术，可以用于捕获任何特殊软件的控件。与依赖图像识别进行定位和点击或者其他代码形式的操作相比,这种技术大大降低了使用门槛。它可以被应用于任何特殊软件,使得 RPA 的应用范围更加广泛。

2.3.6　获取网页对象

获取网页对象有两个指令,分别是【打开网页】和【获取已打开的网页对象】。

(1)【打开网页】指令:选择浏览器,并输入需要打开的网页所对应的网址,如图 2-69 所示。

图 2-69　设置【打开网页】指令

(2)【获取已打开的网页对象】指令:该指令有 3 个匹配方式,分别是【根据标题匹配】、【根据网址匹配】和【匹配当前选中的网页】。

- 【根据标题匹配】方式:根据网页的标题获取网页对象,如图 2-70 所示。

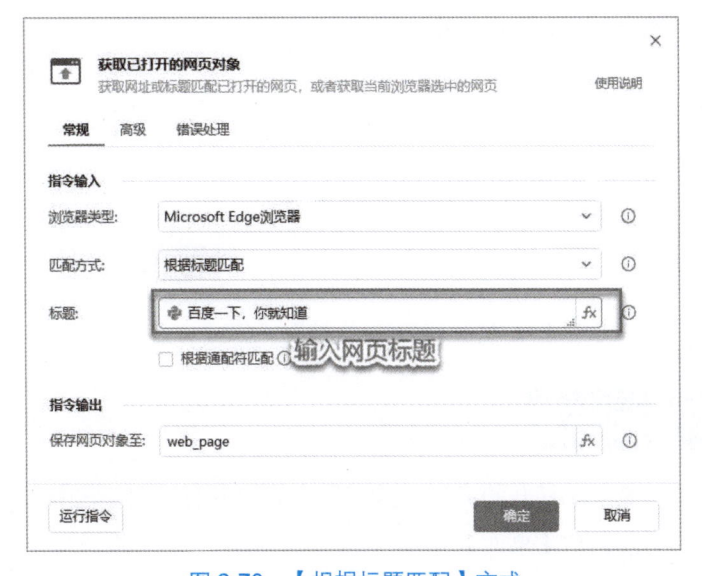

图 2-70　【根据标题匹配】方式

- 【根据网址匹配】方式：根据网页的网址获取网页对象，如图 2-71 所示。

图 2-71 【根据网址匹配】方式

- 【匹配当前选中的网页】方式：获取当前浏览器中选中的网页对象，如图 2-72 所示。

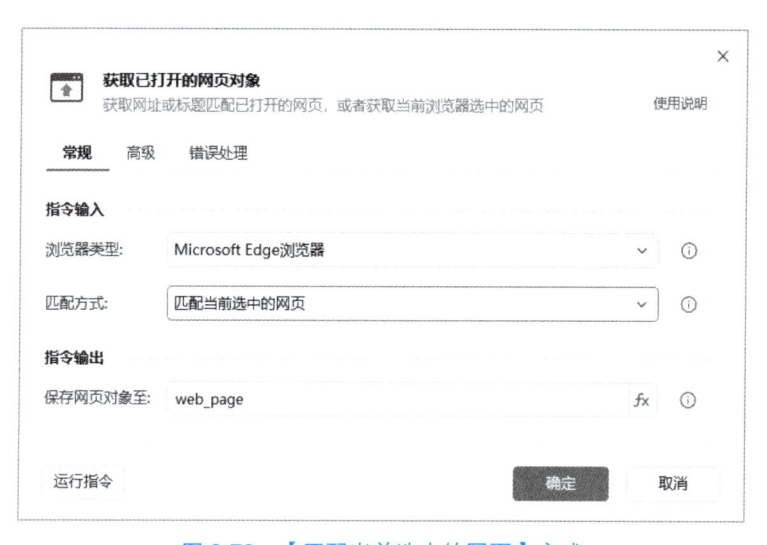

图 2-72 【匹配当前选中的网页】方式

2.3.7 获取窗口对象

获取窗口对象主要针对打开的窗口，且获取方式主要有 3 种，分别是【窗口标题或类型名】、【捕获窗口元素】和【桌面】。

- 【窗口标题或类型名】方式：填写窗口的标题，找到对应的窗口元素，如图 2-73 所示。

图 2-73 【窗口标题或类型名】方式

- 【捕获窗口元素】方式：直接获取目标软件界面作为窗口对象。
- 【桌面】方式：将整个电脑桌面作为窗口对象。

2.3.8 数据的表达

在影刀 RPA 中，数据的表达分为数字、字符串、列表和字典 4 种形式。

1．数字

1）数字的定义

数字是一种常见的数据类型，可细分为整数类型和浮点数类型。整数类型用于表示不带小数点的数，如 123、−12。浮点数类型用于表示带小数点的数，如 12.5、2.5、1.23e+10、1.23E−10，这些数都是合法的浮点数常量。与整数类型不同，浮点数类型存在取值范围，只要超出取值范围就会产生溢出错误。

2）影刀 RPA 中数字的应用

影刀 RPA 支持使用纯数字进行数学运算，如 88、3.134 等。如图 2-74 所示，在 Python 表达式输入模式下输入数据时，得到的数据类型为数字类型。如图 2-75 所示，在文本输入模式下输入数据时，得到的数据类型为字符串类型。

在 Python 表达式输入模式下，影刀 RPA 支持四则运算，并且可以直接填写表达式，如图 2-76 所示。

图 2-74　Python 表达式输入模式　　　　图 2-75　文本输入模式

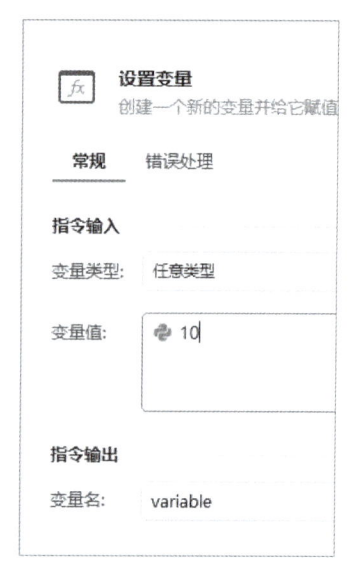

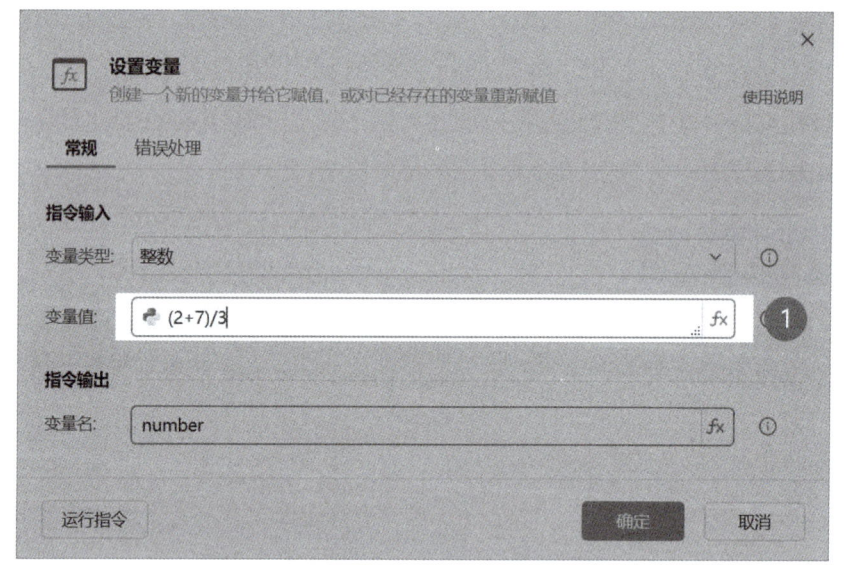

图 2-76　在 Python 表达式输入模式下的输入示例

2．字符串

1）字符串的定义

字符串是由数字、字母、下画线组成的一串字符。在程序中，一般使用英文状态下的单引号、双引号和三引号来定义字符串。

2）字符串的性质

字符串中的字符是有顺序的，可以按照正序和逆序两种方式进行编号，如图 2-77 所示。

字符串	P	y	t	h	o	n
正序编号	0	1	2	3	4	5
逆序编号	-6	-5	-4	-3	-2	-1

图 2-77　字符串中的字符顺序

3）字符串的索引

如果将字符串赋值给变量（如 name = "影刀"），则可以通过变量名[编号]的方式获取该编号位置上的字符。例如，使用 name[0]可以获取字符"影"；使用 name[-1]可以获取字符"刀"。

4）字符串的操作

（1）字符串的输入。在影刀 RPA 中，输入字符串的方式有两种：一种是文本输入模式下的直接输入；另一种是 Python 表达式输入模式下加英文双引号或单引号的输入，如图 2-78 所示。

图 2-78　字符串的输入

（2）字符串的拼接。字符串的拼接可以使用符号"+"来实现。如图 2-79 所示，"影刀" + "RPA"的结果为字符串"影刀 RPA"。如果已经存在一个字符串变量 s="影刀"，则可以使用 s+"RPA"来实现字符串的拼接，得到字符串"影刀 RPA"。

图 2-79　字符串的拼接

（3）字符串的处理。在影刀 RPA 中，可以使用【数据处理】指令集中的【文本操作】指令对字符串进行内容提取等操作。图 2-80 展示了从字符串中提取数字的功能。

图 2-80　从字符串中提取数字

3．列表

1）列表的定义

一个数字或一段文本只能代表一个数据，如一个人的身高或一个人的姓名。当需要处理大量数据时，如全班人的姓名，就需要使用一个容器来存放这些数据，而列表就是一种用于存放数据的容器。列表可以通过将多个数据写入方括号"[]"内，并用英文逗号分隔来定义，如[1,2,3,4]。

2）列表的性质

（1）列表中的元素是有顺序的，可以按照正序和逆序两种方式进行编号，如图 2-81 所示。

city_of_zhejiang = ["杭州"，"宁波"，"台州"，"丽水"，…，"衢州"，"金华"，"舟山"]							
正序：	0	1	2	3	8	9	10
逆序：	−11	−10	−9	−8	−3	−2	−1

图 2-81　列表中的元素顺序

（2）可以通过变量名[元素位置]的方式来获取列表中对应元素位置的值。例如，在图2-81中，如果将列表赋值给变量 city_of_zhejiang，那么使用 city_of_zhejiang[2]即可获取值"台州"。

4．字典

1）字典的定义

字典是另一种用于存放数据的容器，代表了一种映射关系。字典的外部为花括号"{}"，内部以键值对（键：值）的形式存储数据，如 students_dict={01："小明"，02："小红"，03："小花"}。

2）字典的用法

可以通过变量名[键]的方式访问字典中对应键的值。例如，对于上面的字典 students_dict，可以使用 students_dict[02]获取值"小红"。

3）影刀 RPA 对字典的处理

在影刀 RPA 中，可以使用【数据处理】指令集中的【字典操作】指令对字符串进行内容提取等操作。下面的示例流程实现了定义字典、添加键值对的功能，如图2-82所示。

图 2-82　对字典的处理示例流程

5．数据类型转换

在影刀 RPA 中，可以使用 Python 表达式的方式进行数据类型转换。例如，要将字符串类型的 10 转换为数字类型的数据，可以在 Python 表达式输入模式下输入 int（"10"），如图 2-83 所示。

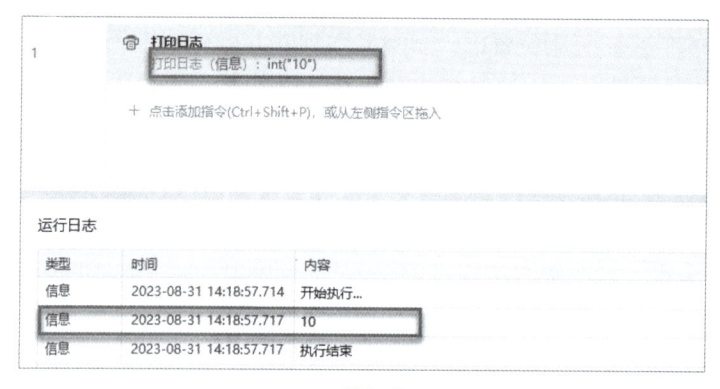

图 2-83　数据类型转换

2.3.9　文本处理

影刀 RPA 中对文本（字符串）进行处理的指令包括【从文本中提取内容】、【获取文本长度】、【追加新文本】、【截取一段文本】、【补齐文本至指定长度】、【删除文本两端的空格】、【改变文本的大小写】、【列表聚合成文本】、【文本分割成列表】和【文本替换】等。

1．从文本中提取内容

影刀 RPA 中的【从文本中提取内容】指令的基本思想是通过正则表达式来提取文本内容。如图 2-84 所示，影刀 RPA 提供了一些常用的正则表达式，支持提取数字、提取手机号码、提取 Email 地址和提取身份证号，同时，如果用户熟悉正则表达式，也可以自定义编写自己需要的正则表达式以提取自定义内容。

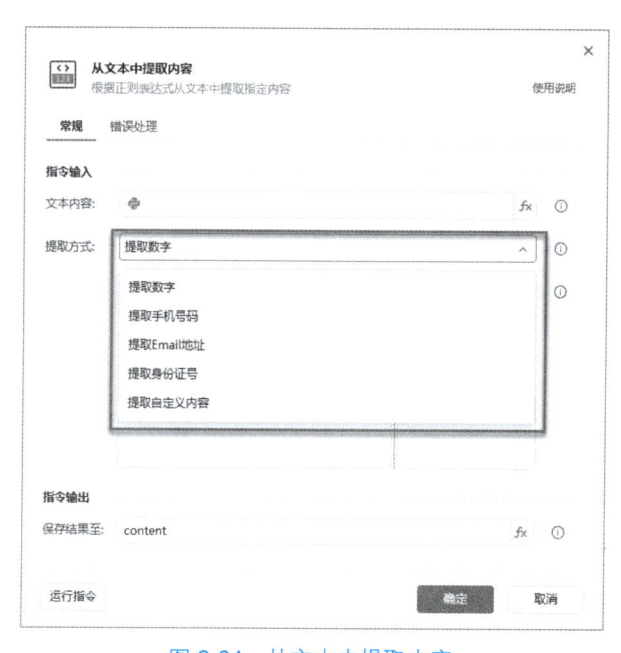

图 2-84　从文本中提取内容

2．获取文本长度

【获取文本长度】指令主要用于获取字符串的总长度，即字符串中有多少个字符，如图 2-85 所示。

图 2-85　获取文本长度

3．追加新文本

【追加新文本】指令用于在原始文本后面追加新文本内容，并且支持换行追加，在实际使用中，用户可以依据自己的需求选择，如图 2-86 所示。

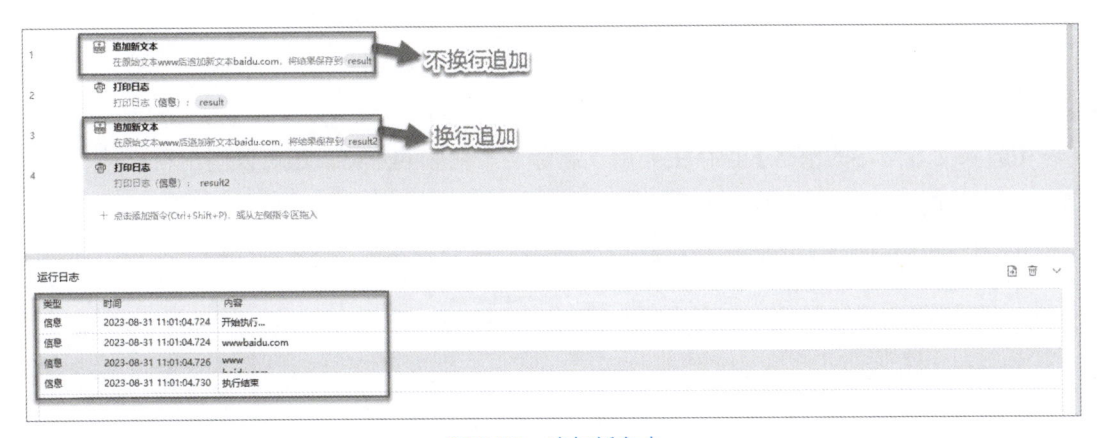

图 2-86　追加新文本

4．截取一段文本

【截取一段文本】指令用于从一段文本中截取指定的内容，如图 2-87 所示。

5．补齐文本至指定长度

【补齐文本至指定长度】指令用于将文本补齐至指定的长度，如图 2-88 所示。

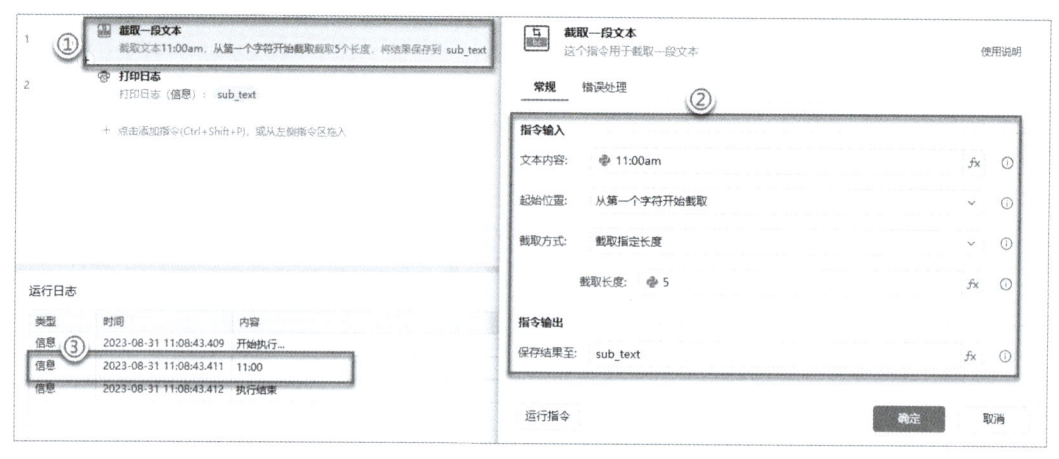

图 2-87　截取一段文本

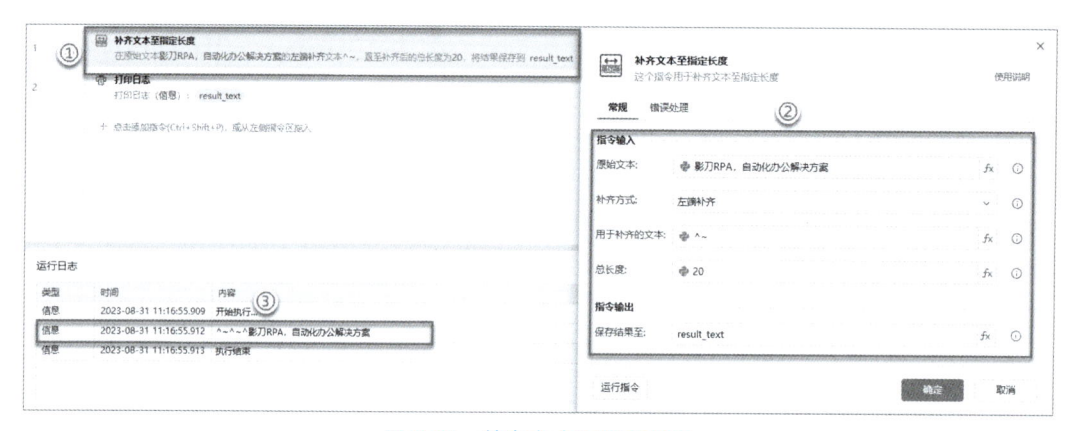

图 2-88　补齐文本至指定长度

6．删除文本两端的空格

【删除文本两端的空格】指令主要用于删除文本两端的空格，还可以用于换行符、回车符和制表符的删除，如图 2-89 所示。

图 2-89　删除文本两端的空格

7. 改变文本的大小写

【改变文本的大小写】指令主要用于对英文字符进行大小写转换，可以将文本转换为全部大写、全部小写和词首字母大写，如图2-90所示。

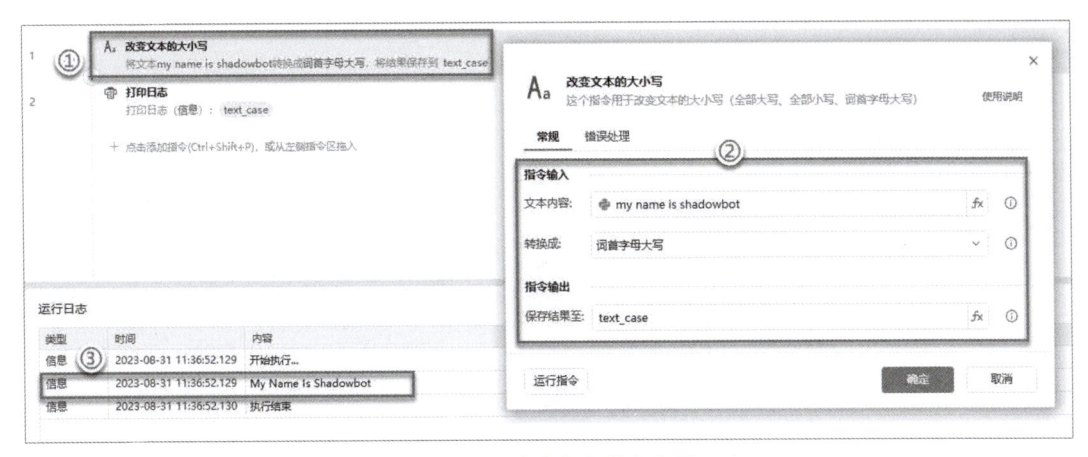

图2-90　改变文本的大小写

8. 列表聚合成文本

【列表聚合成文本】指令用于将列表中的每个元素用指定的符号连接起来，生成一个文本字符串。可以将连接符类型设置为无连接符、标准连接符（包括空格、换行符和制表符）和自定义连接符，还可以设置连接符的数量。如图2-91所示，分别使用无连接符和自定义连接符"*"的方式将列表聚合成文本。

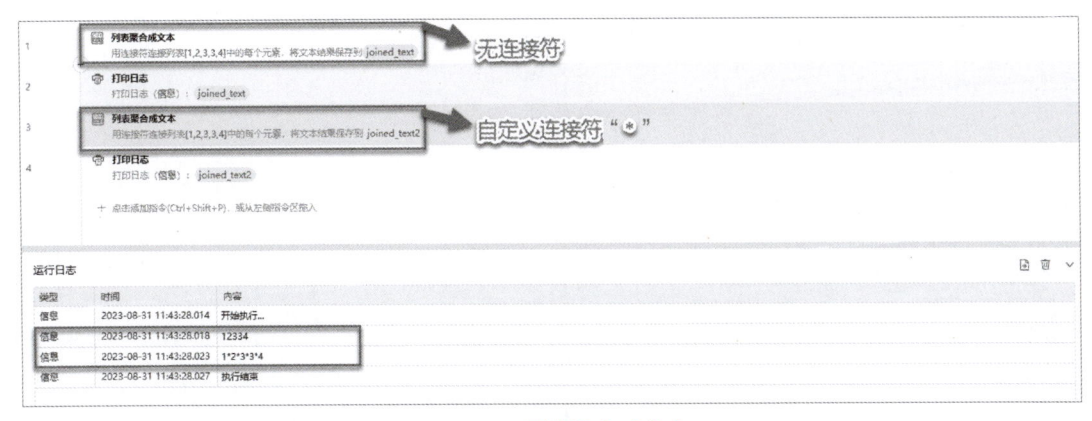

图2-91　列表聚合成文本

9. 文本分割成列表

【文本分割成列表】指令用于将目标文本用指定的分隔符进行分割，生成一个包含多个元素的列表。分隔符可以是标准分隔符（包括空格、换行符和制表符），也可以是自定义分隔符。自定义分隔符支持使用正则表达式进行匹配。图2-92展示了将文本分割成列表后的效果，其中列表元素都是字符串类型的。

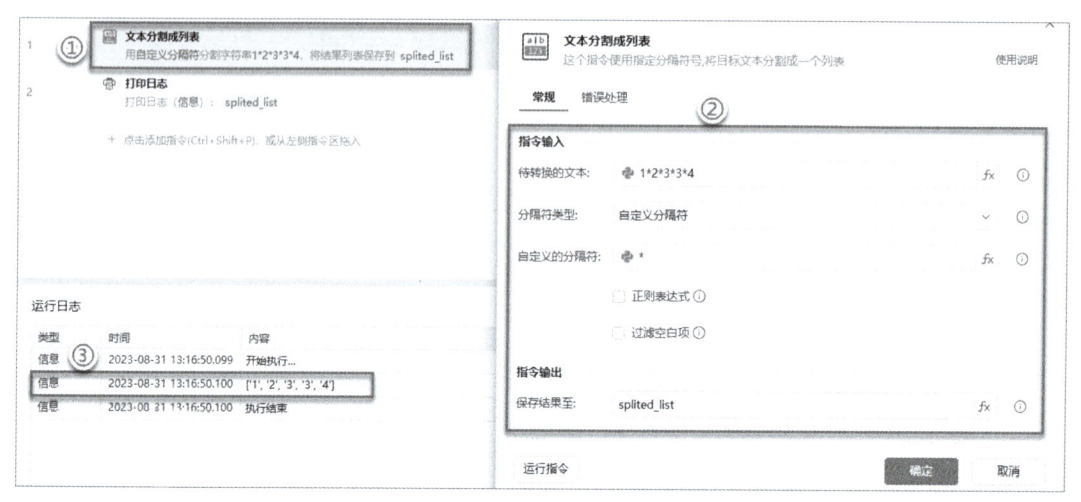

图 2-92　文本分割成列表

10．文本替换

【文本替换】指令用于将文本中的某些文字、字符、字母等替换为其他内容，如图 2-93 所示。在影刀 RPA 中，【文本替换】指令提供了多种替换方式，包括【替换内容】、【替换数字】、【替换手机号】、【替换 Email】和【替换身份证】。此外，该指令还可以使用自定义的正则表达式来替换内容。

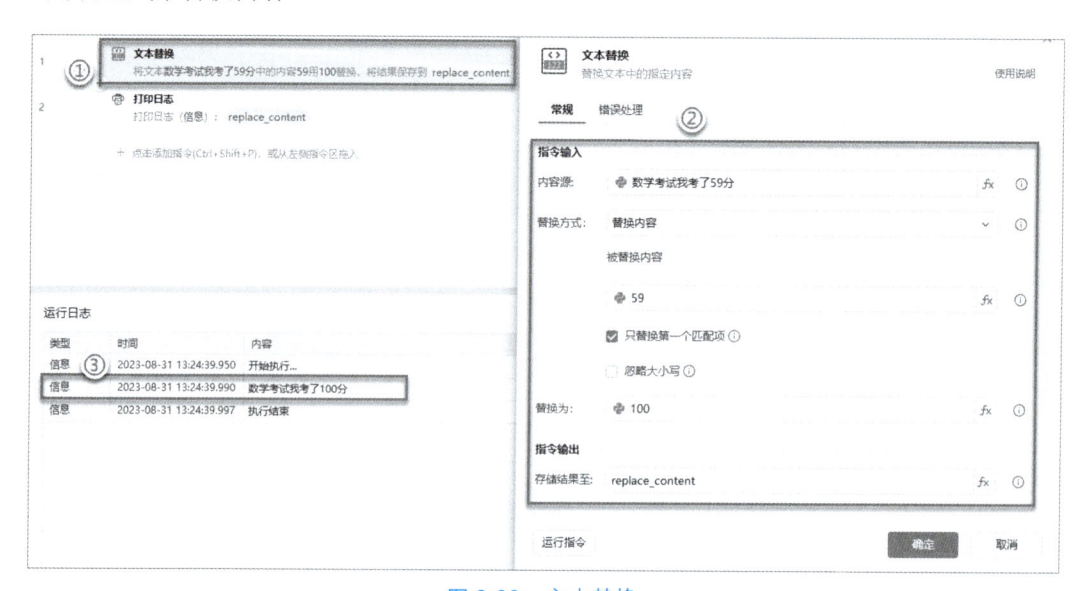

图 2-93　文本替换

在【文本替换】指令配置界面中，如果将【被替换内容】设置为一个空格、【替换为】设置为空，并取消勾选【只替换第一个匹配项】复选框，则可以实现删除文本中全部空格的功能。

2.3.10 列表处理

影刀 RPA 提供了一个专门用于处理列表的指令集。该指令集可以实现以下功能：创建列表、增加列表内容、查找列表内容、删除列表内容、合并列表、对列表进行排序、获取列表长度和对列表进行循环遍历等。

1. 创建列表

创建列表主要有以下几种方式。

（1）使用【新建列表】指令可以创建一个空列表，如图 2-94 所示。

图 2-94　创建一个空列表

（2）使用【设置变量】指令可以在 Python 表达式输入模式下自定义一个列表，如图 2-95 所示。

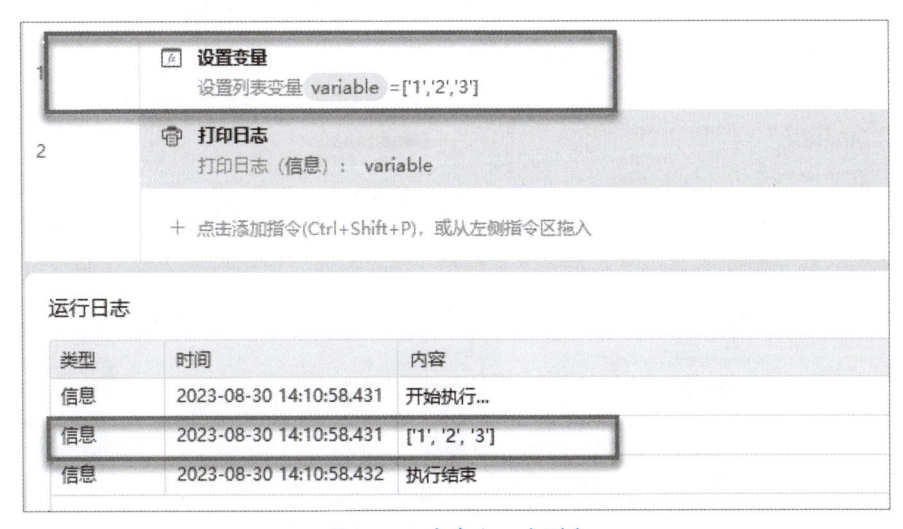

图 2-95　自定义一个列表

2. 增加列表内容

使用【列表插入一项】指令可以在列表的尾部或指定位置插入一项，如图 2-96 所示。

图 2-96　增加列表内容

3. 查找列表内容

获取列表中的特定元素需要使用列表的位置信息（正序或逆序）。除了可以获取列表中的特定元素，还可以获取特定元素的位置信息。在影刀 RPA 中，使用【获取列表指定位置项】指令可以获取列表中指定位置的元素，如图 2-97 所示；使用【获取列表指定项的位置】指令可以获取特定元素在列表中的位置，如果列表中存在特定元素的重复项，则会输出第一个匹配的元素在列表中的位置，如图 2-98 所示。

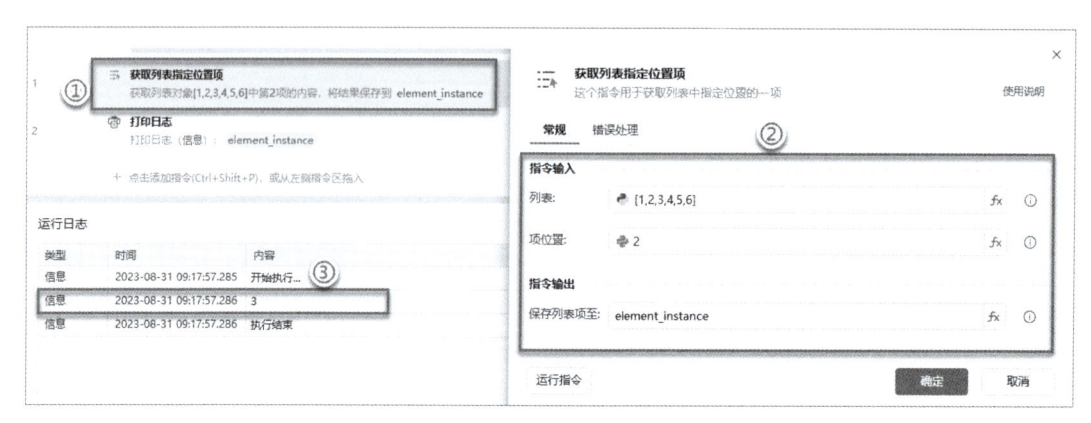

图 2-97　获取列表中指定位置的元素

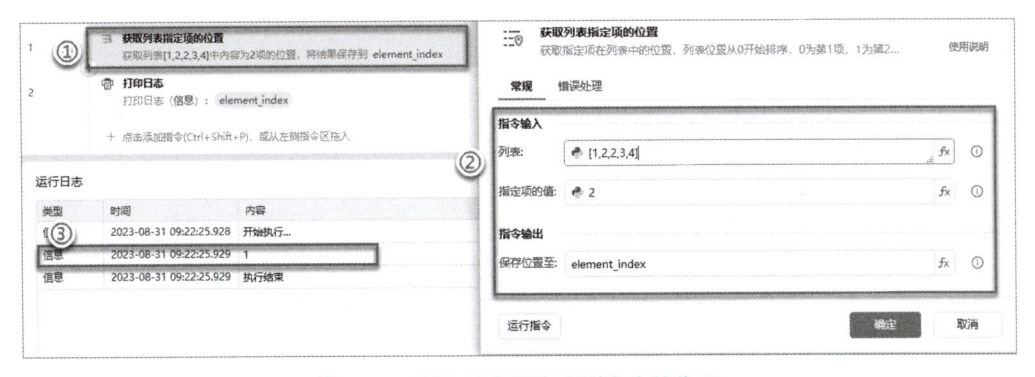

图 2-98　获取特定元素在列表中的位置

4．删除列表内容

1）清空列表

使用【清空列表】指令可以清空指令列表中的所有项，如图 2-99 所示。

图 2-99　清空指令列表中的所有项

2）删除列表项

使用【删除列表一项】指令可以删除列表中的指定一项，并且可以按照位置进行删除，也可以按照内容进行删除，如图 2-100 所示。

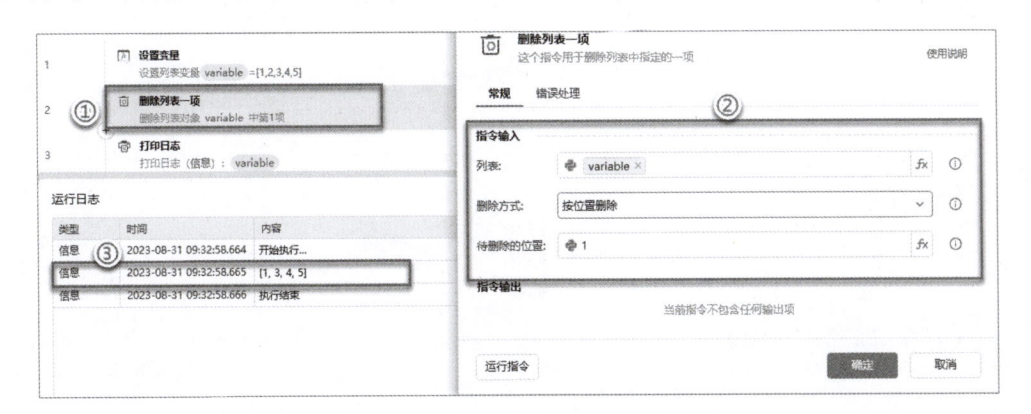

图 2-100　删除列表中的指定一项

3）对列表进行去重

使用【列表去重】指令可以删除列表中的重复项，如图 2-101 所示。

图 2-101　删除列表中的重复项

4）对列表进行过滤

使用【过滤列表中的多项】指令可以过滤列表中的多项，如图 2-102 所示。

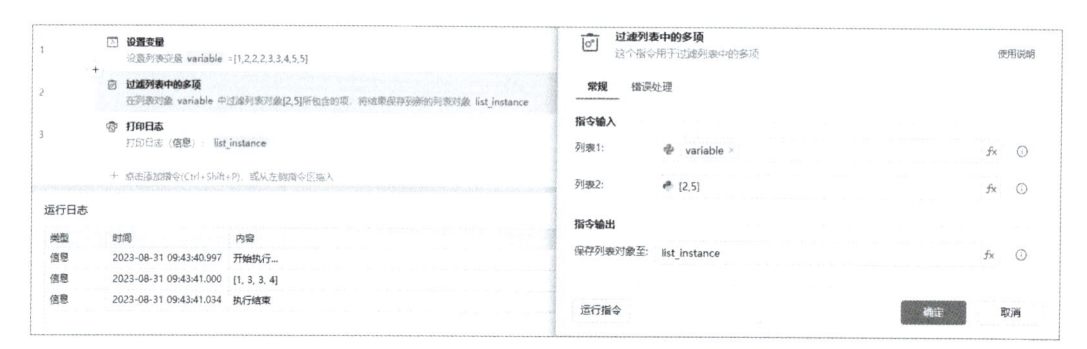

图 2-102　过滤列表中的多项

5. 合并列表

使用【合并列表】指令可以将多个列表合并为一个列表，如图 2-103 所示。

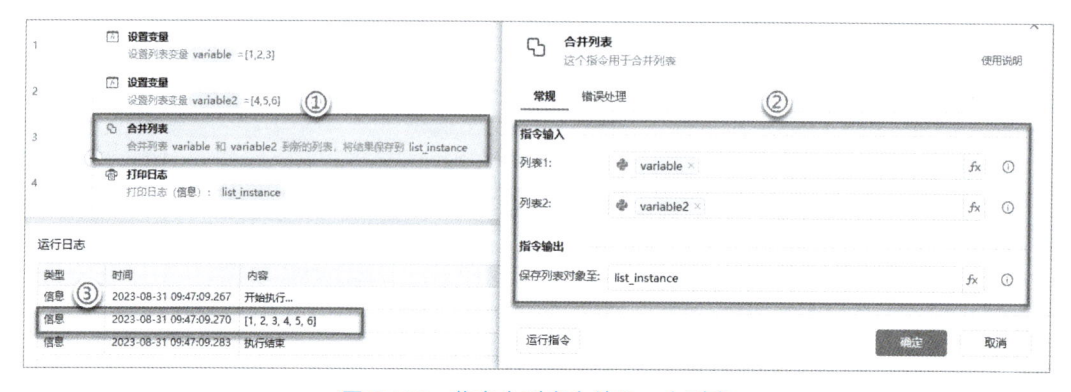

图 2-103　将多个列表合并为一个列表

除了使用【合并列表】指令合并列表，还可以使用【获取两个列表的相同项】指令获取两个列表中的相同项，如图 2-104 所示。

图 2-104　获取两个列表中的相同项

6．对列表进行排序

列表中的元素可以按照一定的顺序进行排列。在影刀 RPA 中，可以使用【列表排序】指令对列表中的元素进行升序或降序排列，如图 2-105 所示。

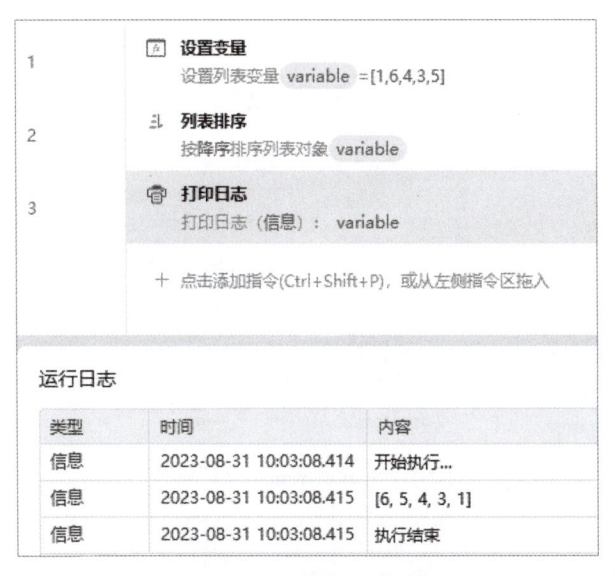

图 2-105　对列表进行排序

除了对列表进行排序，还可以使用【反转列表】指令对列表进行反转，如图 2-106 所示。

图 2-106 对列表进行反转

此外，影刀 RPA 还提供了【列表随机排序】指令，用于对列表进行随机排序，如图 2-107 所示。

图 2-107 对列表进行随机排序

7．获取列表长度

【获取列表长度】指令是最重要的指令之一。列表长度表示列表中有多少个元素。如图 2-108 所示，列表变量 variable 中有 5 个元素，因此 variable 的列表长度为 5。【获取列表长度】指令常用于在获取相似元素组后，观察相似元素组中的元素个数。

图 2-108　获取列表长度

8. 对列表进行循环遍历

在影刀 RPA 中，可以使用【ForEach 列表循环】指令对列表进行循环遍历，如图 2-109 所示。遍历是指在每一次循环中逐个提取列表中的元素，直到所有元素都被提取完毕。

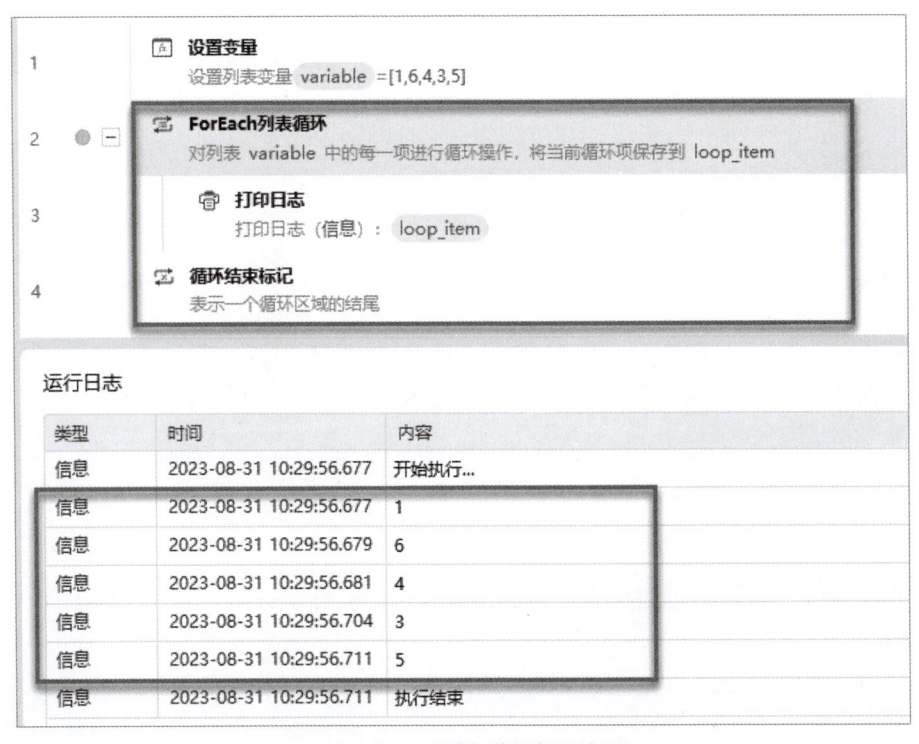

图 2-109　对列表进行循环遍历

2.3.11 变量

前文介绍了如何捕获元素，获取网页对象、窗口对象，以及数据的表达等。然而，在实际流程中，我们经常需要重复使用这些元素和数据。如果每次都重新获取或者重新表达一遍，那么效率会很低。为了解决这个问题，影刀 RPA 提供了变量的概念。

1. 变量的定义

变量是计算机编程中的一个重要概念，用于存储和操作数据。可以将变量想象成一个盒子。盒子可以用来存储各种东西，比如书、笔、玩具等。同样地，变量可以用来存储不同类型的数据，比如数字、字符串、布尔值等。可以给盒子起一个名字，比如书箱。同样地，也可以给变量起一个名字，比如 number、name 等。简单来说，变量就是给数据、网页对象、Excel 对象等起一个名字，并且在后面的流程中，当需要使用这个数据或对象时，只需要调用这个变量即可。

2. 变量的基本性质

1）存储数据

- 存储数字：例如，number = 10。
- 存储字符串：例如，message = "My name is Winrobot"。
- 存储列表：例如，salary = ["18K","20K","15K","17K"]。
- 存储元素：例如，将"百度网页对象"赋值给变量。

2）变量赋值

在上面的示例中，变量 number 的值为 10，此时，可以通过重新赋值的方式来改变该变量的值。

例如：

```
number = 1
number = 2
number = 99
```

经过多次赋值后，此时变量 number 的值为最后一次赋值的 99。

3）变量调用

在影刀 RPA 中，可以通过已有变量的名称来调用该变量。

例如：

```
count = 1
new_count = count + 5
```

此时，变量 new_count 的值为 6。

3．变量命名原则

- 变量名可以由大写字母、小写字母、数字、下画线、汉字及其组合构成。
- 变量名的首字符不允许为数字。
- 变量名中间不允许有空格。
- 变量名应尽可能有实际意义，可以表达数据的某种特性。
- 变量名不能与 33 个 Python 保留字相同，如 if、for、True 等。Python 保留字如表 2-1 所示。

表 2-1 Python 保留字一览表

and	as	assert	break	class	continue
def	del	elif	else	except	Finally
for	from	False	global	if	import
in	is	lambda	nonlocal	not	None
or	pass	raise	return	try	True
while	with	yield			

4．影刀 RPA 中变量的创建和调用

在影刀 RPA 中，创建变量主要有两种方式：将对象保存为新变量和使用【设置变量】指令创建新变量。

1）将对象保存为新变量

使用【打开网页】指令打开一个网页对象，并将该网页对象保存到变量 web_page 中，如图 2-110 所示。

图 2-110 将对象保存为新变量

在后面的流程中，使用其他指令（如【点击元素(web)】）时可以直接调用之前创建的变量 web_page，如图 2-111 所示。

图 2-111　调用变量 web_page

2）使用【设置变量】指令创建新变量

在影刀 RPA 中，可以使用【数据处理】指令集中的【设置变量】指令创建新变量，如图 2-112 所示。

图 2-112　使用【设置变量】指令创建新变量

此外，还可以使用【其他】指令集中的【打印日志】指令以日志的形式来查看变量，如图 2-113 所示。

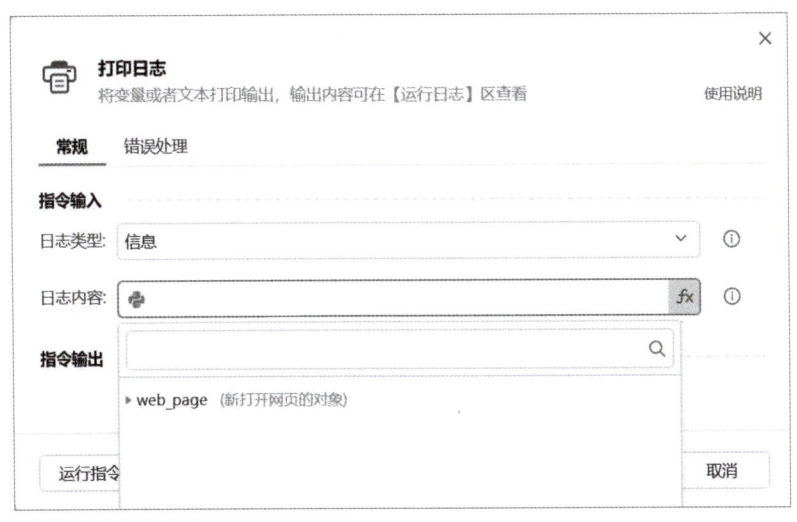

图 2-113　查看变量

2.3.12　输入模式

影刀 RPA 提供了两种输入模式——文本输入模式和 Python 表达式输入模式，通过这两种输入模式，影刀 RPA 可以满足不同的输入需求，并支持更灵活的操作和计算功能。【填写输入框(web)】指令配置界面如图 2-114 所示。

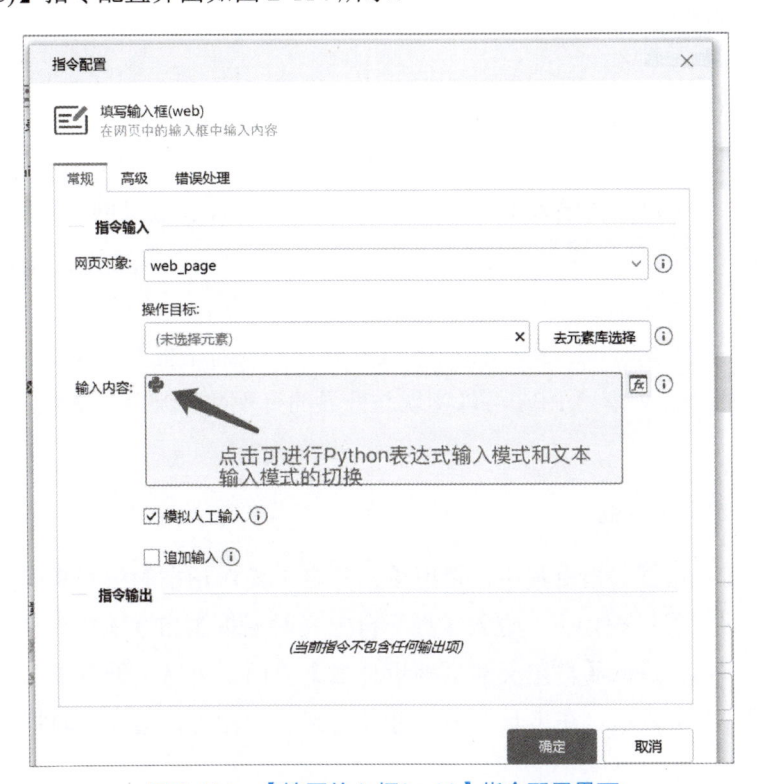

图 2-114　【填写输入框(web)】指令配置界面

1. 文本输入模式

在文本输入模式下，可以直接输入纯文本或数字（字符串），也可以点击 fx 按钮来选择变量输入（不能同时存在文本），如图 2-115 所示。

图 2-115　文本输入模式

2. Python 表达式输入模式

在 Python 表达式输入模式下，需要遵循 Python 语法规范，该模式支持各种高级的 Python 表达式，如图 2-116 所示。

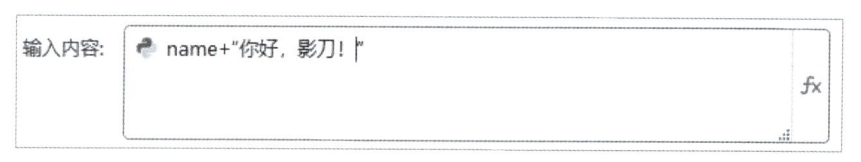

图 2-116　Python 表达式输入模式

2.3.13　对话框

在影刀 RPA 中，对话框用于在流程运行过程中与外界进行数据交互。它可以让用户在编写好的流程中输入或选择一些自定义内容。比如，在批量与淘宝用户打招呼、发信息的流程中，可以使用对话框输入不同的信息内容。同样地，在登录网站的流程中，可以使用对话框输入不同的账号信息。另外，对话框还可以用于读取不同的 Excel 文件中的数据。

影刀 RPA 提供了两个对话框指令——【打开自定义对话框】和【打开数据表格对话框】，通过这两个指令，影刀 RPA 可以实现与外界的直观数据交互，使流程更加灵活和可定制。

1. 打开自定义对话框

在影刀的【对话框】指令集中，使用【打开自定义对话框】指令来配置多种类型的对话框，具体的实现过程如下：进入【打开自定义对话框】指令配置界面，点击【设计对话框界面】按钮，进入【自定义对话框设计器】界面，可以根据需求选择不同类型的对话框，如图 2-117 所示。在工具箱中，可以找到多种输入框选项，根据需求自由拖动并组合它们。

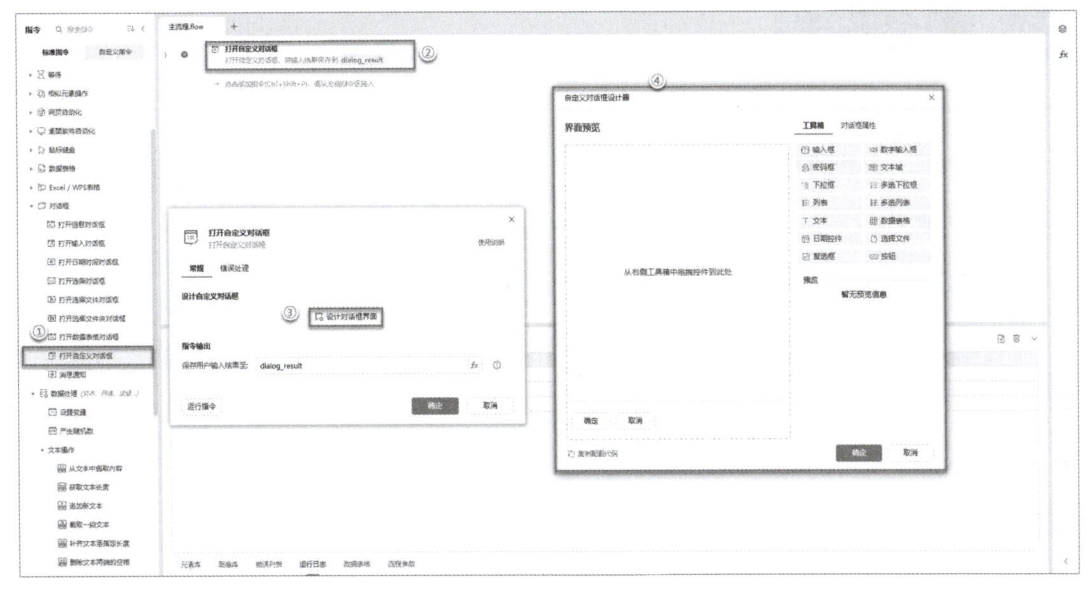

图 2-117　自定义对话框

2. 打开数据表格对话框

在数据表格对话框中，可以写入内容，也可以通过已有的 Excel 文件向数据表格中导入数据。【打开数据表格对话框】指令对应的数据表格与底部功能区中【数据表格】模块对应的数据表格是同步的，将数据导入数据表格后就可以通过【数据表格】模块中的指令对数据进行读取与处理。【打开数据表格对话框】指令配置界面如图 2-118 所示。数据表格对话框还支持导出数据。

图 2-118　【打开数据表格对话框】指令配置界面

2.3.14 输出方式

在影刀 RPA 中，有多种输出方式可供选择，包括打印日志、打开信息对话框、打开数据表格对话框、内置的数据表格和 Excel 文件。这些输出方式可以用来显示信息或者将数据保存到表格中。

1．打印日志

【打印日志】是一个常用的输出指令。使用【打印日志】指令可以将变量或文本打印输出，以便用户在【运行日志】模块查看输出的内容是否符合要求，如图 2-119 所示。

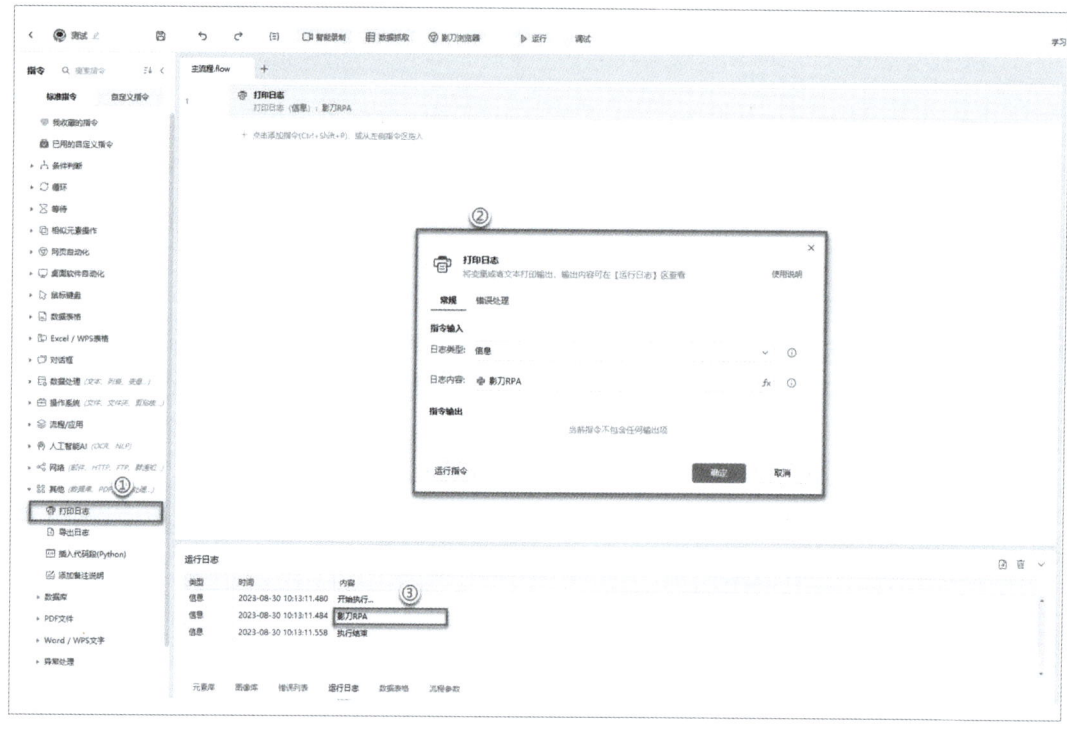

图 2-119　使用【打印日志】指令

2．打开信息对话框

使用【打开信息对话框】指令可以弹出一个对话框，用于提醒用户当前流程所处的位置，以及下一步可能需要进行的操作，如图 2-120 所示。

3．打开数据表格对话框

使用【打开数据表格对话框】指令可以弹出数据表格对话框，对数据表格进行填写或导入 Excel 文件等操作，如图 2-121 所示。

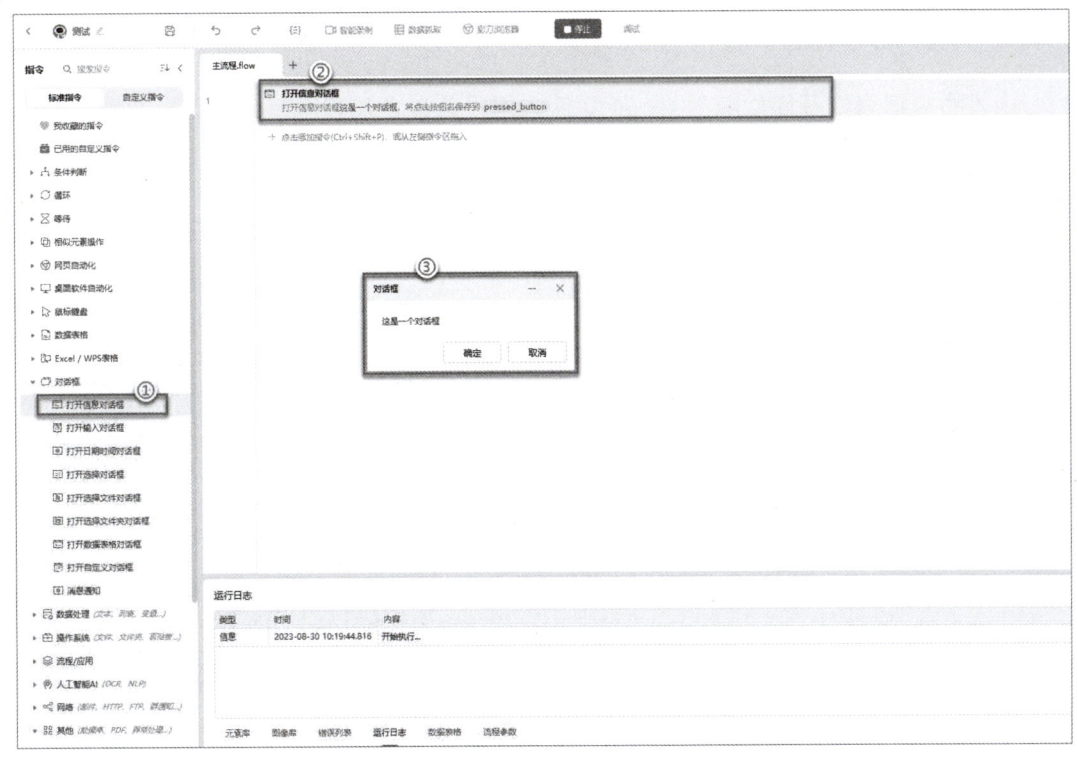

图 2-120 使用【打开信息对话框】指令

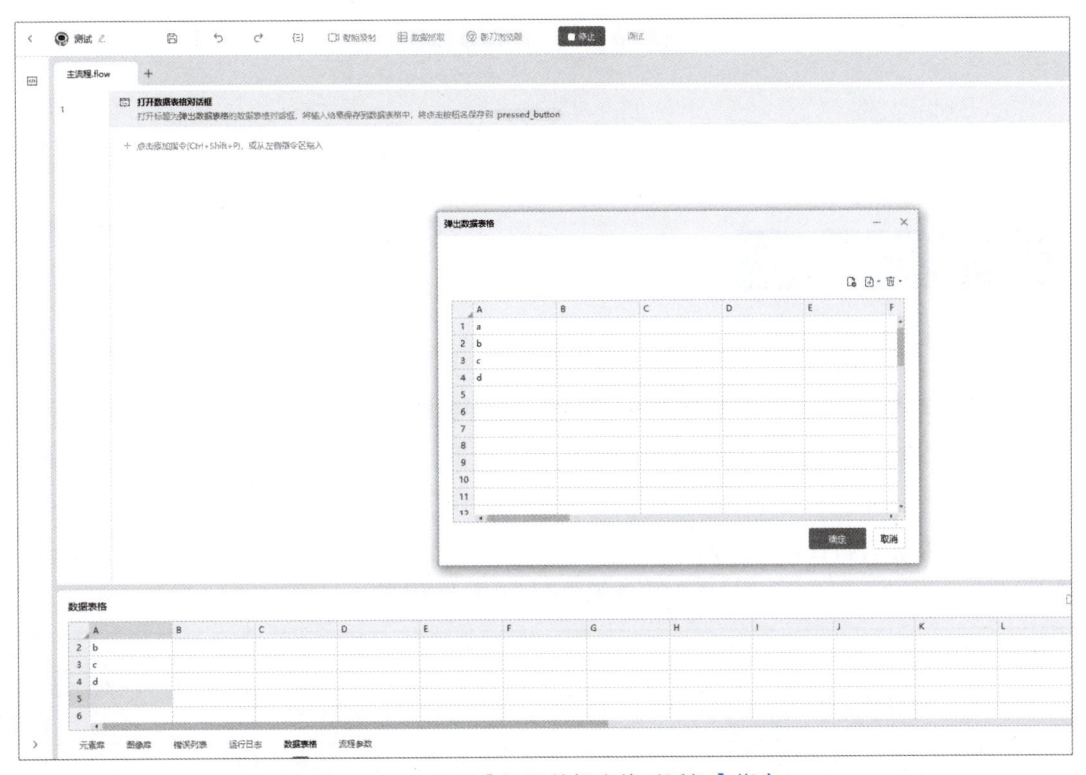

图 2-121 使用【打开数据表格对话框】指令

4. 内置的数据表格

内置的数据表格是简化版的 Excel 文件，用户可以在流程中写入数据，并在内置的数据表格中查看写入的数据，还可以将内置的数据表格导出为 Excel 文件，如图 2-122 所示。

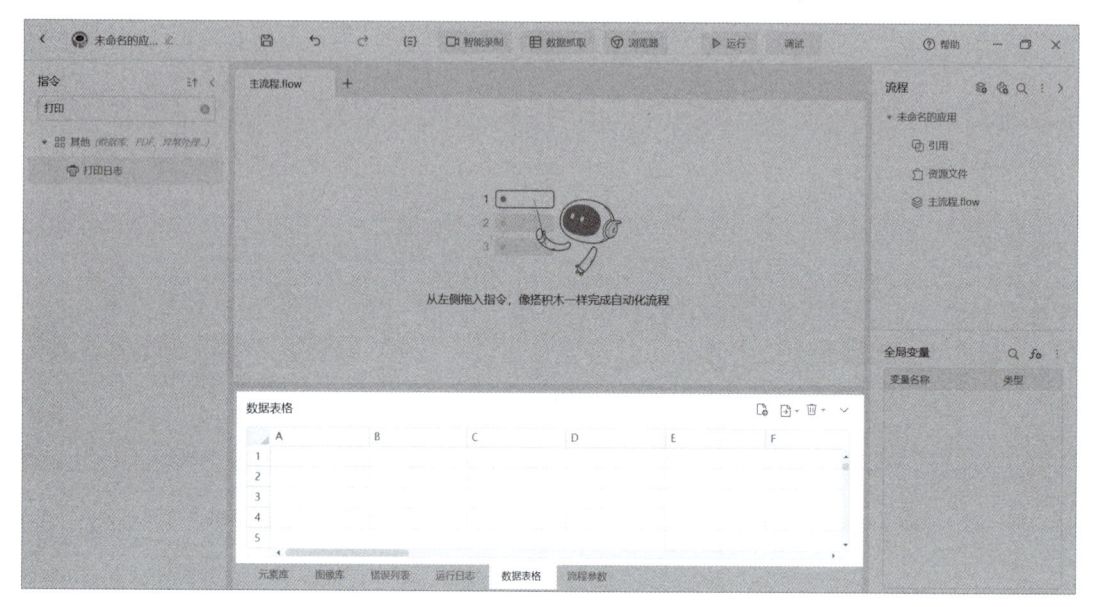

图 2-122 内置的数据表格

5. Excel 文件

可以将流程中获取的数据写入 Excel 文件中，并保存到本地计算机中。

2.3.15 正则表达式

1. 正则表达式的定义

正则表达式是对字符串[包括普通字符（如 a~z 范围内的字母）和特殊字符（称为"元字符"）]进行操作的一种逻辑公式。根据事先定义好的一些特定字符及其组合，可以构建一个规则字符串，用来表达对字符串的过滤逻辑。常用的正则表达式操作符如表 2-2 所示，经典的正则表达式如表 2-3 所示。

表 2-2 常用的正则表达式操作符

操作符	说明	示例
.	表示任意单个字符	a.b 表示匹配任何以 a 开头，以 b 结尾的具有 3 个字符的字符串
[]	字符集，对单个字符给出取值范围	[abc]表示 a 或 b 或 c，[a-z]表示 a~z 范围内的单个字符（任意一个小写字母）

续表

操作符	说明	示例
[^]	非字符集，对单个字符给出排除范围	[^abc]表示非 a 或 b 或 c 的单个字符
*	前一个字符的 0 次或者无限次的拓展	abc*表示 ab、abc、abcc、abccc 等（匹配 ab）
+	前一个字符的 1 次或者无限次的拓展	abc+表示 abc、abcc、abccc、abcccc 等（不匹配 ab）
?	前一个字符的 0 次或者 1 次拓展	abc?表示 ab、abc
|	左右表达式中的任意一个	abc|def 表示 abc 或 def
{m}	扩展前一个字符 m 次	ab{2}c 表示 abbc
{m,n}	扩展前一个字符 m 至 n 次（含 m 和 n 次）	ab{1,2}可匹配 abc、abbc
^	匹配字符串开头	^abc 表示 abc 在一个字符串的开头，即不匹配 aabc
$	匹配字符串结尾	abc$表示 abc 在一个字符串的结尾，即不匹配 abcd
()	分组标记内部只能使用|操作符	(abc)表示 abc，(abc|def)表示 abc 或 def
\d	一个数字，等价于[0-9]	在 a1b2c3 中使用\d，将匹配 1、2 和 3
\w	组成单词的字符，等价于[A-Za-z0-9_]	[A-Za-z0-9_]表示大写字母 A~Z、小写字母 a~z、数字 0~9 和下画线_

表 2-3　经典的正则表达式

正则表达式	含义
^[A-Za-z]+$	由 26 个字母组成的字符串
^[A-Za-z0-9]+$	由 26 个字母和数字组成的字符串
^-?\d+$	整数形式的字符串
^[0-9]*[1-9][0-9]*$	正整数形式的字符串
[1-9]\d{5}	国内邮政编码
[\u4e00-\u9fa5]	匹配中文字符
\d{3}-\d{8}|\d{4}-\d{7}	国内固定电话号码

2．正则表达式在影刀 RPA 中的应用

在影刀 RPA 中，可以使用正则表达式进行数据的匹配和提取。例如，在物流编号中，可以通过连续数字的长度来匹配物流编号。以文本内容【中通快递：111111123444】为例，其中的物流编号有 12 位，我们可以使用正则表达式【\d{12}】获取这个物流编号，如图 2-123 所示。

图 2-123　使用正则表达式获取物流编号

2.3.16　应用的分享与获取

应用的分享与获取主要是通过【市场】子模块来进行的。在【市场】子模块中，可以分享自己的应用和获取其他人分享的应用。

1．分享自己的应用

分享自己的应用的主要步骤如下。

（1）创建一个应用市场，并将其命名为【共享流程】，如图 2-124 所示。

（2）将【物流单号批量查询】应用分享至刚创建的应用市场，如图 2-125 所示，分享结果如图 2-126 所示。

（3）在邀请用户加入时，有两种方式。一种方式是直接邀请新成员加入自己创建的市场，用户在加入后即可看到该市场中的所有应用，如图 2-127 所示。另一种方式是，如果只想分享一个应用，则可以在【应用】子模块中需要分享的应用最右边点击表示更多的竖点按钮，并在弹出的下拉菜单中选择【发版】命令，如图 2-128 所示，即可将应用变成发布状态。

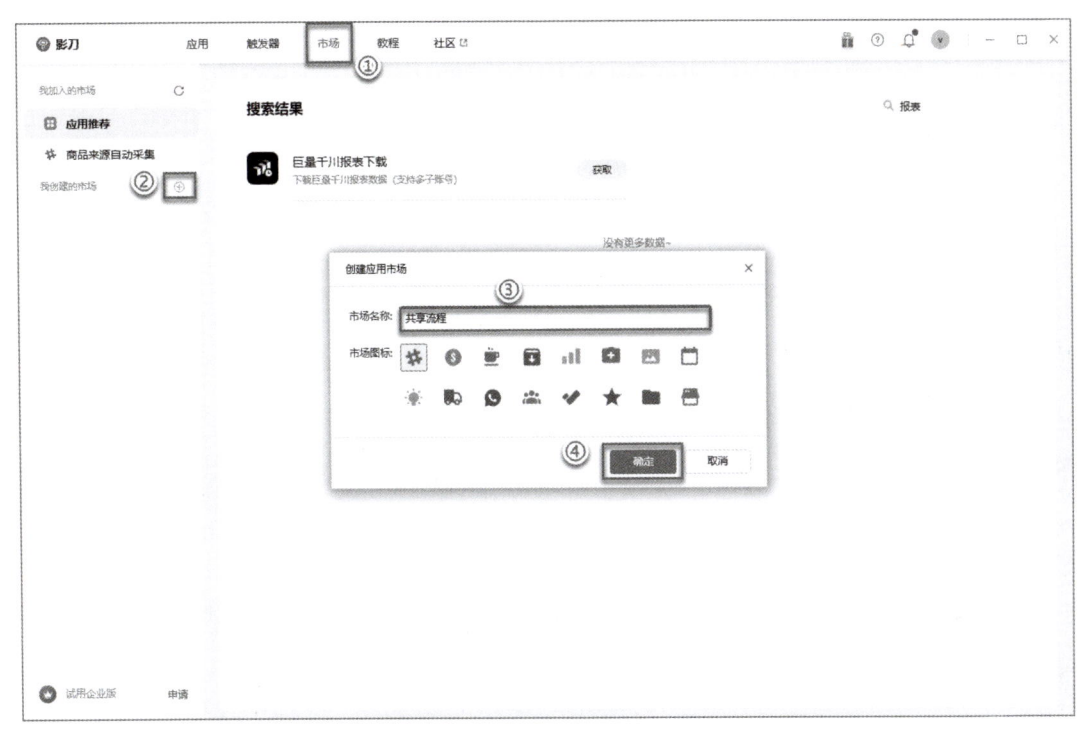

图 2-124　创建【共享流程】市场

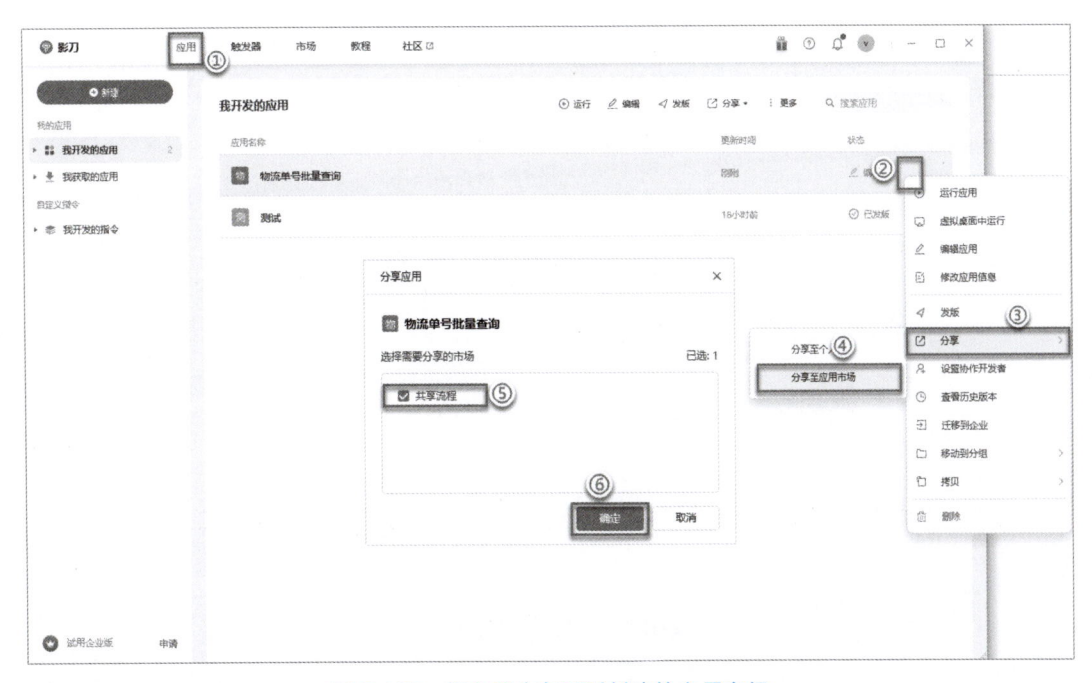

图 2-125　将应用分享至刚创建的应用市场

图 2-126　分享结果

图 2-127　直接邀请新成员加入

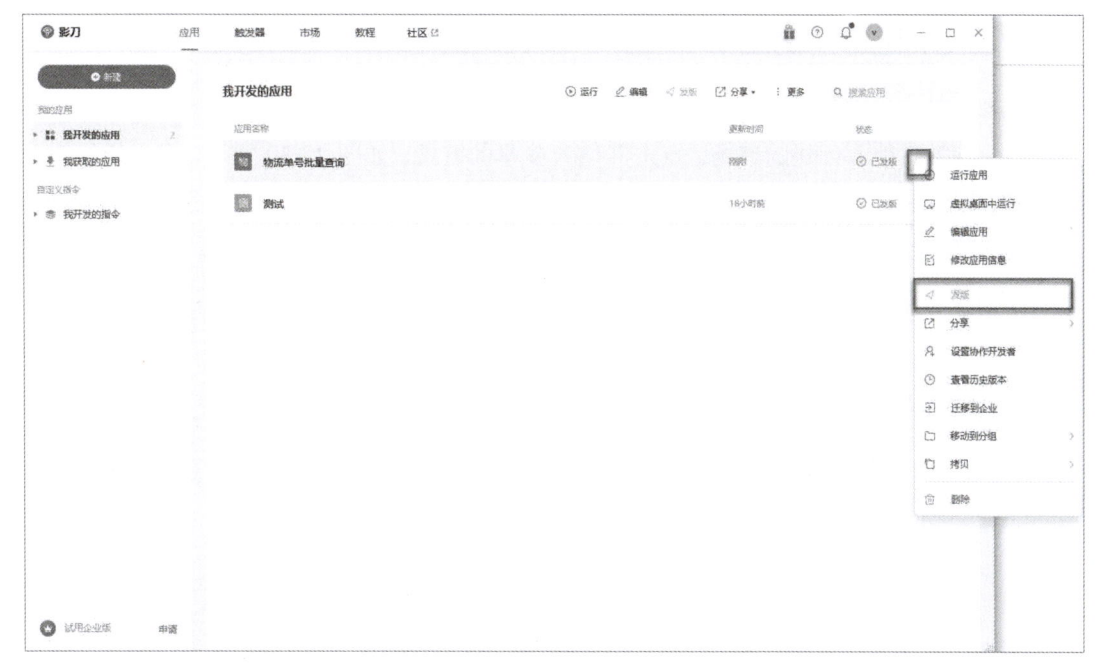

图 2-128 选择【发版】命令

在应用变成发布状态之后,再次点击表示更多的竖点按钮,并在弹出的下拉菜单中选择【分享】→【分享至个人】命令,即可将应用分享至个人,如图 2-129 所示。

图 2-129 将应用分享至个人

2．获取其他人分享的应用

获取其他人分享的应用的主要步骤如下。

（1）加入其他人创建的市场。点击其他人分享的链接，如图 2-130 所示，进入链接对应的网站，并点击【立即加入】按钮，如图 2-131 所示。如果成功加入了其他人创建的市场，则会显示【已成功加入市场，打开 PC 客户端可在该市场获取应用】信息。此时进入影刀 RPA 中的【市场】→【我加入的市场】子模块，就可以看到其他人创建的市场，如图 2-132 所示。

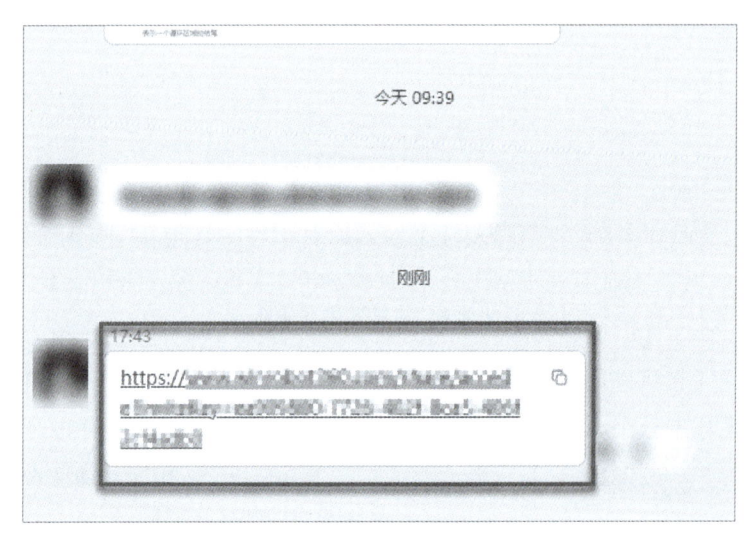

图 2-130　点击链接

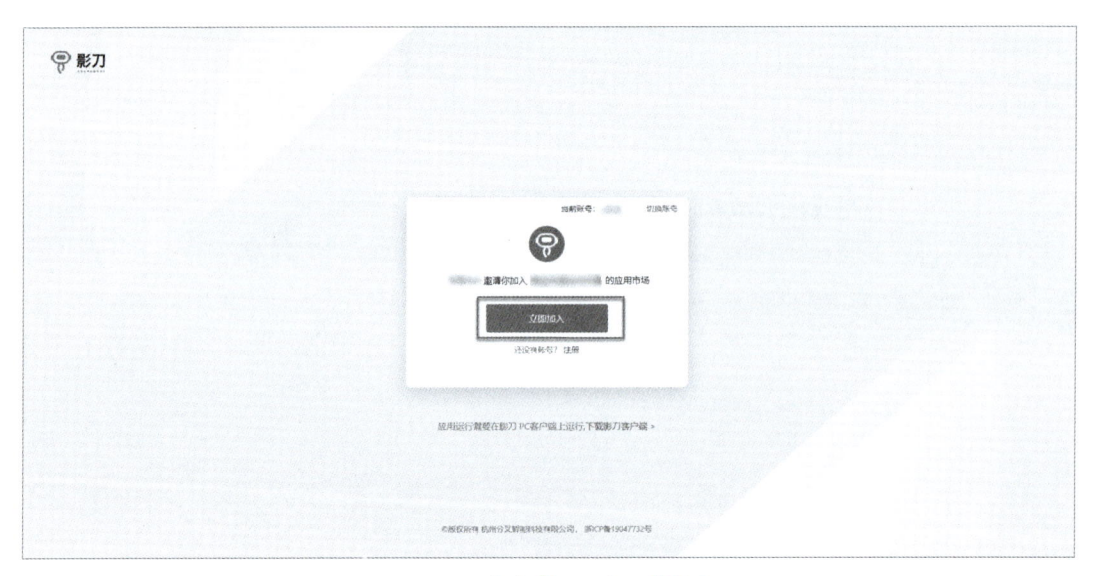

图 2-131　点击【立即加入】按钮

图 2-132 【我加入的市场】子模块

（2）获取需要的应用。进入其他人创建的市场后，就可以看到其他人发布的应用，在需要的应用后面点击【获取】按钮即可，如图 2-133 所示。

图 2-133 获取需要的应用

（3）在【我获取的应用】子模块中使用该应用。在获取需要的应用之后，即可在【应用】→【我的应用】→【我获取的应用】子模块中查看并使用该应用，如图 2-134 所示。

图 2-134　查看并使用获取的应用

注意：目前我们分享与获取的通常是应用的使用权，用户无法看到应用的源码，也无法编辑该应用。但是，在分享应用时，我们可以选择分享应用的使用权或者将源码也一起分享，具体取决于实际情况。

2.4　影刀 RPA 的三大逻辑

2.4.1　条件判断

1. 条件判断的含义

条件判断是编程中的一个重要概念，用于根据给定条件的真假来执行不同的代码块。它允许程序根据不同的情况来做出决策和执行相应的操作。

2. 条件判断的使用场景

在影刀 RPA 中，条件判断通常用于以下 3 种场景类型。

- 比较类场景：用于判断数值的大小关系，例如，对两个或多个数值进行大小比较，或者判断它们是否相等。

- 包含类场景：用于判断对象是否为从属关系，且常用于字符串（文本）中，例如，判断某个地址信息是否包含某些特殊的省份。
- 存在类场景：用于判断对象是否存在，例如，判断某个软件窗口是否存在。

3．条件判断的种类

条件判断的种类包括单分支、二分支、多分支和条件的嵌套等。

1）单分支

单分支是指条件判断语句中只有一个判断条件，并且需要根据这个条件的真假来决定执行哪个板块。在影刀 RPA 中，单分支条件判断使用 if 语句来实现，包括 if 条件、if 包含和 if 存在 3 种情况。

（1）if 条件。影刀 RPA 提供了对应的【IF 条件】指令，该指令可以用于多种情况。

- 比较判断：可以判断数值的大小，也可以判断文本是否相等，如图 2-135 所示。

图 2-135　比较判断

- 包含判断：一般用于字符串中，判断字符串中是否包含某个特定文本，如图 2-136 所示。

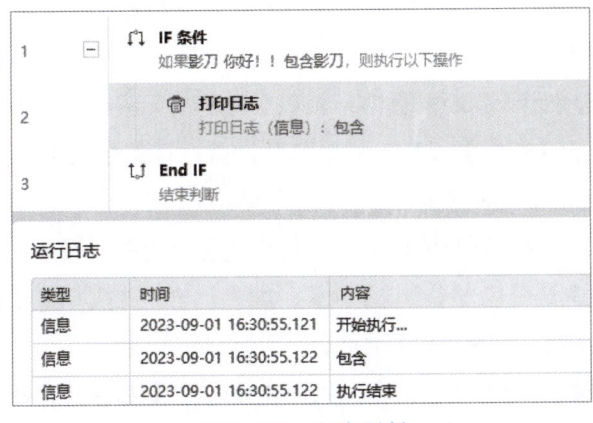

图 2-136　包含判断

【IF 条件】指令还提供了另一种用于处理字符串的方式，分别为【以对象 2 开头】和【不以对象 2 开头】、【以对象 2 结尾】和【不以对象 2 结尾】。例如，判断对象 1【影刀 你好！！】是否以对象 2【影刀】开头，如图 2-137 所示。

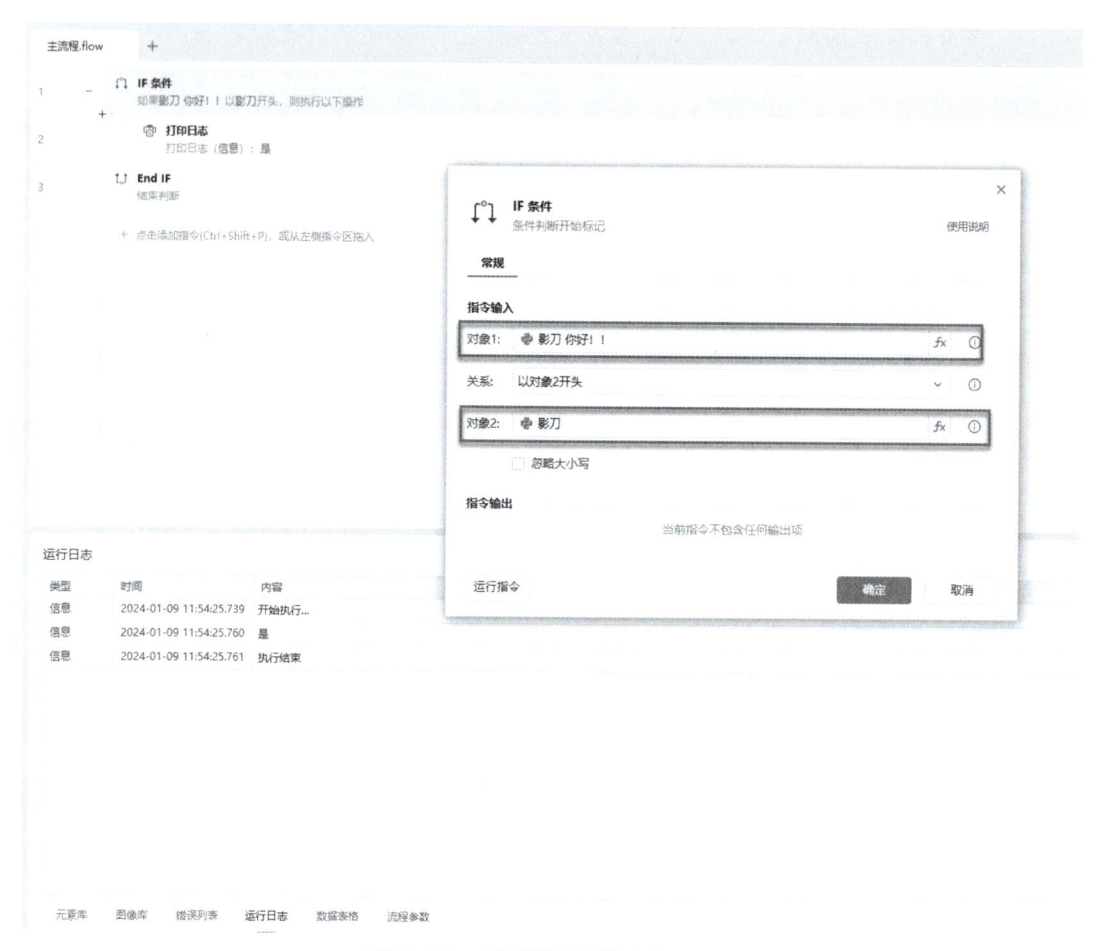

图 2-137　判断是否以某对象开头

（2）if 包含。影刀 RPA 提供了网页和窗口的 if 包含操作指令，分别为【IF 网页包含】指令和【IF 窗口包含】指令。

【IF 网页包含】指令用于判断网页中是否包含特定的元素或文本。例如，判断已经打开的百度网页中是否包含【新闻】元素，如果包含，就执行某个操作，比如打印【网页中存在新闻这个元素】，如图 2-138 所示。

【IF 窗口包含】指令用于判断软件窗口中是否包含特定的元素或文本。例如，判断已经打开的钉钉软件窗口中是否包含【会议】元素，如果包含，就执行某个操作，比如打印【窗口中存在会议这个元素】，如图 2-139 所示。

（3）if 存在。在影刀 RPA 中，if 存在操作指令包括【IF 窗口存在】、【IF 图像存在】、【IF 屏幕上存在文本(OCR)】、【IF 文件存在】和【IF 文件夹存在】等。

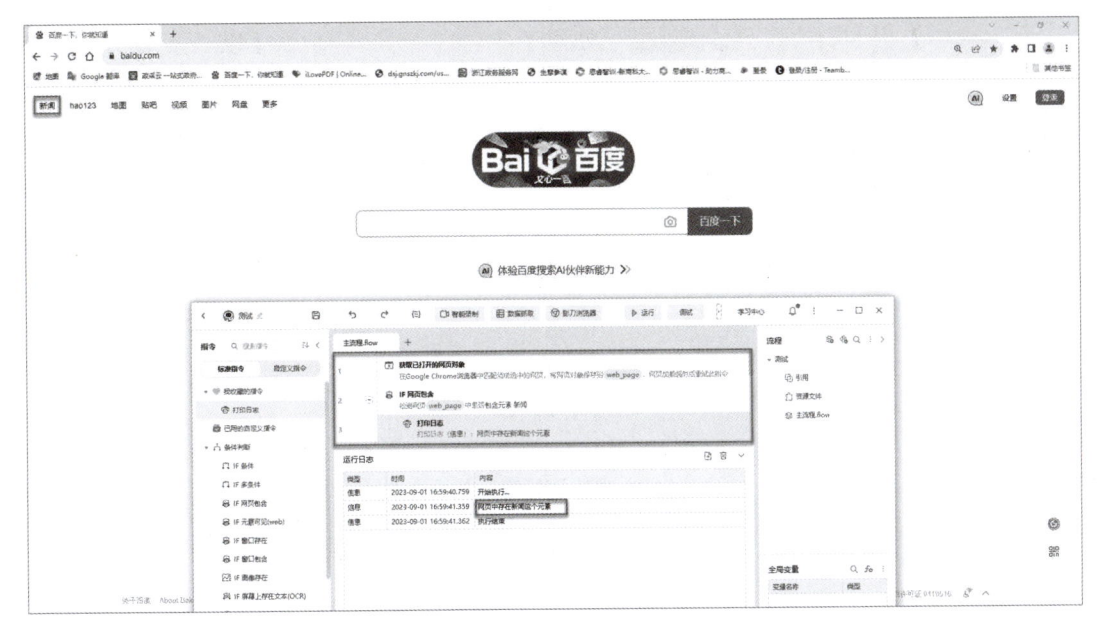

图 2-138　判断网页中是否存在【新闻】元素

图 2-139　判断窗口中是否存在【会议】元素

【IF 窗口存在】指令用于判断目标窗口是否存在。其中，获取窗口的方式有【窗口对象】、【捕获窗口元素】、【窗口标题或类型名】和【窗口句柄】。在获取窗口的方式为【窗口标题或类型名】时，支持根据通配符匹配。例如，判断是否存在任意以【记事本】为标题结尾的窗口，如果存在，就执行某个操作，比如打印【存在】，如图 2-140 所示。

【IF 图像存在】指令用于判断屏幕上是否存在目标图像。搜索范围包括整个屏幕、指定窗口对象和当前激活窗口。例如，使用【IF 图像存在】指令判断桌面窗口中是否存在影刀、此电脑和回收站图标，如果它们全部存在，就打印【目标图像全部存在】，如图 2-141 所示。【IF 图像存在】指令配置界面如图 2-142 所示。

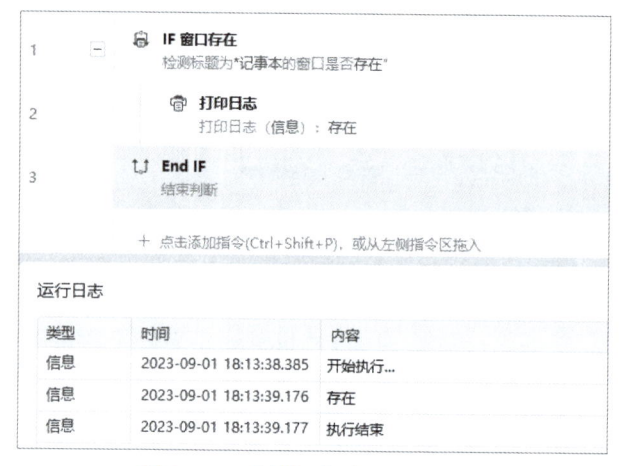

图 2-140　判断目标窗口是否存在

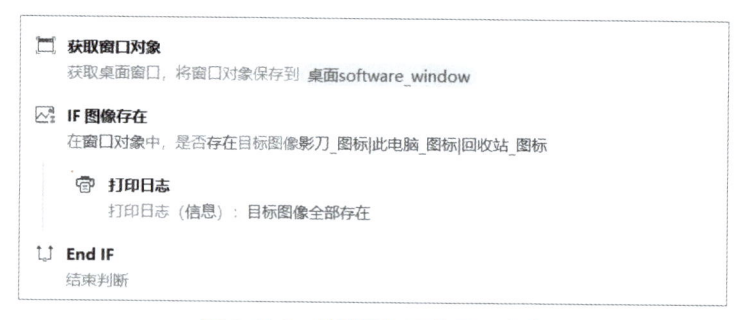

图 2-141　判断目标图像是否存在

图 2-142　【IF 图像存在】指令配置界面

另外,【IF 屏幕上存在文本(OCR)】、【IF 文件存在】和【IF 文件夹存在】指令也都以类似的原理来判断目标是否存在。

- 【IF 屏幕上存在文本(OCR)】指令用于通过图像文本识别的方式来判断屏幕上是否存在指定文本。用户可以指定搜索的范围,如整个屏幕、指定窗口对象或当前激活窗口。
- 【IF 文件存在】指令用于判断目标范围内是否存在指定的文件。用户可以指定要搜索的目录或文件路径。
- 【IF 文件夹存在】指令则用于判断目标范围内是否存在指定的文件夹。同样地,用户可以指定要搜索的目录路径。

这些指令的使用原理与【IF 图像存在】指令的使用原理相似,都是通过特定的识别方式来判断目标是否存在。

2)二分支

前面介绍了单分支的情况,也就是只有一个判断条件且在该条件满足时执行相应的操作。而实际上,还存在条件不满足的情况,这时可以使用 else 语句来构成二分支结构。二分支意味着需要根据两个判断条件的真假来确定执行哪个板块。一般使用 if-else 语句来表示二分支结构。图 2-143 展示了二分支条件判断的使用示例,可以看到在 if 条件判断指令下还多了一个【Else】指令。

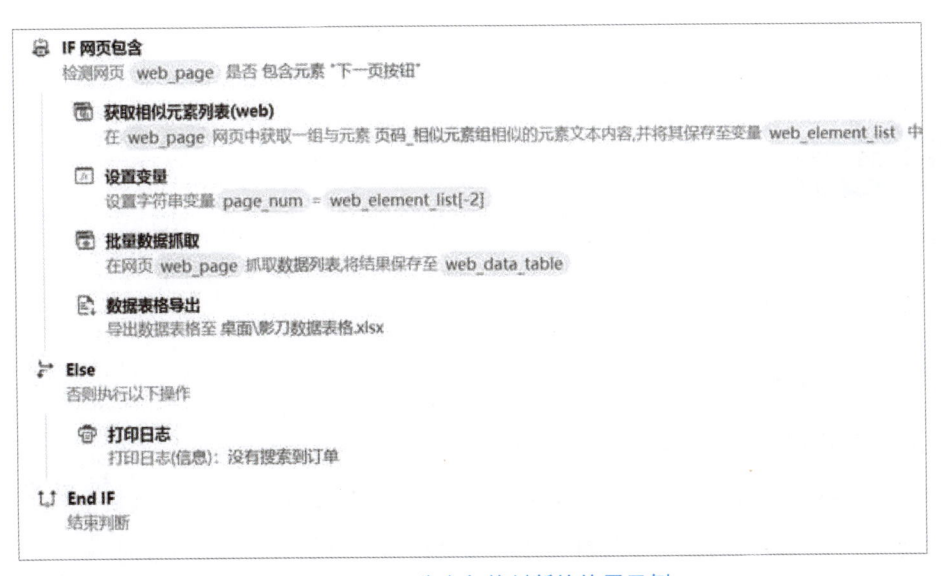

图 2-143 二分支条件判断的使用示例

3)多分支

多分支是指当条件判断语句中有多个判断条件时,可以根据这些条件的真假来确定执行哪个板块。多分支结构可以使用 if-elseif-else 语句来表示。图 2-144 展示了多分支条件判断的使用示例，其中包含了多个条件判断语句。

4）条件的嵌套

条件的嵌套是指在一个条件判断语句中再次执行一个或多个条件判断。图 2-145 展示了条件嵌套的使用示例，其中包含了 3 个条件的嵌套。该示例用于判断目标对象是否存在 3 个对应的窗口。

图 2-144　多分支条件判断的使用示例

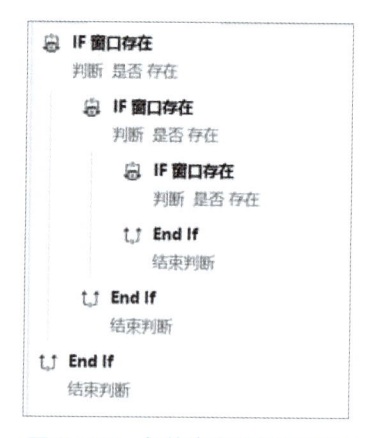

图 2-145　条件嵌套的使用示例

2.4.2　循环

1. 循环的定义

循环是指重复地执行某一板块。

2. 循环的应用场景

在自动化流程中，循环通常用于批量操作类问题和监控事件类问题。批量操作类问题包括批量插入备注、批量发送消息、翻页操作等。监控事件类问题包括只要检测到新订单就将其写入工单系统中等。使用循环可以有效地处理大量的数据或连续的事件。

3. 循环分类

在影刀 RPA 中，循环主要分为四大类，即有限循环、条件循环、循环的控制和循环的嵌套。

1）有限循环

顾名思义，有限循环是指循环有限的次数或有限的内容。在影刀 RPA 中，有限循环包括两种类型的循环指令：一种是预先知道有限循环的次数；另一种是预先知道有限循环的内容。

预先知道有限循环的次数需要有一个确定的循环数字。例如，一名学生需要跑 1 万米，而跑道的一圈有 400 米，那么他需要跑 25 圈，这个确定的数字就是预先知道的。【For 次数循环】指令所实现的循环就是典型的这种类型的有限循环。【For 次数循环】指令的使用示例如图 2-146 所示。该示例预先设定了一个固定的循环次数（5 次），之后进行循环遍历的操作，将每次遍历的结果保存到变量 loop_index 中，并打印出来。

图 2-146 【For 次数循环】指令的使用示例

预先知道有限循环的内容需要有一个确定的循环内容，这个内容可以是列表、字典或 Excel 文件中单元格的多条数据。例如，【ForEach 列表循环】指令所实现的循环就是典型的这种类型的有限循环。【ForEach 列表循环】指令主要用于依次循环列表中的每一项，其使用示例如图 2-147 所示。该示例对列表[1,2,3]进行循环遍历的操作，将每次遍历的结果保存到变量 loop_item 中，并打印出来。

与【ForEach 列表循环】指令类似的还有【ForEach 字典循环】、【循环 Excel 内容】和【循环相似元素组(web/win)】指令，这些指令都适用于对确定的内容进行有限循环。

图 2-147 【ForEach 列表循环】指令的使用示例

2）条件循环

在影刀 RPA 中，条件循环指令包括【While 条件循环】和【无限循环】。

【While 条件循环】指令用于当某个条件成立时进入循环，直到该条件不成立时结束循环。例如，设置一个变量 variable 的值为 7，之后使用【While 条件循环】指令，使变量 variable 的值在小于或等于 10 时每经历一次循环就加 1，如图 2-148 所示。

图 2-148 【While 条件循环】指令的使用示例

【无限循环】指令是一个很特殊的存在,它的循环条件永远成立。例如,设置变量 variable 的值等于 0,添加【无线循环】指令,那么在该循环中,每经历一次循环,变量 variable 的值就加 1,如图 2-149 所示。此循环可以无限地运行下去,除非有外部的干扰或者使用其他的指令才能终止。

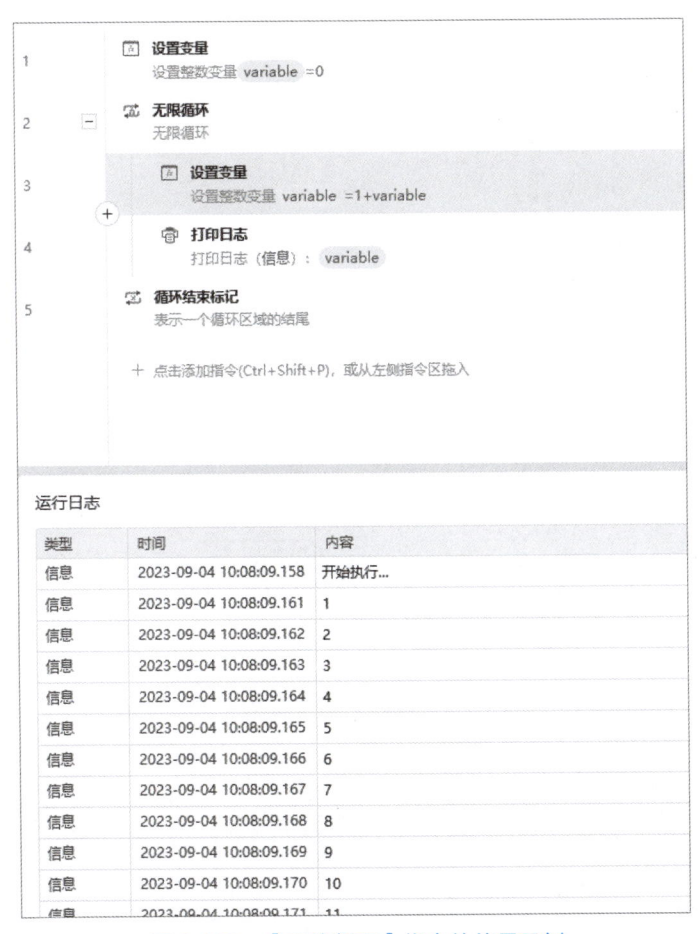

图 2-149 【无线循环】指令的使用示例

3)循环的控制

在影刀 RPA 中,循环的控制指令包括【继续下一次循环】和【退出循环】。

【继续下一次循环】指令用于在满足一定条件时,直接跳过当前循环的剩余步骤,进入下一次循环。例如,在【无限循环】指令中,变量 variable 的值会无限次数地自增 1 并打印,但在【打印日志】指令前面添加一个【IF 条件】指令后,会在变量 variable 的值在等于 5 时执行【继续下一次循环】指令,不打印变量 variable 的值等于 5 的数据,如图 2-150 所示。

【退出循环】指令用于在满足一定条件时,直接结束该循环。例如,在【无限循环】指令中,变量 variable 的值会无限次数地自增 1 并打印,但在【打印日志】指令后面添加一个

【IF 条件】指令后，会在变量 variable 的值大于 5 时执行【退出循环】指令，从而直接结束整个循环，如图 2-151 所示。

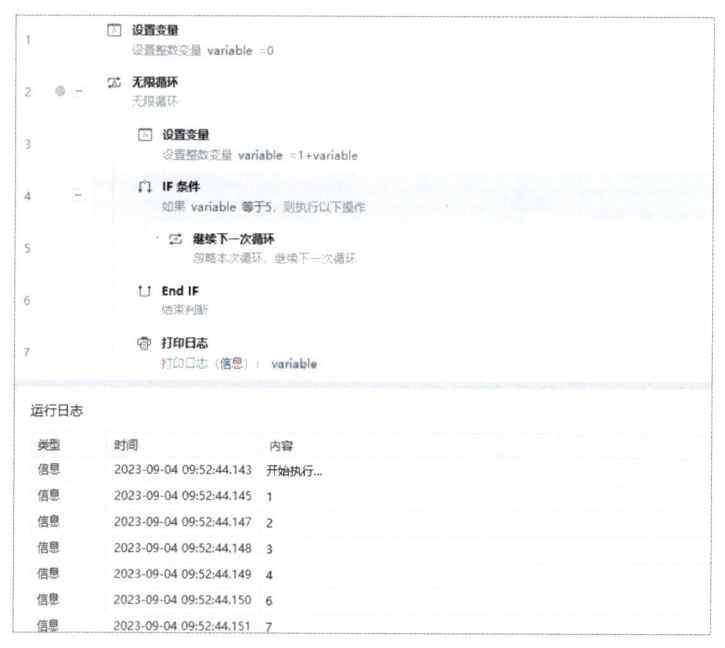

图 2-150 【继续下一次循环】指令的使用示例

图 2-151 【退出循环】指令的使用示例

4）循环的嵌套

循环的嵌套是指在一个循环指令中再次执行一个循环指令。例如，在抓取某个平台数据时，需要抓取多页数据，而每页的数据又有多行，这时就需要使用【For 次数循环】和【循环网页相似元素(web)】指令。图 2-152 所示为抓取某网页数据的操作示例。

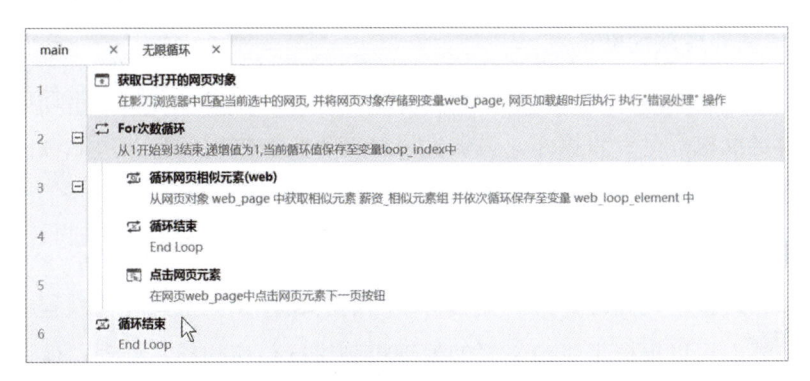

图 2-152　抓取某网页数据的操作示例

2.4.3　等待

1. 等待的定义

等待是 RPA 中的一个重要概念，指的是机器人在执行任务时，需要在满足特定的条件或发生特定的事件之前暂停执行，等待该条件满足或该事件发生之后再继续执行下一步操作。

等待可以基于时间，也可以基于其他条件。基于时间的等待，表示机器人会在执行某个动作后，先暂停一段指定的时间，再继续执行下一步操作。这种等待通常用于等待特定的延迟，如等待一个页面加载完成或等待一个弹窗出现。基于条件的等待，表示机器人会等待某个特定条件满足之后再继续执行下一步操作。这个条件可以是某个元素的出现或消失，某个特定信号或数据的输入等。机器人会不断检查这个条件是否满足，直到满足之后再继续执行下一步操作。

在等待过程中，机器人可以执行一些额外的操作，如检查其他元素的状态或执行其他任务。这样可以提高机器人的灵活性和适应性，使其能够根据不同的情况做出相应的处理。需要注意的是，在设计等待过程时，需要合理设置等待时间或条件，以确保机器人在等待过程中不会长时间地停留在某个状态，同时避免等待过程中因等待时间或条件的设置不合理而导致错误的发生。

2. 等待的重要性

等待在 RPA 流程中很重要，它能够帮助机器人合理利用资源、管理时间、提高效率、处理异常、节约成本，并确保数据的一致性和准确性。合理设置等待是设计稳定、高效的机器人流程的关键。

1）合理利用资源

等待可以帮助机器人合理利用资源，避免过早或过晚地执行下一步操作。通过等待，机器人可以在需要时执行相关任务，避免资源的浪费。

2）管理时间和提高效率

等待可以帮助机器人合理分配时间和提高执行效率。通过等待特定条件满足或特定事件发生之后再继续执行下一步操作，机器人可以在确保数据准确性和可靠性的基础上，高效率地完成任务。

3）处理异常

等待可以帮助机器人处理异常，并具备一定的容错性。如果在等待过程中出现异常或错误，那么机器人可以根据事先定义好的处理机制进行相应的异常处理，保证流程的稳定性和可靠性。

4）节约成本

等待可以帮助机器人在必要时进行判断和决策，避免不必要的资源浪费。通过合理设置等待时间或条件，机器人可以避免执行不必要的操作，从而节约时间和成本。

5）确保数据的一致性和准确性

等待可以确保在执行下一步操作之前，相关的数据或条件已经具备，从而确保数据的一致性和准确性。通过等待，机器人可以获取完整和正确的数据，避免基于不完整或错误的数据进行操作。

3. 等待的特征

等待在机器人流程设计中具有不同的特征，合理设置等待可以提高流程的稳定性、效率和质量。

1）持续时间

等待往往需要一段时间，这段时间可以是短暂的，也可以是较长的。在机器人流程设计中，等待的持续时间需要根据具体情况进行合理设置，以充分利用时间资源。

2）触发条件

等待通常是由某个事件或条件触发的，比如等待某个操作完成、等待特定的输入、等待特定的时间点等。触发条件需要根据流程需求和业务规则进行设置。

3）中断和恢复

在等待过程中，可能会发生中断事件，如系统崩溃、网络故障等。在这种情况下，机器人应当能够恢复等待状态，以便在问题解决后继续执行流程。

4）超时处理

当 RPA 在等待某个事件（例如，等待某个窗口或元素出现）时，如果超过了设定的时间限制，那么 RPA 将自动执行相应的操作或报错。超时处理可以避免程序因等待过久而卡死或陷入无限等待的状态。

5）并行和串行

在一些情况下，多个等待任务可能需要同时进行，或者按照特定的顺序进行。机器人流程设计需要考虑并行和串行等待的逻辑，以实现最佳的执行效率。

4．注意事项

在机器人流程设计中设置等待时，注意事项如下。

1）合理设置等待时间

等待时间应根据具体流程需求和业务规则进行合理设置。过长的等待时间会导致执行效率较低，而过短的等待时间可能会导致流程错误或数据不一致。这就需要开发者综合考虑各种因素，如操作的耗时、系统的响应时间等。

2）处理异常

在等待过程中，可能会发生异常，如系统崩溃、网络故障等。所以在设计流程时，需要考虑这些异常，并设置相应的异常处理机制，以确保机器人能够正确处理异常。

3）考虑超时处理机制

在设置等待时，应当考虑超时处理机制。如果等待时间超过预设的时间阈值，那么机器人可以自动终止等待或触发相应的异常处理，以避免长时间阻塞或资源浪费。

4）并行和串行等待

开发者需要根据流程需求和业务规则，合理设置并行和串行等待的逻辑，以提高执行效率和准确性。

5）监控等待状态

在机器人流程设计中，应当设定适当的监控机制，及时监控等待状态。这可以帮助开发者及时发现并解决等待过程中的潜在问题，确保流程的正常执行。

5．相关指令概述及使用示例

1）【等待】指令

【等待】指令用于让流程等待一段时间，其使用示例如图 2-153 所示。

图 2-153　【等待】指令的使用示例

此流程的执行逻辑：执行第一条【打印日志】指令，打印【1】；执行【等待】指令，等待 5 秒；执行第二条【打印日志】指令，打印【2】。

2)【等待元素(web)】指令

【等待元素(web)】指令用于等待网页元素出现或消失之后再执行接下来的流程，其使用示例如图 2-154 所示。

图 2-154　【等待元素(web)】指令的使用示例

此流程的执行逻辑：执行【打开网页】指令，打开【网易邮箱】网页；执行【等待元素(web)】指令，等待网页元素【新邮件提示】出现；在该元素出现后执行【点击元素(web)】指令，打开新邮件。

3)【等待元素(win)】指令

【等待元素(win)】指令用于等待窗口元素出现或消失之后再执行接下来的流程，其使用示例如图 2-155 所示。

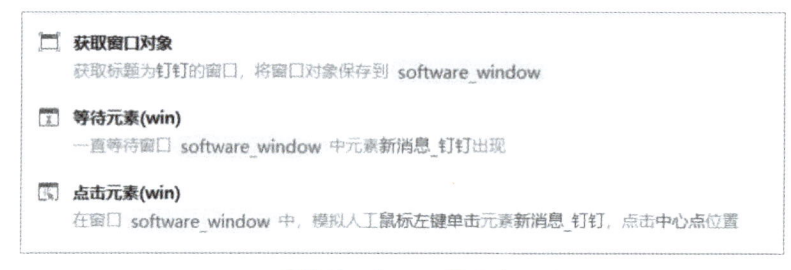

图 2-155　【等待元素(win)】指令的使用示例

此流程的执行逻辑：执行【获取窗口对象】指令，获取窗口对象【钉钉】；执行【等待元素(win)】指令，等待【新消息_钉钉】元素出现；在该元素出现后执行【点击元素(win)】指令，打开新消息。

4）【等待图像】指令

【等待图像】指令用于等待目标图像出现或消失之后再执行接下来的流程，其使用示例如图 2-156 所示。

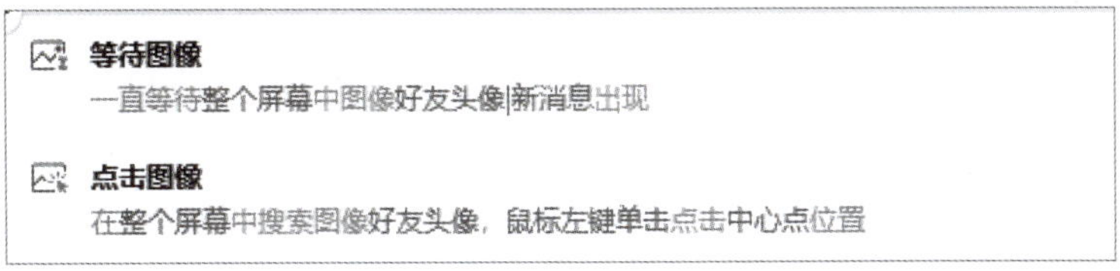

图 2-156 【等待图像】指令的使用示例

此流程的执行逻辑：执行【等待图像】指令，等待微信程序中好友头像和新消息出现，并在它们出现后执行【点击头像】指令，打开新消息。

5）【等待文件】指令

【等待文件】指令用于等待文件被创建或删除，其使用示例如图 2-157 所示。

图 2-157 【等待文件】指令的使用示例

此流程的执行逻辑：执行【等待文件】指令，等待指定文件被创建，并在该文件创建完成后执行【打印日志】指令，打印【文件已创建】。

6）【等待文本(OCR)】指令

【等待文本(OCR)】指令用于等待屏幕上出现/消失指定的文本，其使用示例如图 2-158 所示。

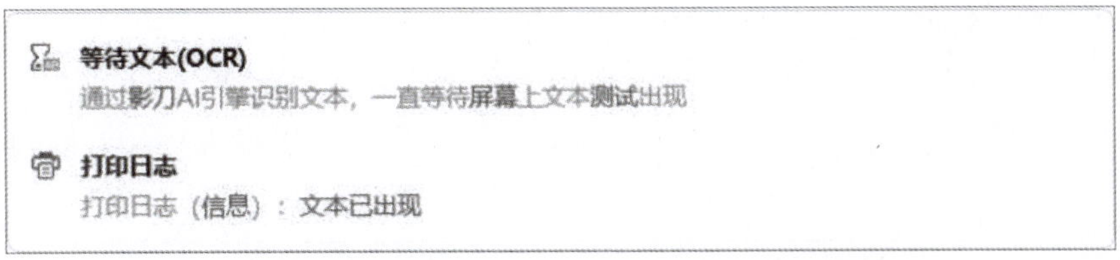

图 2-158 【等待文本(OCR)】指令的使用示例

此流程的执行逻辑：执行【等待文本(OCR)】指令，等待屏幕上出现指定的文本，若指定的文本出现，则执行【打印日志】指令，打印【文本已出现】。

7）【等待窗口】指令

【等待窗口】指令用于等待窗口状态发生变化，其使用示例如图 2-159 所示。

> 等待窗口
> 等待标题为 您已频繁 的窗口不存在，最多等待20秒

图 2-159 　【等待窗口】指令的使用示例

此流程的执行逻辑：执行【等待窗口】指令，等待指定窗口状态变为不存在，并在该窗口关闭后进行下一步操作。

8）【开启模拟真人操作】指令

【开启模拟真人操作】指令用于一次性地对多个指令用模拟真人的操作习惯执行（从开启到结束区间内的指令），其使用示例如图 2-160 所示。

> 获取已打开的网页对象
> 在Microsoft Edge浏览器中匹配当前选中的网页，将网页对象保存到 web_page，网页加载超时后重试此指令
>
> 获取相似元素列表(web)
> 在网页 web_page 中获取一组与元素页码_相似元素组相似的元素对象，将结果保存到 web_element_list
>
> 设置变量
> 设置字符串变量 page_num =web_element_list[-2]
>
> 开启模拟真人操作
> 开启仿真操作，区间内的所有鼠标操作指令将依据设置，模拟真人操作习惯运行
>
> 　For次数循环
> 　从1开始到 page_num 结束，递增值为1，将当前循环值保存到 loop_index
>
> 　　循环相似元素(web)
> 　　从网页 web_page 中获取相似元素确认发货_相似元素组的对象，将结果依次循环保存到 web_loop_element
>
> 　　　点击元素(web)
> 　　　在网页 web_page 中，模拟人工鼠标左键单击网页元素 web_loop_element，点击中心点位置
>
> 　　　点击元素(web)
> 　　　在网页 web_page 中，模拟人工鼠标左键单击网页元素按钮_确定，点击中心点位置
>
> 　　循环结束标记
> 　　表示一个循环区域的结尾
>
> 　　点击元素(web)
> 　　在网页 web_page 中，模拟人工鼠标左键单击网页元素链接_下一页，点击中心点位置
>
> 　循环结束标记
> 　表示一个循环区域的结尾
>
> 结束模拟真人操作
> 结束模拟真人操作

图 2-160 　【开启模拟真人操作】指令的使用示例

第 2 章　RPA 机器人开发基础

2.5　影刀 RPA 的下载与安装

2.5.1　影刀 RPA 的下载

步骤 1：访问影刀 RPA 官网（界面会随时间推移更新）。影刀 RPA 支持 Windows 版、Mac 版和 Linux 版，这里以 Windows 10 为例，点击官网中的【下载 Windows 版】按钮，如图 2-161 所示。

图 2-161　点击【下载 Windows 版】按钮

步骤 2：关闭新打开的网页，如图 2-162 所示。

图 2-162　关闭新打开的网页

步骤 3：在浏览器的下载管理器中，点击【保留】按钮，如图 2-163 所示。

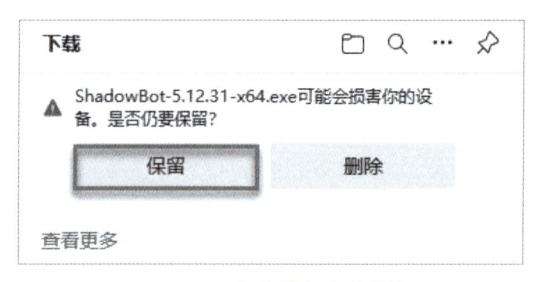

图 2-163　点击【保留】按钮

2.5.2　影刀 RPA 的安装

步骤 1：打开安装程序的存储路径，双击图 2-164 所示的影刀的可执行文件，等待该文件解压缩完成后点击【安装】按钮，将软件安装到默认的路径中，或者点击【更多选项】按钮，自己设置安装路径，如图 2-165 所示。

图 2-164　影刀的可执行文件

图 2-165　设置安装路径

步骤 2：在影刀 RPA 安装完成后，打开影刀 RPA 登录界面，如果没有影刀 RPA 账号，则可以直接点击右上角的【注册】按钮；如果有，则可以直接输入账号信息并登录，注意，必须在联网状态下登录后才可以使用影刀 RPA，如图 2-166 所示。

图 2-166 影刀 RPA 登录界面

步骤 3：成功登录影刀 RPA 后，会自动弹出软件界面，如图 2-167 所示。

图 2-167 登录成功后自动弹出的软件界面

2.6　影刀 RPA 的环境配置

环境配置的目标是提供一个稳定、安全、高效的工作环境，以满足项目或任务的需求。正确的环境配置可以帮助开发人员和团队更好地开展工作，减少问题和错误的发生，提高工作效率和质量。影刀 RPA 的环境配置非常方便，只需要安装对应的自动化插件即可，其中包括电脑端和手机端的自动化插件。自动化插件是影刀 RPA 执行相应的自动化流程所必备的扩展程序。

2.6.1　电脑端环境配置

步骤 1：打开影刀 RPA，选择【工具】→【自动化插件】选项，如图 2-168 所示。

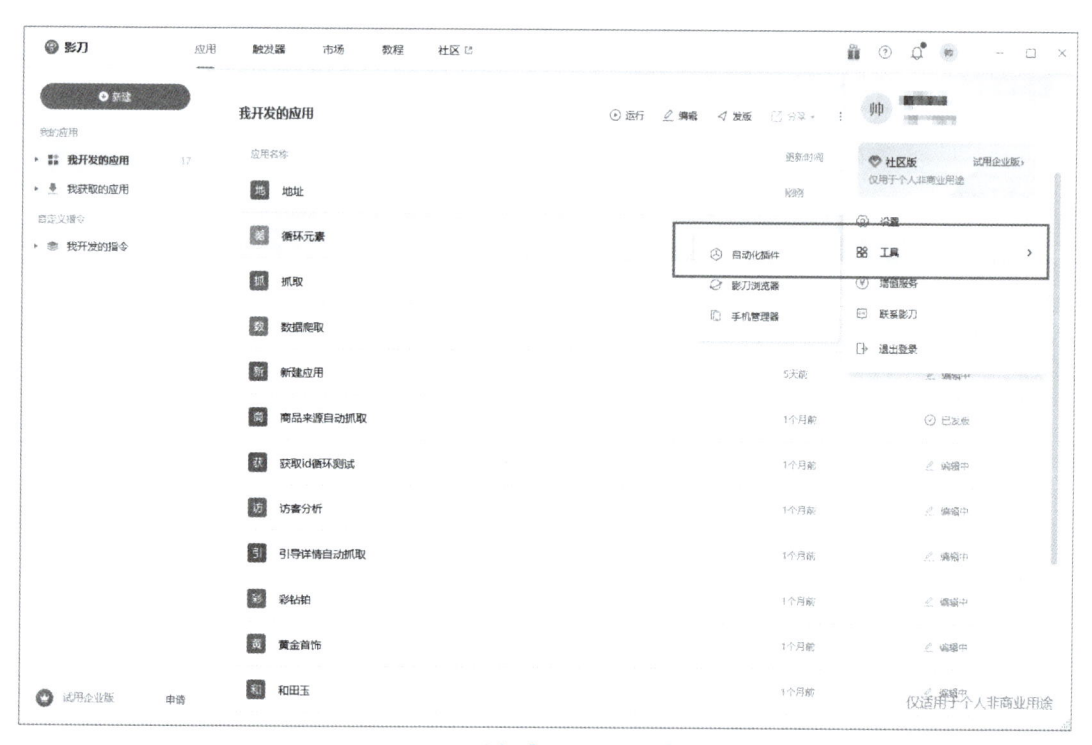

图 2-168　选择【自动化插件】选项

步骤 2：在弹出的【自动化插件】界面中点击所需的自动化插件并安装，即安装浏览器扩展程序，如图 2-169 所示。

步骤 3：安装成功后，点击【去启用】按钮，到浏览器界面中启用插件，如图 2-170 所示。

第 2 章　RPA 机器人开发基础

图 2-169　安装浏览器扩展程序

图 2-170　启用插件

步骤 4：在浏览器中打开【扩展】界面，开启【开发人员模式】选项和所安装的扩展程序，如图 2-171 所示。

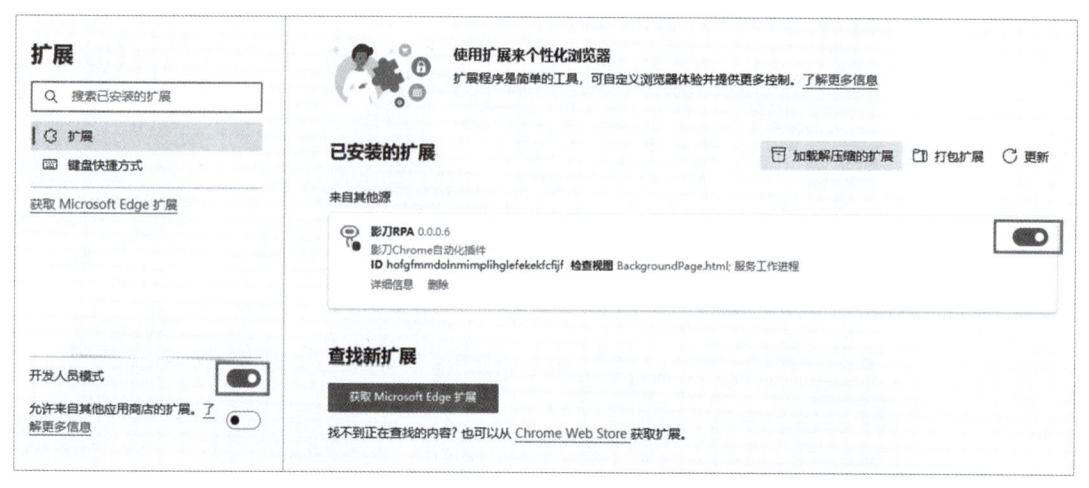

图 2-171 【扩展】界面

2.6.2 安卓手机端环境配置

步骤 1：打开手机开发者模式和 USB 调节开关。下面是小米手机的配置教程，对于其他品牌的手机，可自行在影刀 RPA 官网或百度网页中查找相关教程。

小米手机的配置操作步骤如下。

（1）打开【设置】界面。

（2）点击【我的设备】按钮。

（3）点击【全部参数】按钮。

（4）快速连续点击 6 次【MIUI 版本】按钮。

（5）返回【设置】界面。

（6）点击【更多设置】按钮。

（7）点击【开发者选项】按钮。

（8）打开【开发者模式】按钮。

（9）打开【USB 调试】和【USB 安装】按钮。

步骤 2：在【自动化插件】界面中点击【Android 手机自动化】按钮，安装 Android 手机自动化插件，如图 2-172 所示。

步骤 3：安装完成后，在【手机管理器】界面中将手机通过数据线与 PC 连接，并在连接成功后，选择【传输文件】选项（部分手机在选择【仅充电】选项后会强制关闭 USB 调试开关），如图 2-173 所示。

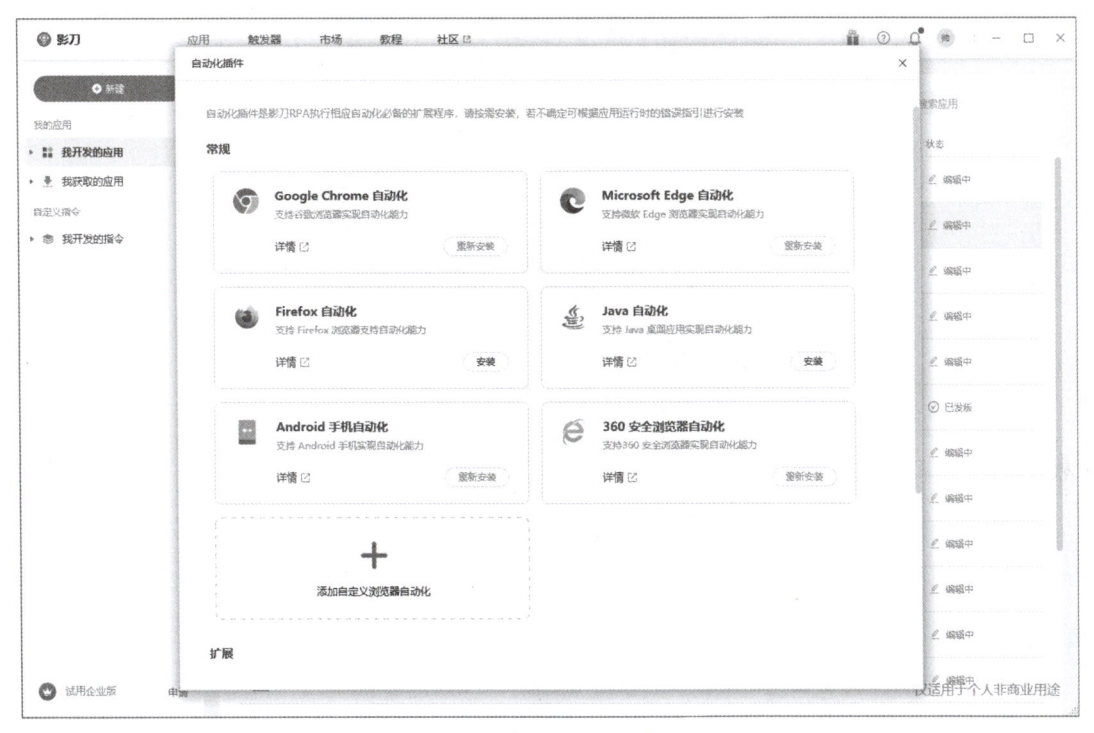

图 2-172 【自动化插件】界面

图 2-173 【手机管理器】界面

步骤 4：在选择【传输文件】选项后，手机会出现 USB 安装提示，如图 2-174 所示，只需要依次安装 3 个插件即可。

图 2-174　USB 安装提示

2.7　机器人流程设计概述

2.7.1　机器人流程设计的含义

　　机器人流程设计是指为机器人创建和制定一套执行特定任务的流程与规则。这个流程与规则可以包括各种任务的顺序、条件、循环、数据传递等。通过机器人流程设计，设计者可以使机器人按照预定的规则与流程自动执行任务，提高工作效率和准确性。

2.7.2　机器人流程设计的好处

　　机器人流程设计可以提高工作效率和执行质量，降低成本，解放人力资源，自动进行数据处理和分析，为企业和个人带来很多好处。

- 提高工作效率：可以使烦琐、重复的任务实现自动化运行，减少人工操作的时间并降低错误率，从而大大提高工作效率。
- 提高执行质量：可以按照预定的规则与流程进行操作，减少人为因素的干扰，提高执行的准确性和一致性。
- 降低成本：可以替代人工进行一些简单、重复的任务，降低人力成本，并且机器人可以 24 小时不间断地工作。
- 解放人力资源：解放的人力资源可以更好地用于处理复杂的任务、创新和策略性工作，提高人力资源的利用价值。
- 自动进行数据处理和分析：可以自动处理大量数据，并且可以自动进行数据分析和挖掘，提供有价值的信息。

2.7.3 机器人流程设计的原则

作为一个 RPA 开发者，一般在设计一个机器人流程时，会遇到维护和修改 RPA 应用的问题。RPA 应用通常涉及复杂的流程和大量的自动化任务，因此在面对这种 RPA 应用时，很容易令人感到无从下手。在设计机器人流程时，需要考虑任务的复杂性、可扩展性和可维护性，以确保机器人能够稳定、高效地完成任务。

1. 复杂性

复杂性是指机器人执行的任务可能涉及多个步骤、条件和数据处理操作。为了降低复杂性，可以将任务分解为多个子任务，并按照逻辑顺序组织起来。这样可以使流程更加清晰易懂，减少流程的复杂性，并且方便后续的维护和修改。

2. 可扩展性

可扩展性是指机器人流程的灵活性和可扩展性。随着业务需求的变化，机器人的任务可能需要不断地进行修改和扩展。因此，在设计机器人流程时，应该尽量采用模块化的设计方式，将不同的功能模块进行独立封装，方便后续的修改和扩展。

3. 可维护性

可维护性是指机器人流程的易调试性和易维护性。机器人流程应该易于维护和更新，以适应业务需求的变化。为了提高可维护性，合理命名和注释变量，遵循良好的命名规范和注释规范是非常重要的。同时，为自动化任务、变量和活动起一个有意义的名字，可以增加机器人流程的可读性。在关键位置添加适当的注释，解释任务的目的和设计思路，有助于自己和其他开发者理解及修改代码。

此外，机器人流程设计还需要考虑以下因素。

4. 逻辑性

在设计机器人流程时，要确保逻辑清晰，每个步骤都有明确的目标和执行顺序，以便机器人按照预设的程序顺利执行任务。

5. 稳定性

在设计机器人流程时，需要考虑各种可能发生的错误或异常，并制定相应的处理机制，以确保机器人在执行任务时能够正确处理异常，避免程序崩溃或产生错误结果。

6. 效率性

在设计机器人流程时，应该尽量减少不必要的步骤和操作，以提高机器人流程的执行效率。同时，还可以考虑使用并行处理、异步操作等技术手段，提高任务的并发处理能力。

2.7.4 机器人流程设计的步骤

在创建机器人前，首先需要充分了解业务流程，才能确定机器人执行这些业务流程的顺序和条件。以下是机器人流程设计通常涉及的主要步骤。

1. 了解业务背景和需求

了解业务背景和需求是非常重要的。只有深入了解业务背景，才能确定哪些流程可以运用机器人技术实现自动化，并且如何设计和优化这些流程。同时，还需要考虑业务需求的变化和未来的发展趋势，以便设计的机器人流程能够适应业务变化和未来的发展。

2. 识别和评估可自动化的业务流程

在识别和评估哪些业务流程适合使用 RPA 实现自动化时，可以通过分析业务流程的复杂性、重复性和规则性来进行。选择具有明确规则和高度重复性的任务来实现自动化是一个不错的起点。

3. 设计 RPA 机器人的流程

根据要自动化的业务流程，设计 RPA 机器人的流程。这包括定义 RPA 机器人需要执行的任务、判断和决策条件，以及与其他系统进行数据交互的方式。可以使用常用的流程设计工具，如 Visio、Lucidchart 等，来描述和分析 RPA 机器人的流程。

4. 开发 RPA 机器人

使用 RPA 开发平台或工具，根据机器人流程设计开发 RPA 机器人。这包括编写 RPA

机器人的逻辑和规则，配置 RPA 机器人与其他系统的集成，以及设置 RPA 机器人的操作和决策条件。

5．测试和验证 RPA 机器人

在实际环境中测试和验证 RPA 机器人的功能和性能。这包括模拟和验证 RPA 机器人在各种情况下的操作与决策，以确保 RPA 机器人能够按照预期的方式执行任务。

6．部署和监控 RPA 机器人

将开发和测试完成的 RPA 机器人部署到生产环境中，并进行监控和管理。这包括确保 RPA 机器人的稳定运行，及时处理异常和错误，并根据需要进行 RPA 机器人的调整和优化。

7．维护和更新 RPA 机器人

持续监控和维护 RPA 机器人的运行状态，及时处理问题和错误。同时，根据业务需求和变化，对 RPA 机器人进行更新和改进，以保持其有效性和适应性。

第 3 章

电商行业 RPA 机器人设计案例

随着电子商务的快速发展，许多企业开始将业务转向线上。在这个过程中，RPA 技术的应用越来越广泛。在电商行业中，RPA 机器人可以帮助企业实现各种自动化任务，提高生产力和工作效率。本章将介绍几个电商行业 RPA 机器人设计案例，包括商品自动上新、商品优惠券设置、商品 SKU 信息获取和批量物流信息查询。

3.1 商品自动上新

3.1.1 场景描述

小王是某电商公司的一名运营助理，该公司主要经营服装类目。由于服装行业的特性（季节性强、款式更新快），因此小王往往需要花费很多时间在上架商品这项工作中，但是他并不想将大量时间花费在这种枯燥又乏味的工作中。他在网上寻找解决办法时偶然发现了 RPA 机器人，顿时有了新的主意：让机器人代替自己完成这项工作，从而显著提高工作效率。

3.1.2 业务流程

在确定需要上传的商品属性信息无误后，将其批量填写到 Excel 表格中，以便后续读取，如图 3-1 所示。假设此次任务需要上架 20 个商品，则需要重复上架 20 次。

当上架新商品时，该业务流程主要包括以下几个步骤。

（1）打开淘宝首页，登录淘宝账号后点击【千牛卖家中心】按钮，进入千牛卖家中心，如图 3-2～图 3-5 所示。

图 3-1 商品属性信息

图 3-2 打开淘宝首页

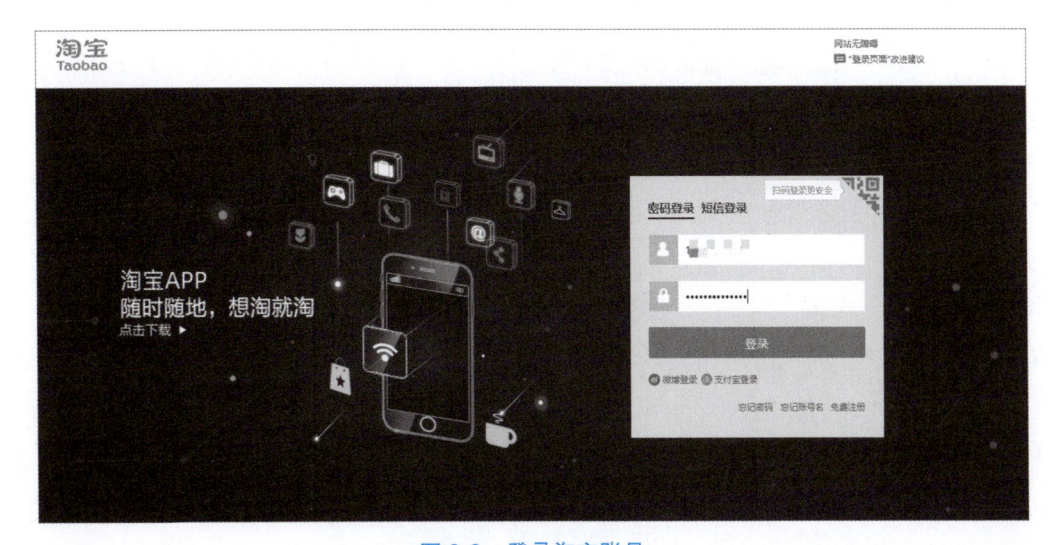

图 3-3 登录淘宝账号

RPA 机器人与商务应用

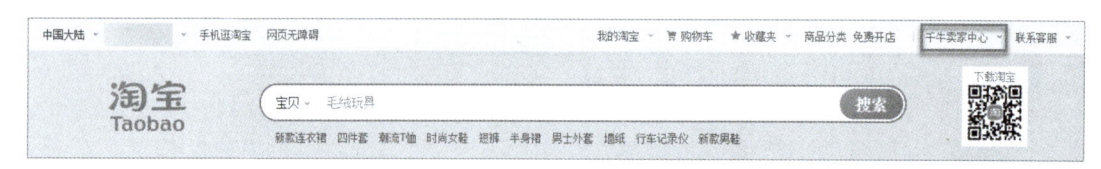

图 3-4　点击【千牛卖家中心】按钮

图 3-5　进入千牛卖家中心

（2）点击【商品】→【发布宝贝】按钮，进入商品上传界面，如图 3-6 所示。

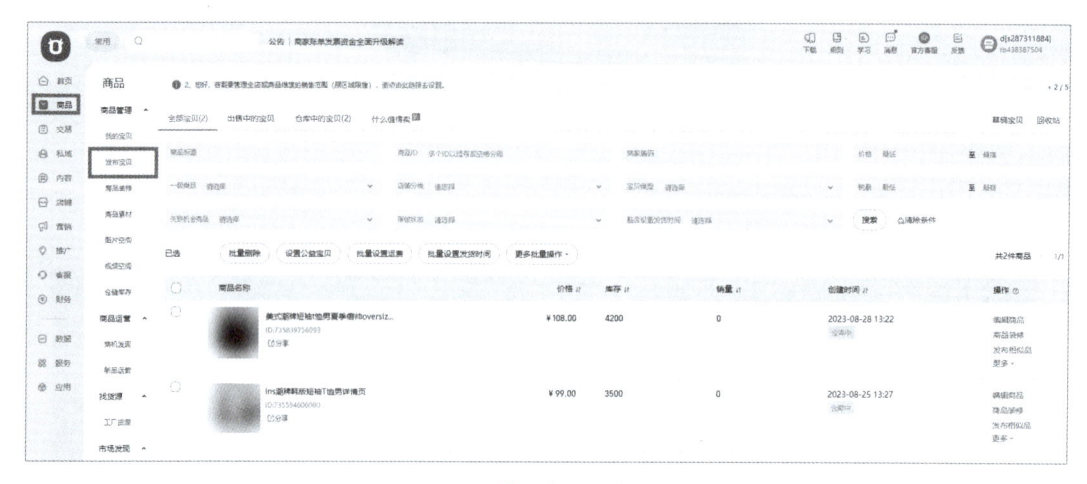

图 3-6　进入商品上传界面

（3）选择商品所属类目，如图 3-7 所示。

（4）点击【下一步，发布商品】按钮，如图 3-8 所示，进入商品详情设置界面。

（5）设置要发布商品的信息，包括基础信息（如宝贝类型、宝贝标题等）、销售信息（如发货时效、一口价等）、尺码信息、物流信息、支付信息、图文描述、售后服务等，如图 3-9 所示。

第 3 章　电商行业 RPA 机器人设计案例

图 3-7　选择商品所属类目

图 3-8　点击【下一步，发布商品】按钮

图 3-9　设置要发布商品的信息

图 3-9 设置要发布商品的信息（续）

第 3 章　电商行业 RPA 机器人设计案例

图 3-9　设置要发布商品的信息（续）

（6）点击【提交宝贝信息】按钮，如图 3-10 所示，完成商品的发布。

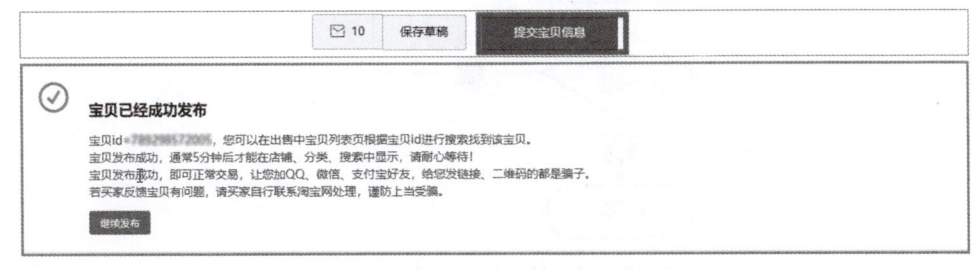

图 3-10　点击【提交宝贝信息】按钮

RPA 机器人与商务应用

在设置商品上架信息时，也可以将商品的上架时间设置为【放入仓库】，以便人工在【我的宝贝】界面中复查机器人是否正确设置了产品信息，如图 3-11 所示。

图 3-11　【我的宝贝】界面

注：步骤（3）～（6）需要重复执行 20 次。

商品自动上新的完整业务流程如图 3-12 所示。

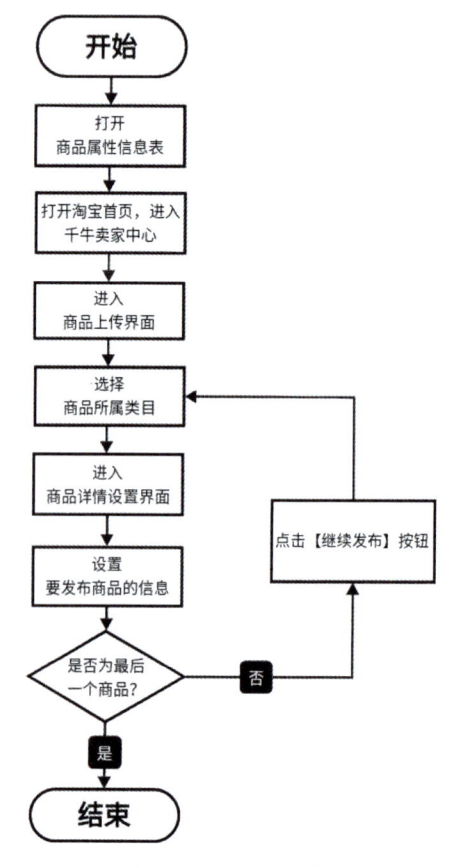

图 3-12　商品自动上新的完整业务流程

3.1.3 RPA 机器人流程设计

根据业务流程，以下是对 RPA 机器人实现流程的设计。

1. 打开淘宝首页，进入千牛卖家中心

（1）添加【打开/新建 Excel】指令，准备好需要上传的商品数据。
（2）添加【打开网页】指令，打开淘宝首页。
（3）添加【填写输入框(web)】指令，输入账号及密码并进行登录操作。
（4）添加【点击元素(web)】指令，在淘宝首页点击【千牛卖家中心】按钮，进入千牛卖家中心。

2. 进入商品上传界面

添加【点击元素(web)】指令，点击相应的元素，进入商品上传界面。

3. 上传商品

（1）添加【读取 Excel 总行数】指令，获取待上传商品的总行数，为后续循环做准备。
（2）添加【For 次数循环】指令，设置循环次数，以便逐个上传商品。
在循环中添加以下指令。

- 【读取 Excel 内容】指令：实现跨软件数据互通，获取待上传商品的信息。
- 【填写输入框(web)】指令：填写相应的商品信息。（注意，可以根据多种不同的商品信息，选择多个不同的命令来完成信息填写。）
- 【点击元素(web)】指令：点击相应的元素，完成商品上传操作。

4. 上传至仓库以便人工复查

人工复查步骤由人工完成，不需要在机器人流程中实现，只需要在上传时设置【上架时间】为【放入仓库】即可。

RPA 机器人实现流程如图 3-13 所示，商品上传结果如图 3-14 所示。

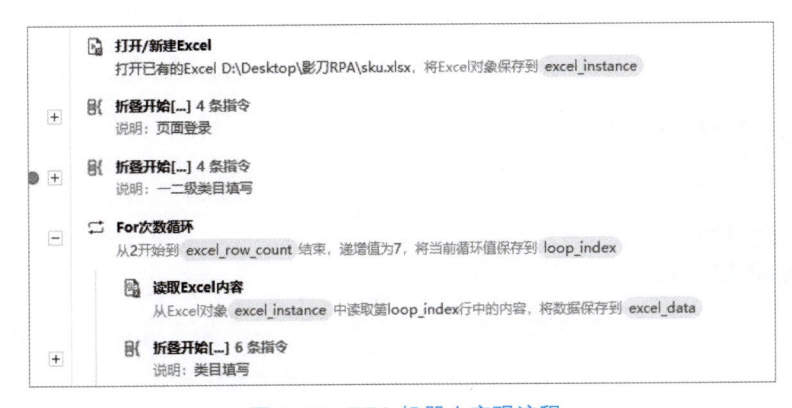

图 3-13　RPA 机器人实现流程

图 3-13　RPA 机器人实现流程（续）

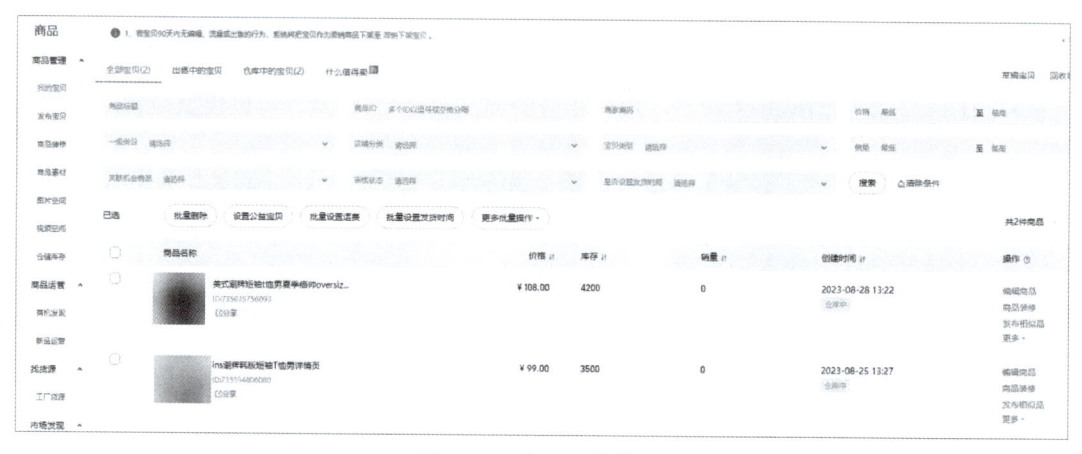

图 3-14　商品上传结果

3.2　商品优惠券设置

3.2.1　场景描述

在商品上架后，为了提高销量，需要给新上架的商品设置单品优惠券。然而，每个商品的优惠力度、时间等信息通常都不相同，为每个商品单独设置优惠券的工作非常耗时耗力。假设某商品优惠券的具体策划信息如下。
- 优惠券期限：7 天。
- 低价提醒：使用优惠券后的到手价低于 8.5 折。
- 活动名称：新品促销。
- 优惠金额：5 元（消费满 50 元可用）。
- 发行张数：10000 张，每人限领一张。

依据上述商品优惠券的策划信息，使用 RPA 机器人来为每个商品单独设置优惠券。

3.2.2 业务流程

商品 ID 及优惠券信息记录在两张 Excel 表格中，分别为商品 ID 表（见图 3-15）和优惠券自动设置表（见图 3-16）。假设有两个商品需要设置优惠券，则需要设置两次。

商品ID
735839756093
735594606080

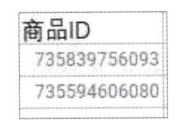

图 3-15　商品 ID 表

名称	开始时间	结束时间	低价提醒	优惠金额	使用门槛	发放量	领取上限	活动目标
商品单品	2023/9/1	2023/9/7	8.5	5	50	10000	1	新品促销

图 3-16　优惠券自动设置表

当设置淘宝商家后台的商品优惠券时，该业务流程主要包括以下几个步骤。

（1）打开千牛卖家中心并登录，如图 3-17 所示。

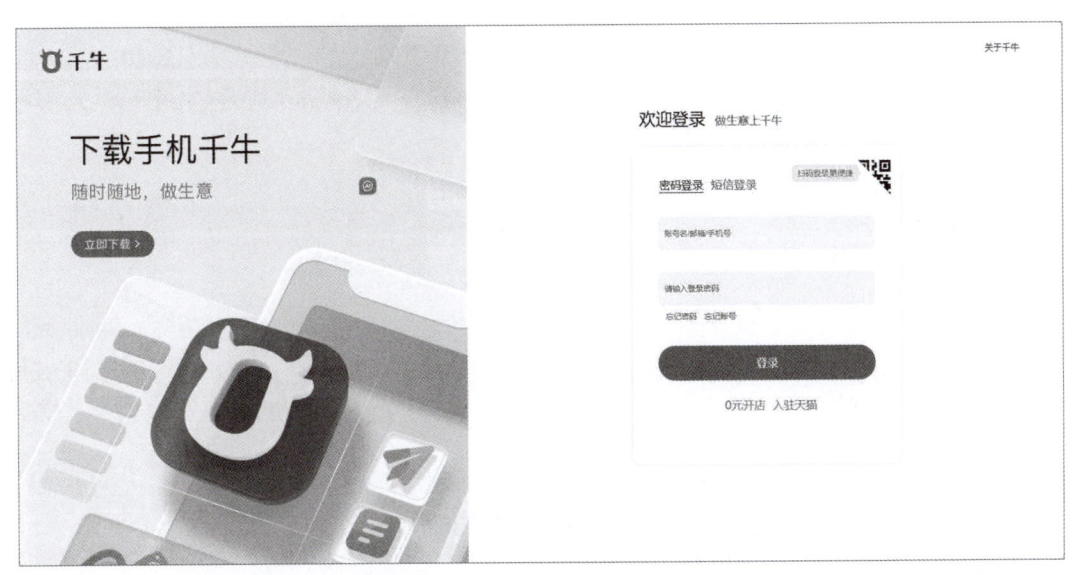

图 3-17　打开千牛卖家中心并登录

（2）在千牛卖家中心中点击【营销工作台】→【优惠券】按钮，进入优惠券设置界面，如图 3-18 所示。

图 3-18　优惠券设置界面

（3）在优惠券设置界面中点击【创建商品券】按钮，进入商品优惠券设置界面，如图 3-19 所示。

图 3-19　商品优惠券设置界面

（4）填写商品优惠券的信息，包括名称、开始时间、结束时间等，如图 3-20 所示。

第 3 章 电商行业 RPA 机器人设计案例

图 3-20 填写商品优惠券的信息

（5）点击【资损风险校验】按钮，完成商品优惠券设置，如图 3-21 所示。

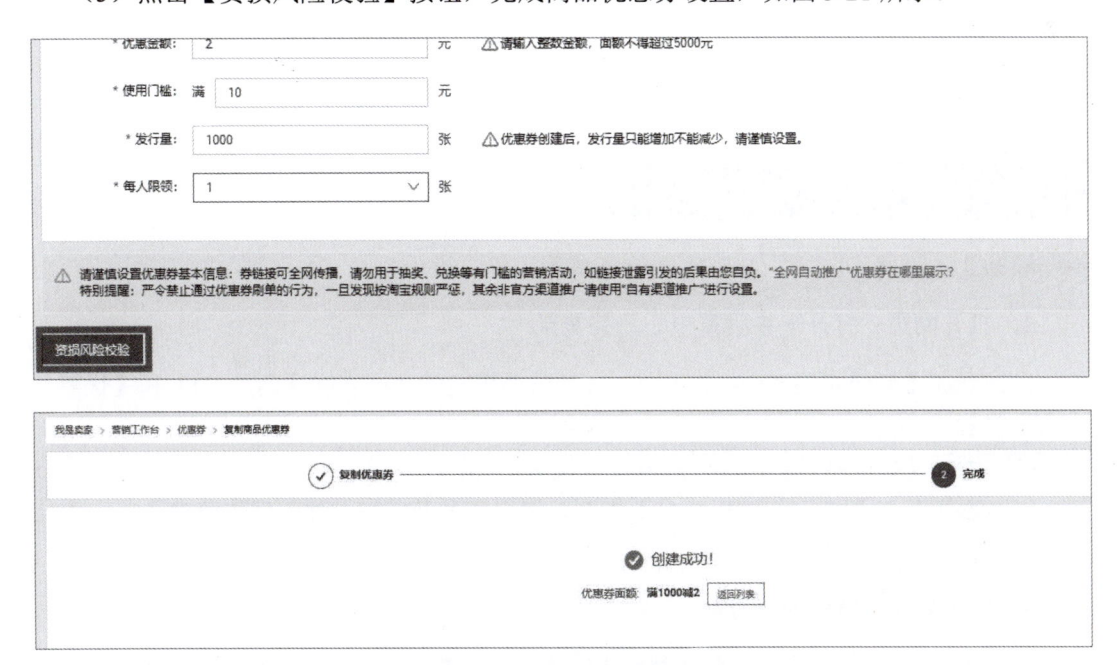

图 3-21 完成商品优惠券设置

注：步骤（3）～（5）需要重复执行两次。

商品优惠券设置的完整业务流程如图 3-22 所示。

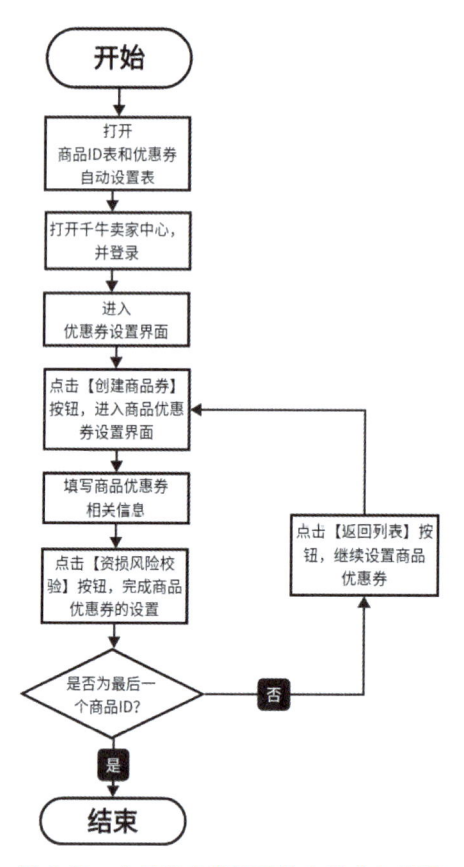

图 3-22 商品优惠券设置的完整业务流程

3.2.3 RPA 机器人流程设计

根据业务流程，以下是对 RPA 机器人实现流程的设计。

1. 打开网页：打开千牛卖家中心，并登录

（1）添加【打开/新建 Excel】指令，打开需要填写的数据表格【商品 ID】和【优惠券自动设置】。

（2）添加【打开网页】指令，打开千牛卖家中心。

（3）添加两个【填写输入框(web)】指令，填写账号及密码，并使用快捷键【Enter】完成登录，直接进入优惠券设置界面。

2. 进入商品优惠券设置界面

添加【点击元素(web)】指令，点击【创建商品券】按钮，进入商品优惠券设置界面。

3. 设置优惠券

（1）添加【读取 Excel 内容】指令，读取需要写入的内容。

（2）添加【填写输入框(web)】指令，填写优惠券名称、日期等相应数据。

（3）添加【日期时间转换为文本】指令，设置格式转换，以便输入。

4．资损风险校验

添加【点击元素(web)】指令，点击【资损风险校验】按钮，完成优惠券设置。RPA 机器人实现流程如图 3-23 所示，优惠券设置结果如图 3-24 所示。

图 3-23　RPA 机器人实现流程

优惠券id	名称/范围	状态	面额	门槛	使用时间	限领	发行量	已领取
77226669181	新品优惠 全网自动推广	领取中 剩余2天	4元	满30元	起：2024-02-27 00:00:00 止：2024-02-28 23:59:59	1	20000	0

图 3-24　优惠券设置结果

3.3　商品 SKU 信息获取

3.3.1　场景描述

随着电子商务的蓬勃发展，淘宝、天猫等电商平台上的商品数量越来越庞大，不同商家的商品信息各异。为了进行市场竞争和商品研究，企业和个人经常需要获取这些平台上的商品详情信息，如商品名称、品牌、价格、风格、材质等。然而，手动抓取这些信息是非常费时费力的，而且容易出错。因此，通常采用自动化技术来抓取淘宝、天猫等电商平台的商品 SKU（Stock Keeping Unit，库存量单位）信息，从而大大提高抓取效率和准确性。

小元是一家电商公司的运营人员，负责商品的采购和销售工作。为了更好地了解市场需求和优化商品管理，小元希望能够及时获取最新的相关商品 SKU 信息。他需要编写并实现一个 RPA 机器人，使其通过模拟用户的操作，自动打开淘宝网页，搜索指定的商品，并获取商品的详情信息。通过自动化抓取，RPA 机器人可以快速获取大量商品的信息，并进一步分析和处理，为企业决策提供有价值的数据支持。

3.3.2　业务流程

批量获取指定关键词的淘宝搜索页商品信息，是通过逐步点击商品搜索结果页的商品链接，进入每个商品的详情页，并复制商品 SKU 信息来实现的。假设本次任务需要获取 10 个商品的 SKU 信息，就需要重复打开 10 个商品链接。

当获取商品 SKU 信息时，该业务流程主要包括以下几个步骤。

（1）打开网页：打开淘宝首页，如图 3-25 所示。

图 3-25　淘宝首页

第 3 章 电商行业 RPA 机器人设计案例

（2）搜索商品：根据预设的搜索关键词，在淘宝平台上搜索相关商品，如图 3-26 所示。

图 3-26 搜索商品【连衣裙】

（3）遍历商品列表：在商品搜索结果页中循环点击每个商品的链接，如图 3-27 所示。

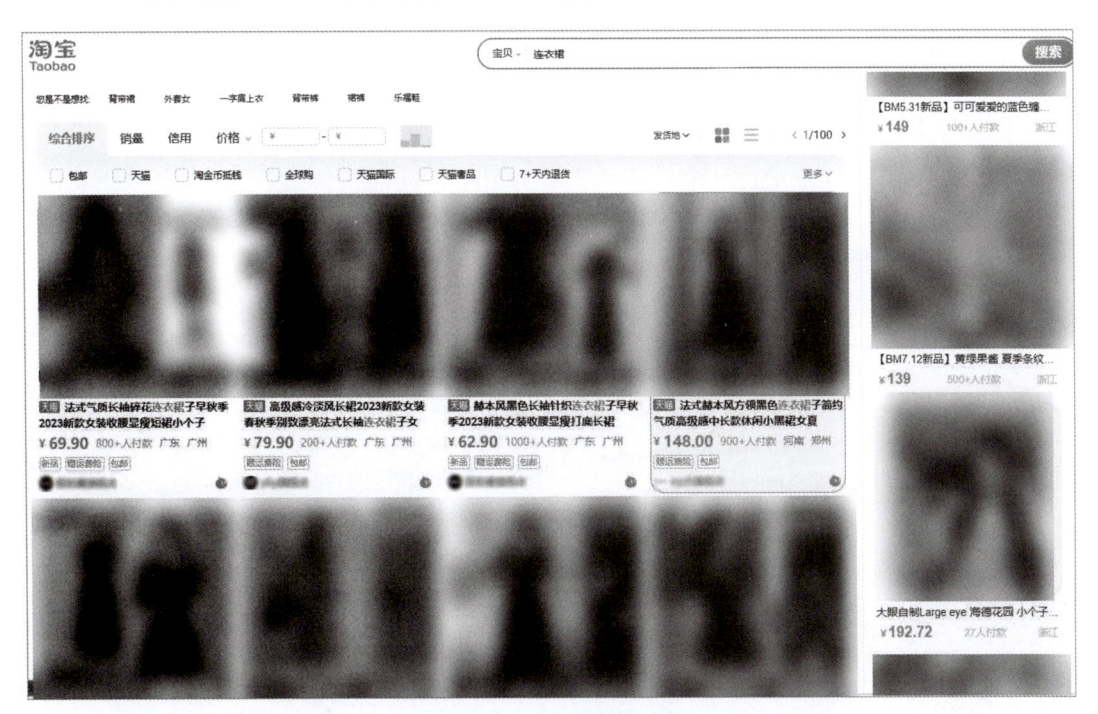

图 3-27 商品搜索结果页

（4）进入商品详情页：点击某个商品链接，进入商品详情页，如图 3-28 所示。

133

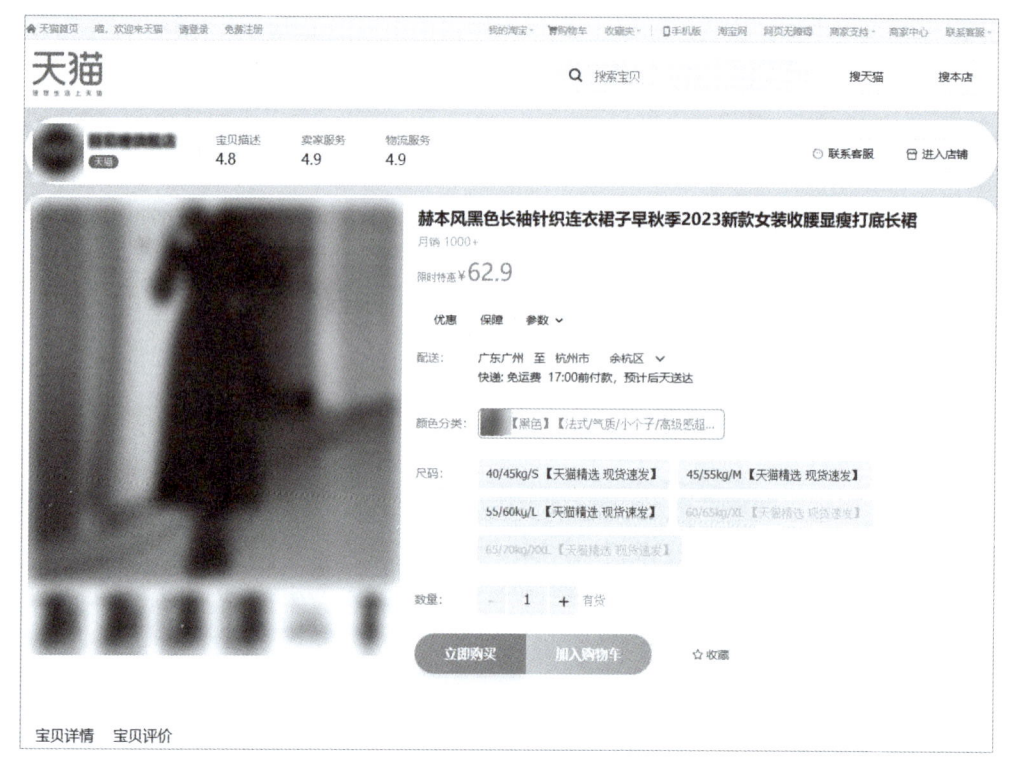

图 3-28　商品详情页

（5）抓取商品 SKU 信息：从商品详情页中抓取商品 SKU 信息，包括品牌、风格、材质成分等，如图 3-29 所示。

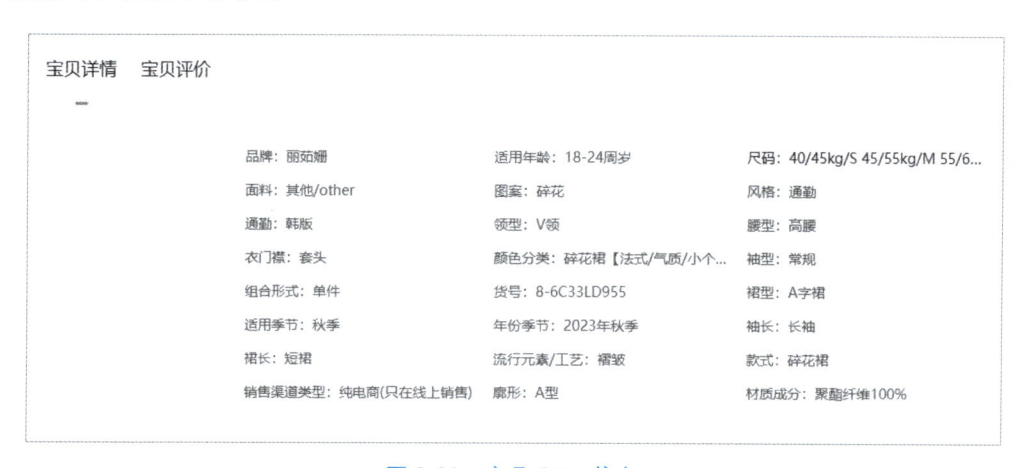

图 3-29　商品 SKU 信息

（6）保存商品 SKU 信息：将抓取的商品 SKU 信息保存到数据库或 Excel 表格中，如图 3-30 所示。

注：步骤（4）～（6）需要重复执行 10 次。

商品 SKU 信息获取的完整业务流程如图 3-31 所示。

图 3-30　数据表

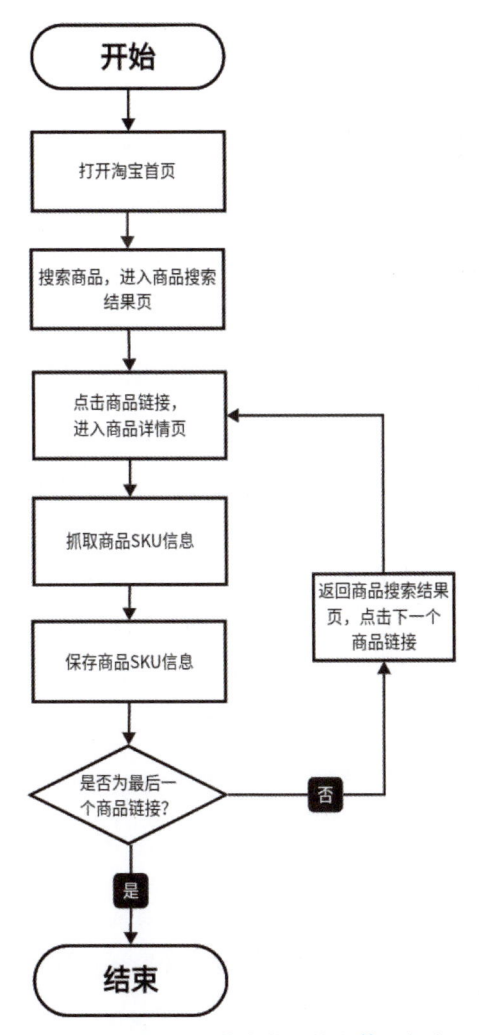

图 3-31　商品 SKU 信息获取的完整业务流程

3.3.3　RPA 机器人流程设计

根据业务流程，以下是对 RPA 机器人实现流程的设计。

1. 打开网站

添加【打开网页】指令，打开淘宝首页。

2．搜索商品

添加【填写输入框(web)】和【点击元素(web)】指令，输入关键词，并点击网页元素进行搜索。

3．获取商品列表

添加【批量数据抓取】指令，获取每个商品的链接并保存到数据表格中。

4．遍历商品列表

（1）添加【For 次数循环】指令，循环每个商品的链接。
（2）添加【读取数据表格内容】指令，依次读取商品链接。

5．进入商品详情页

添加【打开网页】指令，进入商品详情页。

6．抓取商品 SKU 信息

添加【获取相似元素列表(web)】和【关闭网页】指令，抓取商品 SKU 信息并关闭网页。

7．保存商品 SKU 信息

（1）添加【写入内容至数据表格】和【循环结束标记】指令，将商品 SKU 信息保存到数据表格中并结束循环。
（2）添加【数据表格导出】指令，将数据表格中的数据导出到 Excel 文件中。

RPA 机器人实现流程如图 3-32 所示，商品 SKU 信息获取结果如图 3-33 所示。

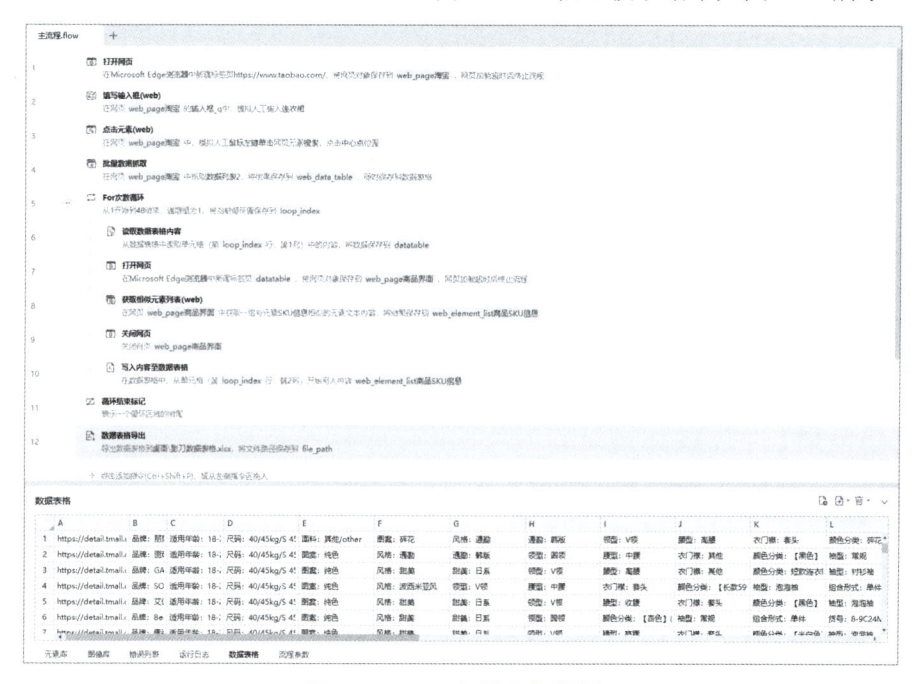

图 3-32　RPA 机器人实现流程

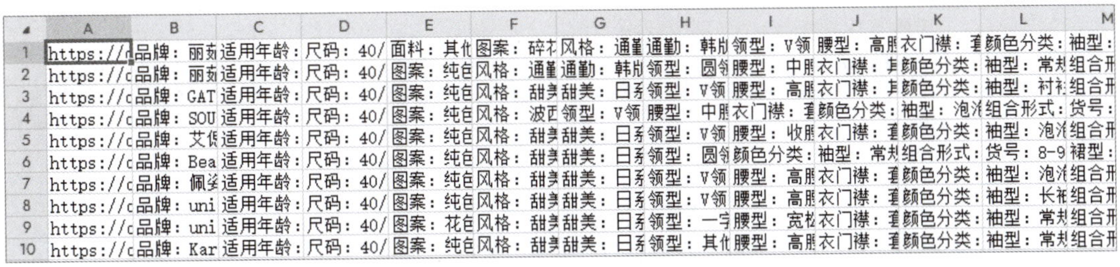

	A	B	C	D	E	F	G	H	I	J	K	L	M
1	https://c	品牌：丽	适用年龄：	尺码：40/	面料：其	图案：碎	风格：通	通勤：韩	领型：V领	腰型：高	衣门襟：	颜色分类：	袖型：
2	https://c	品牌：丽	适用年龄：	尺码：40/	图案：纯	风格：通	通勤：韩	领型：圆	腰型：中	衣门襟：	颜色分类：	袖型：常	组合
3	https://c	品牌：GAT	适用年龄：	尺码：40/	图案：纯	风格：甜	甜美：日	领型：V领	腰型：高	衣门襟：	颜色分类：	袖型：衬	组合
4	https://c	品牌：SOU	适用年龄：	尺码：40/	图案：纯	风格：波	领型：V领	腰型：中	衣门襟：	颜色分类：	袖型：泡	组合形式：	货号：
5	https://c	品牌：艾	适用年龄：	尺码：40/	图案：纯	风格：甜	甜美：日	领型：V领	腰型：收	衣门襟：	颜色分类：	袖型：泡	组合
6	https://c	品牌：Bea	适用年龄：	尺码：40/	图案：纯	风格：甜	甜美：日	领型：圆	颜色分类：	袖型：常	组合形式：	货号：8-9	裙型：
7	https://c	品牌：佩	适用年龄：	尺码：40/	图案：纯	风格：甜	甜美：日	领型：V领	腰型：高	衣门襟：	颜色分类：	袖型：泡	组合
8	https://c	品牌：uni	适用年龄：	尺码：40/	图案：纯	风格：甜	甜美：日	领型：V领	腰型：高	衣门襟：	颜色分类：	袖型：长	组合
9	https://c	品牌：uni	适用年龄：	尺码：40/	图案：花	风格：甜	甜美：日	领型：一	腰型：宽	衣门襟：	颜色分类：	袖型：常	组合
10	https://c	品牌：Kar	适用年龄：	尺码：40/	图案：纯	风格：甜	甜美：日	领型：其	腰型：高	衣门襟：	颜色分类：	袖型：常	组合

图 3-33　商品 SKU 信息获取结果

3.4　批量物流信息查询

3.4.1　场景描述

在激烈的商业竞争环境下，物流管理的高效性成为企业成功的关键因素之一。然而，面对大量的物流信息和数据，如何进行快速且准确的管理、分析和筛选，一直是困扰许多企业和个人的难题。

以小蒋为例，他是一名电商平台的客服人员，负责处理客户的物流信息查询问题。每天，他都需要处理大量的物流信息查询请求，以确保客户能够及时了解订单状态和物流进程。过去，小蒋只能通过手动方式进行查询，不仅工作效率低，而且经常因回复不及时而遭到客户的投诉。

为了更好地完成工作，他决定设计一个可以自动批量查询物流信息的 RPA 机器人，以大幅提高工作效率，减少人为错误，并节省时间和人力资源。

3.4.2　业务流程

批量物流信息查询，是根据已知的物流订单编号，对某物流网站上的物流信息进行重复查询来实现的。假设此次任务需要查询 6 条物流信息，就需要重复查询 6 次。

当查询物流信息时，该业务流程主要包括以下几个步骤。

（1）打开网页：打开菜鸟裹裹首页，如图 3-34 所示。

（2）输入订单编号：在输入框中输入订单编号，搜索物流信息，如图 3-35 所示。

（3）定位数据：在物流信息界面中找到物流信息所在位置，如图 3-36 所示。

（4）抓取数据：抓取物流信息到数据表格中，如图 3-37 所示。

（5）处理数据：将抓取的物流信息进行处理，提取出快递公司、最新物流信息、快递当前城市、物流状态、物流耗时（h）、最新物流距今耗时（h）、揽收节点物流信息、所有物流信息等，如图 3-38 所示。

图 3-34　打开菜鸟裹裹首页

图 3-35　输入订单编号

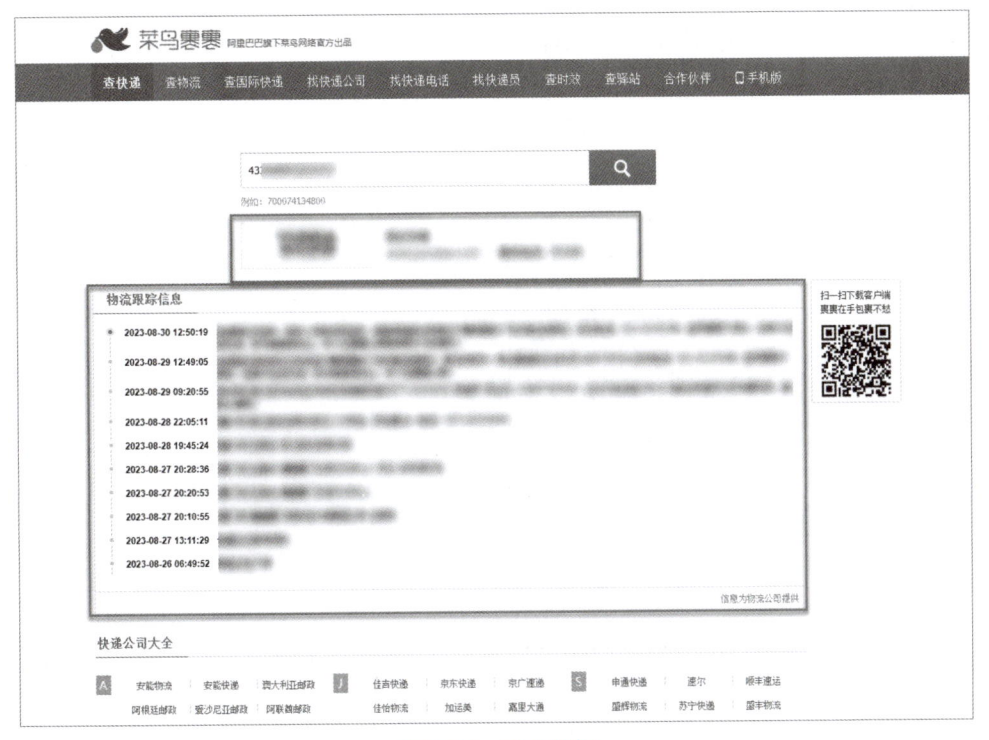

第 3 章　电商行业 RPA 机器人设计案例

图 3-36　定位数据

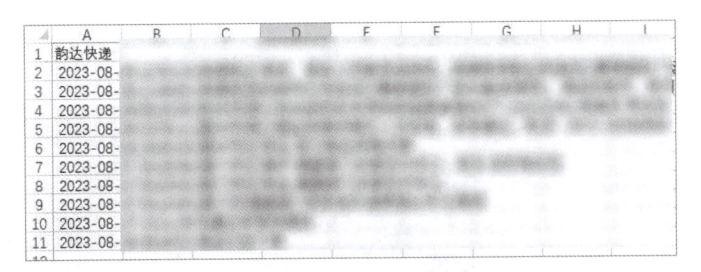

图 3-37　抓取数据

图 3-38　处理数据

（6）输出数据：将处理后的数据放入指定的 Excel 文件中，如图 3-39 所示。

图 3-39　输出数据

139

注：步骤（2）～（6）需要重复执行 6 次。

批量物流信息查询的完整业务流程如图 3-40 所示。

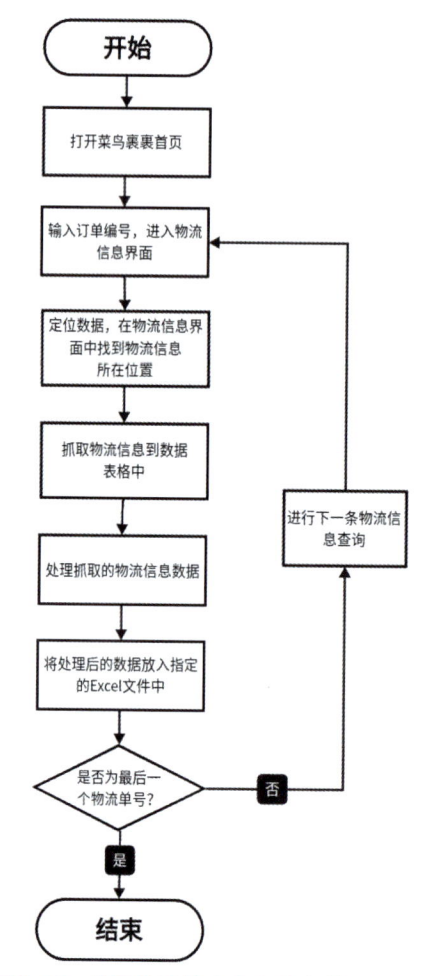

图 3-40 批量物流信息查询的完整业务流程

3.4.3 RPA 机器人流程设计

根据业务流程，以下是对 RPA 机器人实现流程的设计。

1. 打开网页

添加【打开网页】指令，打开菜鸟裹裹首页。

2. 输入订单编号

（1）添加【打开/新建 Excel】和【读取 Excel 总行数】指令，打开包含订单编号的 Excel 文件，并读取订单编号的数量，将订单编号的数量作为循环的最终次数。

（2）添加【For 次数循环】和【循环结束标记】指令，用于依次循环 Excel 文件中的每个订单编号。

（3）在【For 次数循环】和【循环结束标记】指令中间，添加【读取 Excel 内容】、【填写输入框(web)】和【点击元素(web)】指令，读取订单编号，将订单编号写入菜鸟裹裹首页的输入框中，并点击网页元素进行搜索。

3．定位数据

使用【元素库】模块中的【捕获新元素】按钮，在物流信息界面中捕获物流信息。

4．抓取数据

添加【批量数据抓取】指令，抓取订单编号对应的物流信息，并将其存入数据表格中。

5．处理数据

（1）添加【读取数据表格内容】和【切分省市区地址】指令，提取最新物流信息中的城市信息。

（2）添加【获取时间间隔】指令，计算出物流耗时及最新物流距今耗时。

（3）添加【IF 多条件】、【Else IF 多条件】和【Else IF】指令，用来判断物流状态。

6．输出数据

添加【写入内容至 Excel 工作表】指令，将每次处理完成的物流信息写入对应的 Excel 文件中。

RPA 机器人实现流程如图 3-41 所示，批量物流信息查询结果如图 3-42 所示。

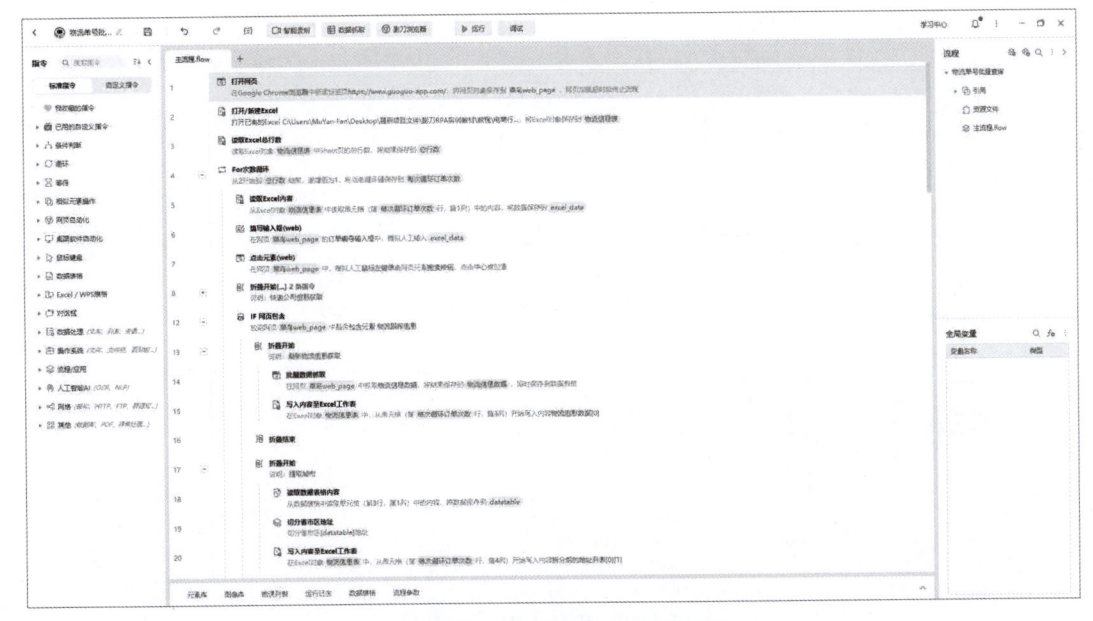

图 3-41　RPA 机器人实现流程

RPA 机器人与商务应用

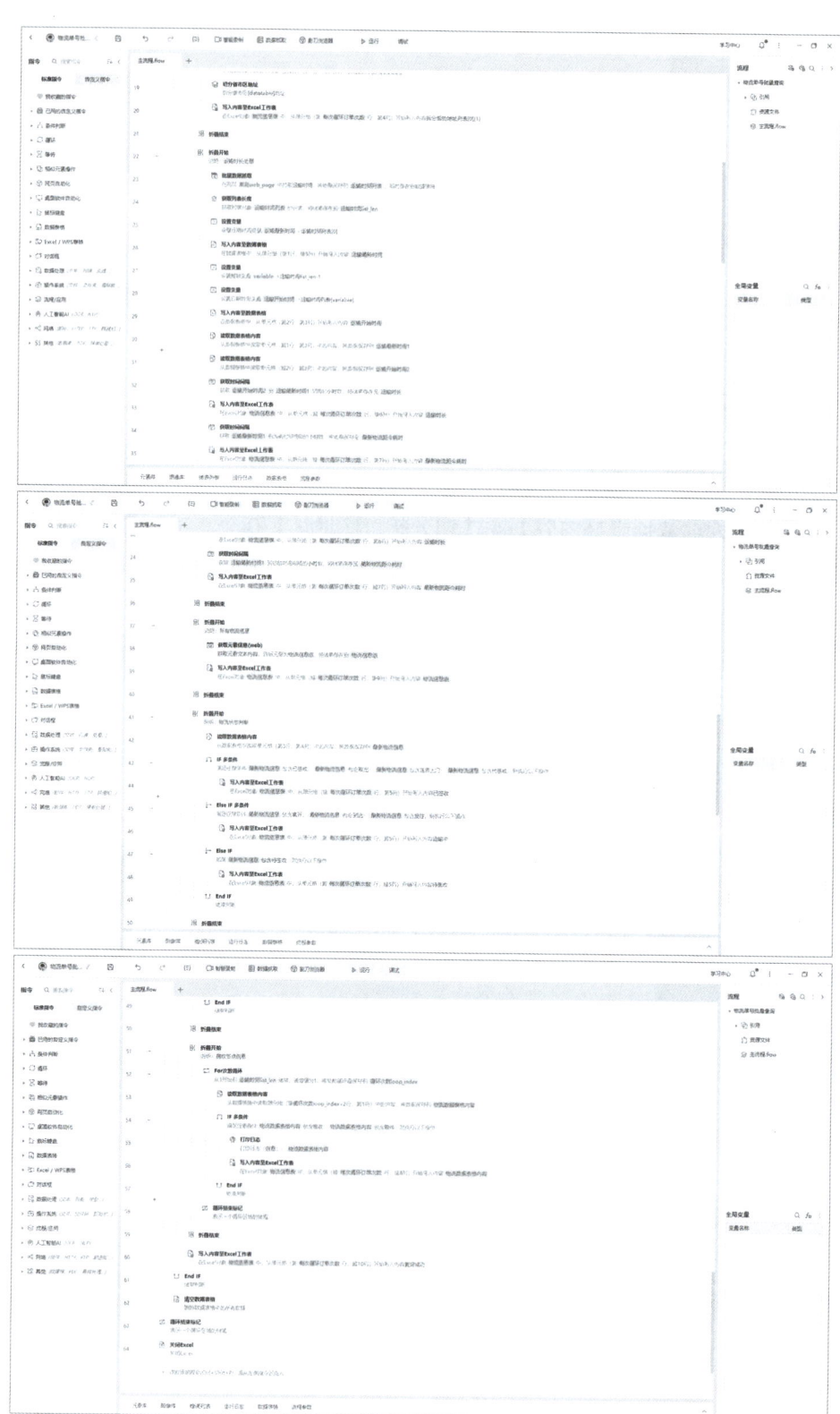

图 3-41 RPA 机器人实现流程（续）

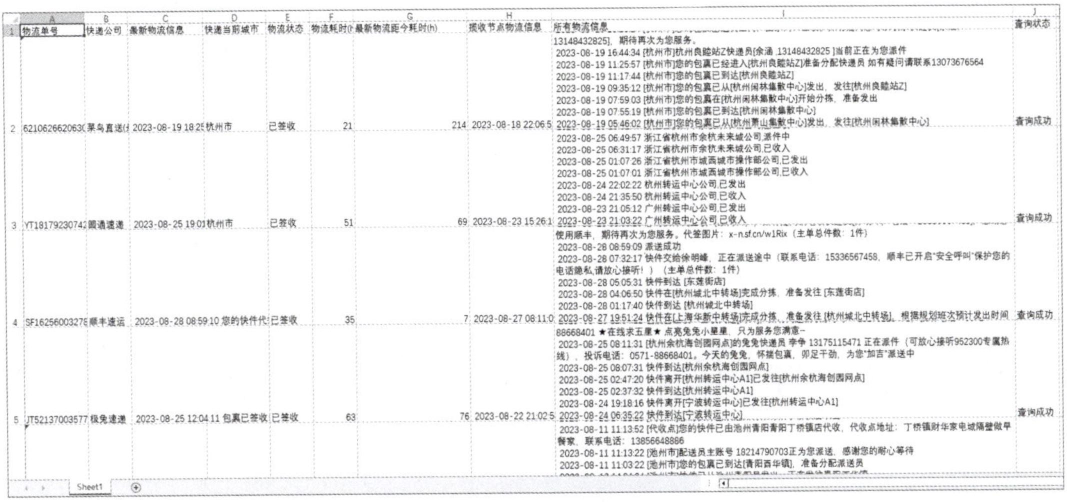

	A	B	C	D	E	F	G	H	I	J
1	物流单号	快递公司	最新物流信息	快递当前城市	物流状态	物流耗时(h	最新物流距今耗时(h)	揽收节点物流信息	所有物流信息	查询状态
2	621062662063C	菜鸟直送(;	2023-08-19 18:25	杭州市	已签收	21	214	2023-08-18 22:06:5	13148432825]，期待再次为您服务。 2023-08-19 16:44:34 [杭州市]杭州良睦站Z快递员[余涵 ,13148432825]当前正在为您派件 2023-08-19 11:25:57 [杭州市]您的包裹已经进入[杭州良睦站Z]准备分配快递员 如有疑问请联系13073676564 2023-08-19 11:17:44 [杭州市]您的包裹已到达[杭州良睦站Z] 2023-08-19 09:35:12 [杭州市]您的包裹已从[杭州闲林集散中心]发出，发往[杭州良睦站Z] 2023-08-19 07:59:03 [杭州市]您的包裹在[杭州闲林集散中心]开始分拣，准备发出 2023-08-19 07:55:19 [杭州市]您的包裹已到达[杭州闲林集散中心] 2023-08-19 05:46:02 [杭州市]您的包裹已从[杭州萧山集散中心]发出，发往[杭州闲林集散中心]	查询成功
3	YT18179230742	圆通速递	2023-08-25 19:01	杭州市	已签收	51	69	2023-08-23 15:26:1	2023-08-25 06:49:57 浙江省杭州市余杭未来城公司,派件中 2023-08-25 06:31:17 浙江省杭州市余杭未来城公司,已收入 2023-08-25 01:07:26 浙江省杭州市城西城市操作部公司,已发出 2023-08-25 01:07:01 浙江省杭州市城西城市操作部公司,已收入 2023-08-24 22:02:22 杭州转运中心公司,已发出 2023-08-24 21:35:50 杭州转运中心公司,已收入 2023-08-23 21:05:12 广州转运中心公司,已发出 2023-08-23 21:03:22 广州转运中心公司,已收入	查询成功
4	SF16256003278	顺丰速运	2023-08-28 08:59:10 您的快件代		已签收	35	7	2023-08-27 08:11:0	使用顺丰，期待再次为您服务。代签图片：x-n.sf.cn/w1Rix（主单总件数：1件） 2023-08-28 08:59:09 派送成功 2023-08-28 07:32:17 快件交给徐明峰，正在派送途中（联系电话：15336567458，顺丰已开启"安全呼叫"保护您的电话隐私,请放心接听！）（主单总件数：1件） 2023-08-28 05:05:31 快件到达 [东莲街店] 2023-08-28 04:06:50 快件在[杭州城北中转场]完成分拣，准备发往 [东莲街店] 2023-08-28 01:17:40 快件到达 [杭州城北中转场] 2023-08-27 19:51:24 快件在[上海华新中转场]完成分拣，准备发往 [杭州城北中转场]，根据规划班次预计发出时间	查询成功
5	JT52137003577	极兔速递	2023-08-25 12:04:11 包裹已签收		已签收	63	76	2023-08-22 21:02:5	88668401 ★在线求五星★ 点亮兔兔小星星，只为服务您满意~ 2023-08-25 08:11:31 [杭州余杭海创园网点]的兔兔快递员 李争 13175115471 正在派件（可放心接听952300专属热线），投诉电话：0571-88668401。今天的兔兔，怀揣包裹，卯足干劲，为您"加吉"派送中 2023-08-25 08:07:31 快件到达[杭州余杭海创园网点] 2023-08-25 02:47:20 快件离开[杭州转运中心A1]已发往[杭州余杭海创园网点] 2023-08-25 02:37:32 快件到达[杭州转运中心A1] 2023-08-24 19:18:16 快件离开[宁波转运中心]已发往[杭州转运中心A1] 2023-08-24 06:35:22 快件到达[宁波转运中心]	查询成功
									2023-08-11 11:13:52 [代收点]您的快件已由池州青阳青阳丁桥镇店代收，代收点地址：丁桥镇财华家电城隔壁做早餐家，联系电话：13856648886 2023-08-11 11:13:22 [池州市]配送员主账号 18214790703正为您派送，感谢您的耐心等待 2023-08-11 11:03:22 [池州市]您的包裹已到达[青阳西华镇]，准备分配派送员	

图 3-42　批量物流信息查询结果

第 4 章

新媒体行业 RPA 机器人设计案例

随着互联网的快速发展，新媒体已成为信息传播的重要渠道。在这个行业中，RPA 技术也得到了广泛的应用。RPA 机器人可以帮助新媒体企业自动化地处理大量重复性、规则化的任务，提高生产力和工作效率。本章将介绍几个新媒体行业 RPA 机器人设计案例，包括新媒体视频批量上传、新媒体直播数据获取、批量添加员工微信至企业微信和新媒体舆情分析。

4.1 新媒体视频批量上传

4.1.1 场景描述

新媒体的发展势头迅猛，成为人们获取信息、进行交流互动的主要渠道之一。然而，技术的不断进步和用户需求的变化给新媒体行业的发展带来了一些问题和挑战。

小钱是一家新媒体传媒公司的员工，该公司为了更好地节省人力资源，让小钱使用 RPA 机器人实现自动上传视频的功能，以减少这方面的人工消耗。

4.1.2 业务流程

该公司上传视频的平台为快手创作者服务平台，且每天都会安排对应的负责人定时定点地发布视频。假设本次任务需要上传两个视频，就需要重复执行上传操作两次。本案例的素材如图 4-1 所示，视频素材被存放在【视频素材】文件夹中，【视频上传信息.xlsx】文件内容如图 4-2 所示。

第 4 章　新媒体行业 RPA 机器人设计案例

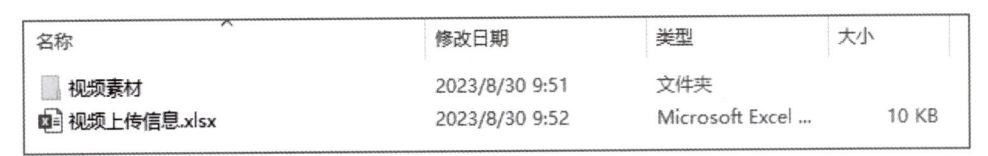

图 4-1　案例素材

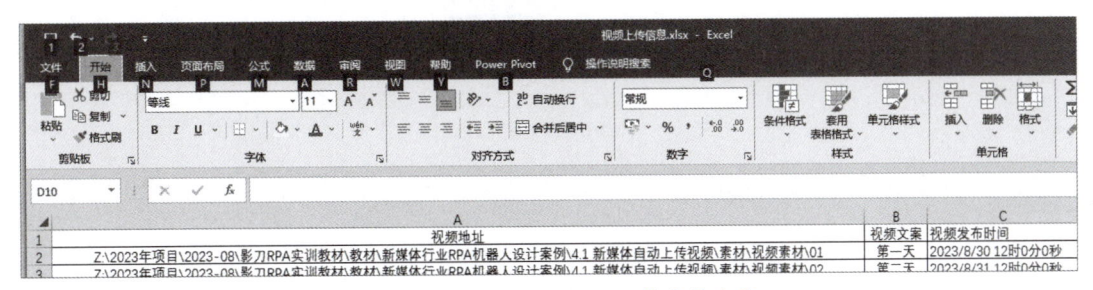

图 4-2　【视频上传信息.xlsx】文件内容

当上传视频时，该业务流程主要包括以下几个步骤。

（1）准备要发布的视频和 Excel 文件，Excel 文件内容包括视频地址、视频文案和视频发布时间。注：该任务需要在发布视频的前一天晚上进行，并且 Excel 文件中的数据内容按照视频发布时间升序排列。

（2）打开快手创作者服务平台并登录，如图 4-3 所示。

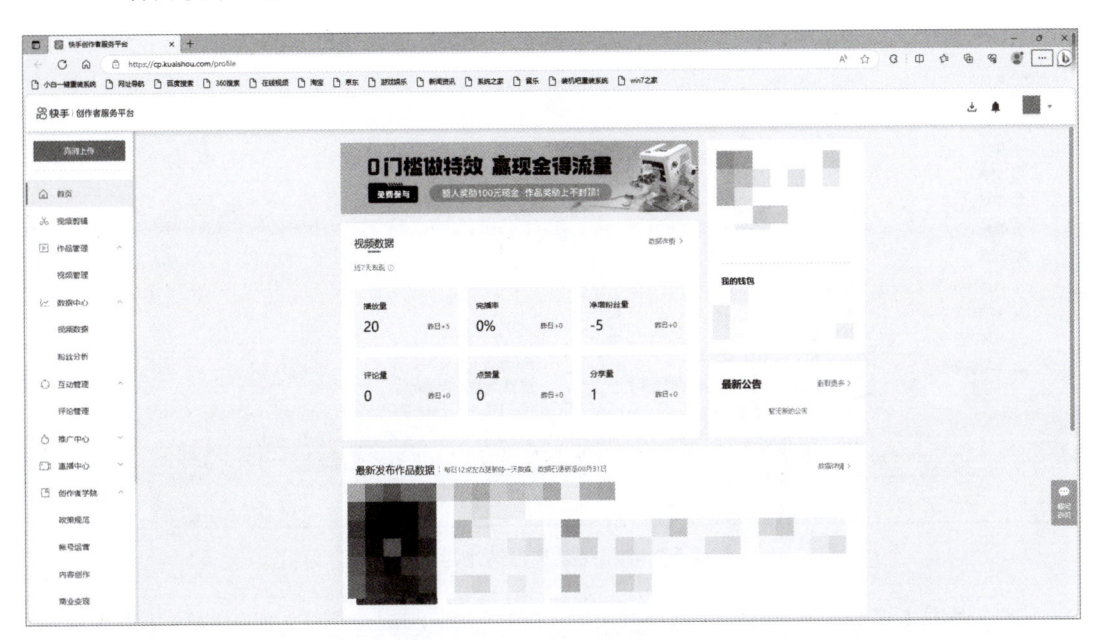

图 4-3　快手创作者服务平台

（3）先点击【高清上传】按钮，进入视频上传界面，再点击【上传视频】按钮，如图 4-4 所示。

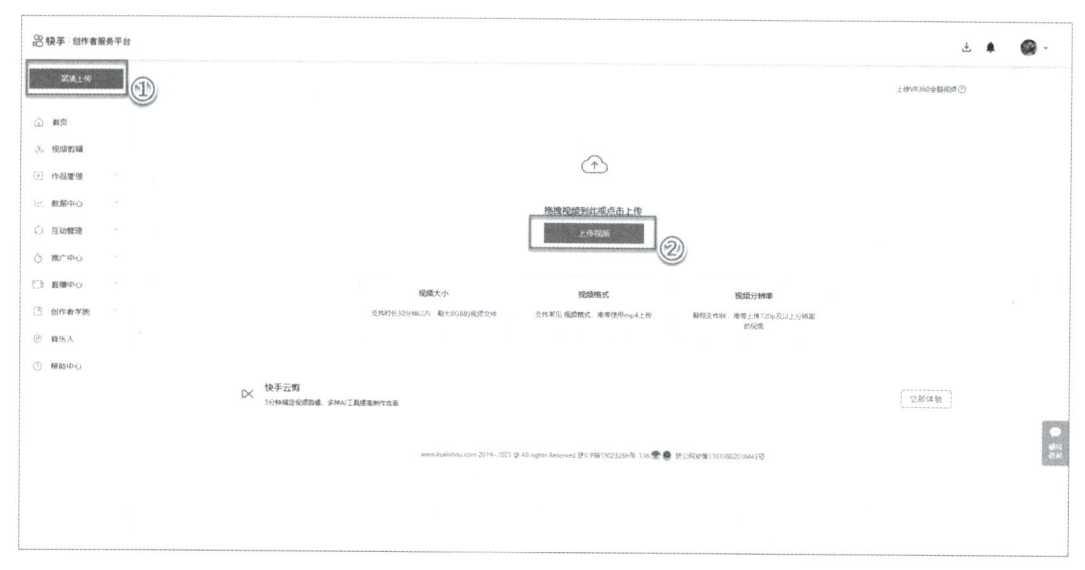

图 4-4　点击【上传视频】按钮

（4）在弹出的上传文件对话框中输入视频文件的地址，并点击【打开】按钮，如图 4-5 所示。

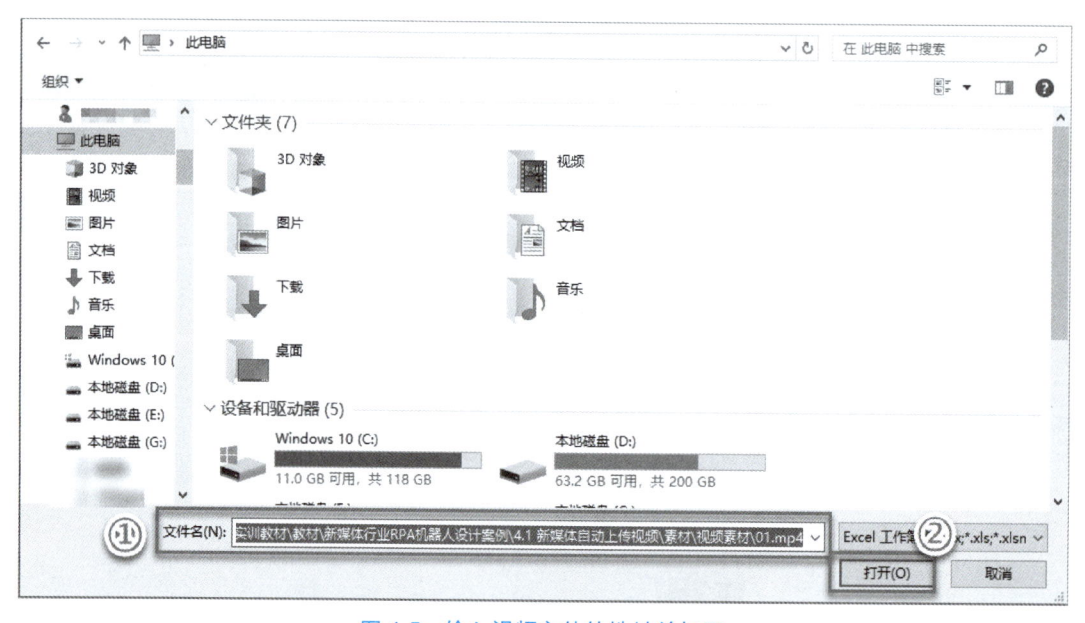

图 4-5　输入视频文件的地址并打开

（5）根据【视频上传信息.xlsx】文件内容填写视频文案，其他选项保持默认设置即可，之后点击【发布】按钮，完成视频上传，如图 4-6 所示。

注：步骤（3）～（5）需要重复执行两次。

新媒体视频批量上传的完整业务流程，如图 4-7 所示。

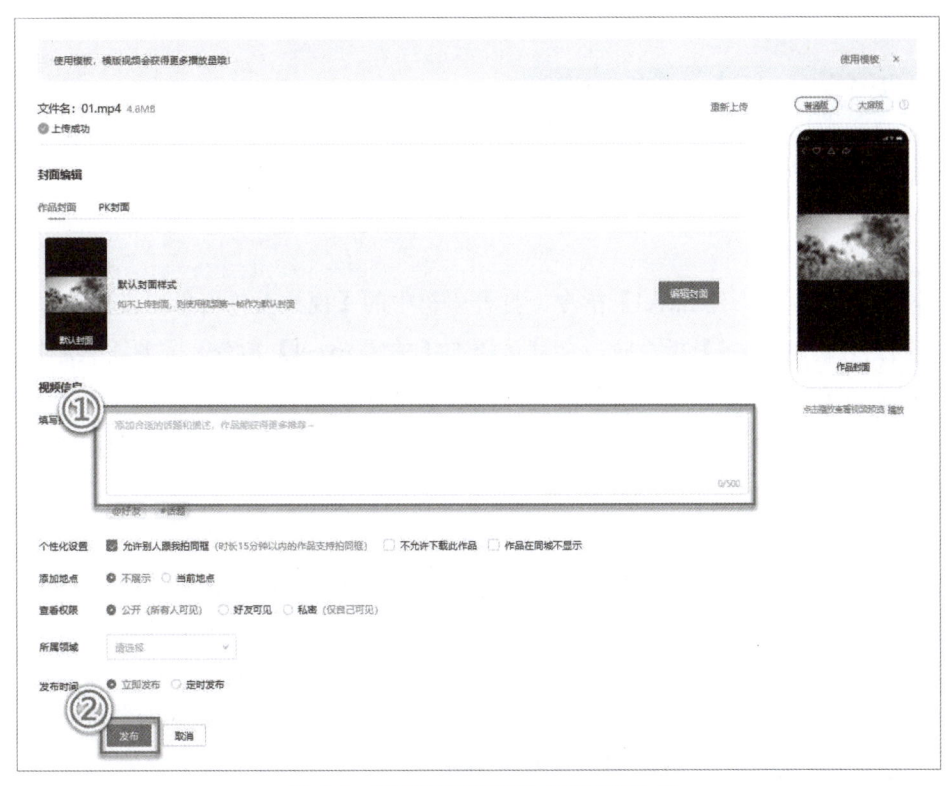

第 4 章　新媒体行业 RPA 机器人设计案例

图 4-6　填写视频文案并完成视频上传

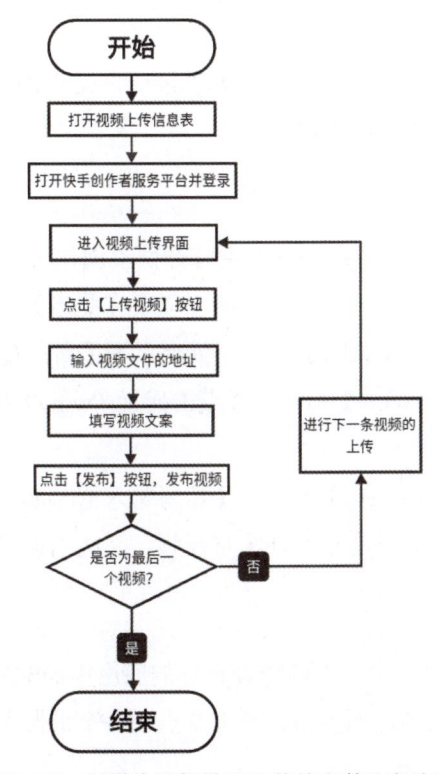

图 4-7　新媒体视频批量上传的完整业务流程

4.1.3　RPA 机器人流程设计

根据业务流程，以下是对 RPA 机器人实现流程的设计。

1．读取数据

（1）添加【打开/新建 Excel】指令，打开素材中的【视频上传信息.xlsx】文件。（注：在添加【打开/新建 Excel】指令时，会默认添加【关闭 Excel】指令，需要将其删掉。）

（2）添加【读取 Excel 总行数】指令，读取表格行数。

（3）添加【For 次数循环】指令，在循环中添加 3 个【读取 Excel 内容】指令，分别用于读取表格中的 3 列数据。

2．等待发布时间

（1）添加【获取当前日期时间】指令，实时获取当前日期时间，再添加【获取时间间隔】指令，设置开始时间为当前日期时间、结束时间为视频上传时间。

（2）添加【IF 条件】指令，判断获取的时间间隔是否为负数，如果为负数，则直接跳转到下一次循环；如果为正数，则继续本次循环。

（3）添加【无限循环】指令，再次添加【获取当前日期时间】和【获取时间间隔】指令来读取当前日期时间，并计算与视频发布时间的间隔。

（4）在循环中添加【IF 条件】指令，判断间隔时间是否为零，若为零，则退出循环进行下一步操作；若不为零，则继续本次循环。

3．传视频

（1）添加【打开网页】指令，在浏览器中打开快手创作者服务平台。（注：因为某些快手账号会设置账号保护等，无法正常登录，所以需要在此步骤之前完成登录。）

（2）添加两个【点击元素（web）】指令，依次点击【高清视频】和【上传视频】按钮。

（3）添加【填写输入框（win）】指令和【点击元素（win）】指令，选择需要上传视频的视频地址。

（4）再次添加【点击元素(web)】指令和【填写输入框(web)】指令，完成视频发布前的相关设置和文案填写，并点击网页元素以发布视频，完成当前视频发布。

4．设置触发器

在影刀 RPA 的触发器界面中，对已经设置好的应用添加触发器（注意，应用需要发布之后才能添加触发器），触发器时间为每天早上 7 点。RPA 机器人实现流程如图 4-8 和图 4-9 所示，触发器设置如图 4-10 所示。

第 4 章　新媒体行业 RPA 机器人设计案例

1	打开/新建 Excel	打开已有的 Excel C:\Users\Administrator\Desktop\快手上传视频\视频上传信息.xlsx，将 Excel 对象保存到 excel_instance
2	读取 Excel 总行数	读取 Excel 对象 excel_instance 中 Sheet 页的总行数，将结果保存到 excel_row_count
3	For 次数循环	从 2 开始到 excel_row_count 结束，递增值为 1，将当前循环值保存到 loop_index
4	读取 Excel 内容	从 Excel 对象 excel_instance 中读取单元格（第 loop_index 行，第 1 列）中的内容，将数据保存到 excel_文件名
5	读取 Excel 内容	从 Excel 对象 excel_instance 中读取单元格（第 excel_row_count 行，第 2 列）中的内容，将数据保存到 excel_视频介绍
6	读取 Excel 内容	从 Excel 对象 excel_instance 中读取单元格（第 loop_index 行，第 3 列）中的内容，将数据保存到 excel_上传时间
7	获取当前日期时间	获取当前日期时间，将结果保存到 current_datetime
8	获取时间间隔	获取 current_datetime 到 excel_上传时间 间隔的秒数，将结果保存至 datetime_difference
9	IF 条件	如果 datetime_difference 小于 0，则执行以下操作
10	继续下一次循环	忽略本次循环，继续下一次循环
11	End IF	结束判断
12	无限循环	无限循环
13	获取当前日期时间	获取当前日期时间，将结果保存到 current_datetime
14	获取时间间隔	获取 current_datetime 到 excel_上传时间 间隔的秒数，将结果保存至 datetime_difference
15	IF 条件	如果 datetime_difference 等于 0，则执行以下操作
16	退出循环	退出当前循环
17	End IF	结束判断

图 4-8　RPA 机器人实现流程（1）

18	循环结束标记	表示一个循环区域的结尾
19	打开网页	在影刀浏览器中新建标签页 https://cp.kuaishou.com/profile，将网页对象保存到 快手创作者平台 web_page。网页加载超时后终止流程
20	点击元素(web)	在网页 快手创作者平台 web_page 中，模拟人工鼠标左键单击网页元素 高清上传，点击中心点位置
21	点击元素(web)	在网页 快手创作者平台 web_page 中，模拟人工鼠标左键单击网页元素 上传视频，点击中心点位置
22	填写输入框(win)	在窗口根据操作目标自动匹配的组合框_文件名N中，模拟人工输入 excel_文件名
23	点击元素(win)	在窗口根据操作目标自动匹配中，模拟人工鼠标左键单击元素按钮_打开O，点击中心点位置
24	填写输入框(web)	在网页 快手创作者平台 web_page 的块元素 clghv3updeo-2 中，模拟人工输入 excel_视频介绍
25	点击元素(web)	在网页 快手创作者平台 web_page 中，模拟人工鼠标左键单击网页元素 单选按钮_ant-radio-input，点击中心点位置
26	点击元素(web)	在网页 快手创作者平台 web_page 中，模拟人工鼠标左键单击网页元素 单选按钮_ant-radio-input2，点击中心点位置
27	点击元素(web)	在网页 快手创作者平台 web_page 中，模拟人工鼠标左键单击网页元素 单选按钮_ant-radio-input3，点击中心点位置
28	点击元素(web)	在网页 快手创作者平台 web_page 中，模拟人工鼠标左键单击网页元素 发布，点击中心点位置
29	循环结束标记	表示一个循环区域的结尾

图 4-9　RPA 机器人实现流程（2）

图 4-10　触发器设置

4.2　新媒体直播数据获取

4.2.1　场景描述

当今社会是一个信息化、数字化的社会，互联网、物联网和云计算技术的迅猛发展，使得数据无处不在。与此同时，数据也成了一种新的自然资源，人们可以对其进行合理、高效的利用。

小华是一名数据分析运营专员，其公司内部主要致力于颜值主播孵化，他的日常工作就是寻找颜值主播的孵化方向，以及直播话术和运营方式等。孵化的目的主要是为后期的直播带货做准备。因此小华现在首先需要做的，就是根据互联网上的直播间销售额数据，筛选出排名前几的黑马颜值主播，并将筛选后的结果记录下来，然后对这些主播进行逐一分析。

蝉妈妈网站是针对抖音、小红书等短视频平台的一站式数据分析服务平台，它提供了包括直播数据在内的一系列数据。在众多对外公开的数据平台中，本案例最终确定以蝉妈妈网站上的数据作为示例，并使用 RPA 机器人对蝉妈妈网站上的直播数据进行自动化采集。

4.2.2　业务流程

获取蝉妈妈网站上的直播数据，首先需要打开蝉妈妈网站，并在网站上找到需要采集的数据，然后对数据进行识别和抓取。

第 4 章　新媒体行业 RPA 机器人设计案例

当采集直播数据时，该业务流程主要包括以下几个步骤。

（1）打开网页：打开蝉妈妈网站，如图 4-11 所示。

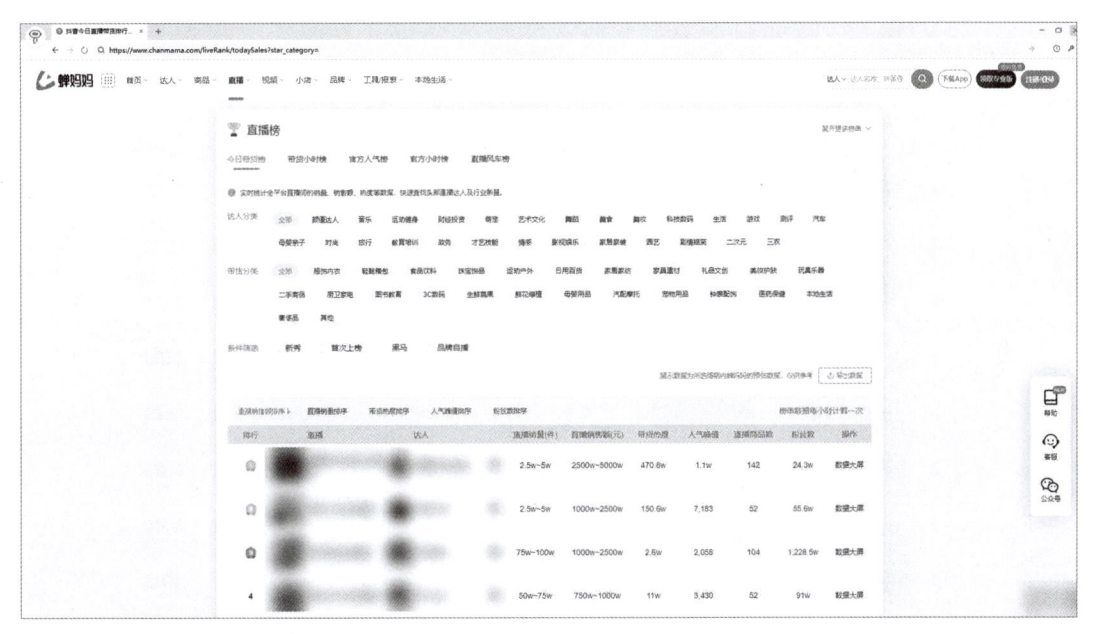

图 4-11　打开蝉妈妈网站

（2）查找数据：点击网页元素，确定采集数据的类型，查找需要采集的数据，如图 4-12 所示。

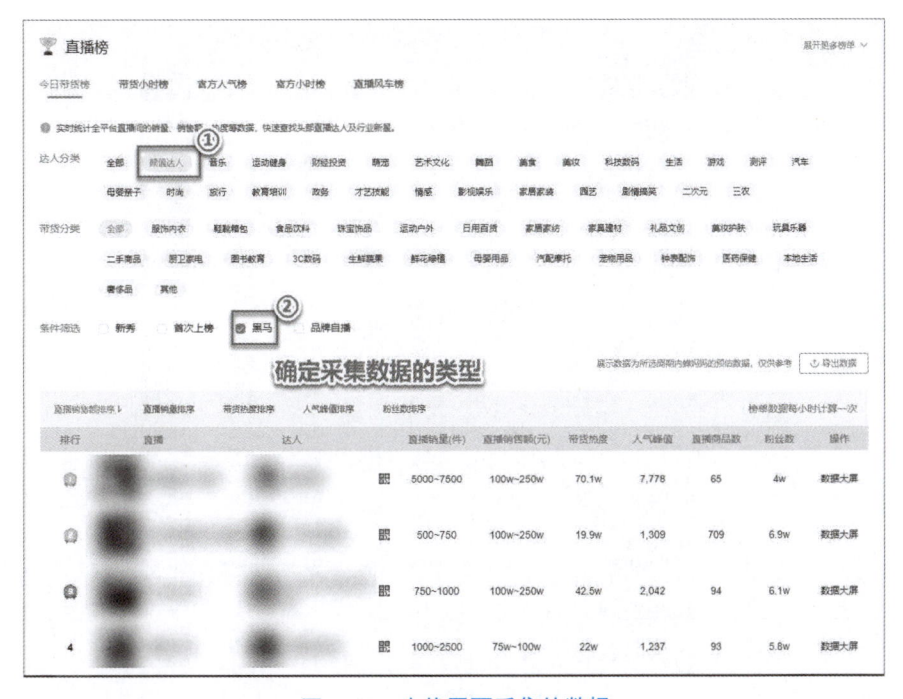

图 4-12　查找需要采集的数据

（3）抓取数据：识别并抓取网页数据，如图 4-13 所示。

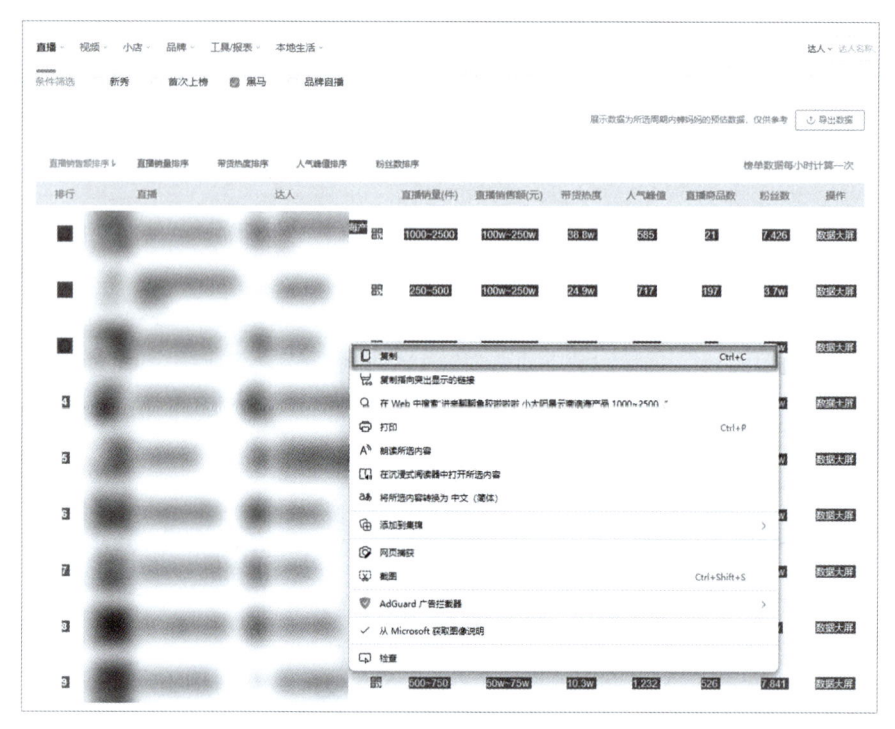

图 4-13　识别并抓取网页数据

（4）保存数据：将抓取的直播数据存储到指定的 Excel 文件中，如图 4-14 所示。

图 4-14　将数据存储到 Excel 文件中

第 4 章 新媒体行业 RPA 机器人设计案例

新媒体直播数据获取的完整业务流程如图 4-15 所示。

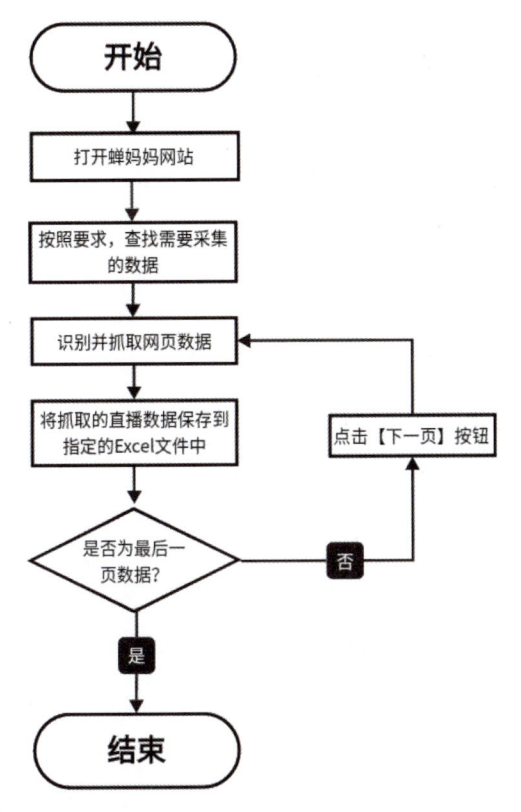

图 4-15 新媒体直播数据获取的完整业务流程

4.2.3 RPA 机器人流程设计

根据业务流程，以下是对 RPA 机器人实现流程的设计。

1．打开网页

（1）添加【打开网页】指令，打开蝉妈妈网站。

（2）为了防止网速过慢、网页加载不及时等问题，可以在后面添加【等待】指令，给网页一定的响应时间。

2．查找数据

添加两个【点击元素(web)】指令，对网站展示的数据类型进行设置，即找出属于【颜值达人】的【黑马】榜单，完成对直播排名数据的筛选。

3．抓取数据

添加【批量数据抓取】指令，抓取筛选出的直播数据排行信息。

4．导出数据

（1）添加【写入内容至数据表格】指令，将数据保存到数据表格中。

（2）添加【数据表格导出】指令，将数据表格中的数据导出到 Excel 文件中。

RPA 机器人实现流程如图 4-16 所示，新媒体直播数据获取结果如图 4-17 所示。

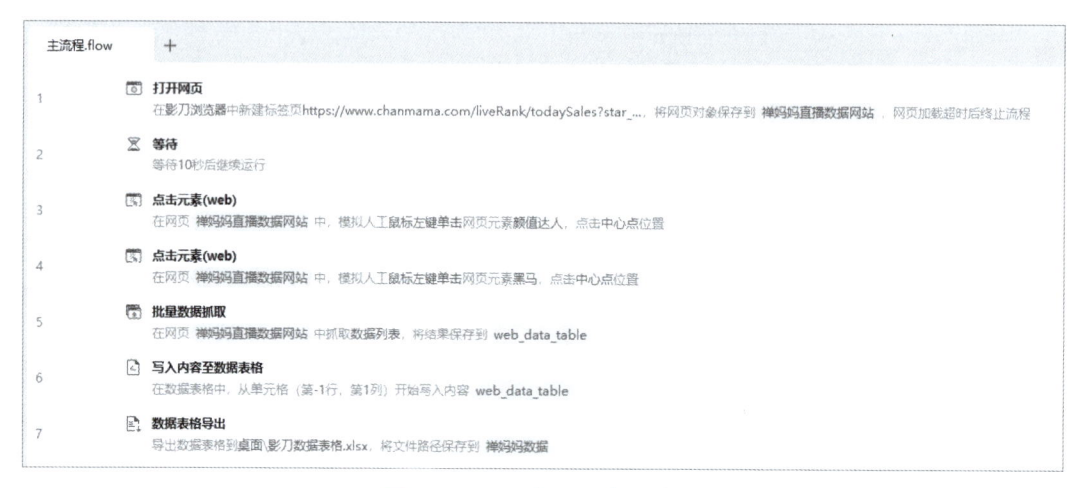

图 4-16　RPA 机器人实现流程

图 4-17　新媒体直播数据获取结果

4.3 批量添加员工微信至企业微信

4.3.1 场景描述

在当前的数字化时代,企业内部的沟通和协作显得尤为重要。为了提高内部沟通效率,许多企业都选择了企业微信作为其内部沟通的主要工具。

小钱是一家新媒体传媒公司的员工,公司老板要求他将公司所有员工的微信都添加到企业微信中。但是手动添加所有员工的微信耗时且烦琐,因此小钱计划使用 RPA 软件制作一个能自动批量添加公司所有员工微信到企业微信中的机器人。

4.3.2 业务流程

将员工微信添加到企业微信中的方式为使用手机号,影刀 RPA 机器人在电脑端执行此任务。

假设一共要添加 8 名员工的微信,且这些员工的微信号存储在【添加企业微信用户手机号.xlsx】文件中,如图 4-18 所示。

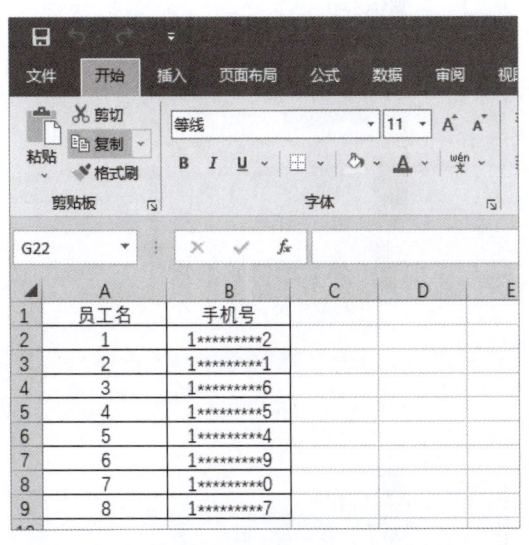

图 4-18 【添加企业微信用户手机号.xlsx】文件

当添加企业微信用户时,该业务流程主要包括以下几个步骤。

(1)打开企业微信并登录,进入企业微信软件界面,如图 4-19 所示。

(2)点击【通讯录】按钮,进入通讯录界面,如图 4-20 所示。

图 4-19　企业微信软件界面

图 4-20　进入通讯录界面

第 4 章　新媒体行业 RPA 机器人设计案例

（3）先点击【新的客户】按钮，再点击【添加】按钮，打开【添加客户】界面，如图 4-21 和图 4-22 所示。

图 4-21　打开【添加客户】界面

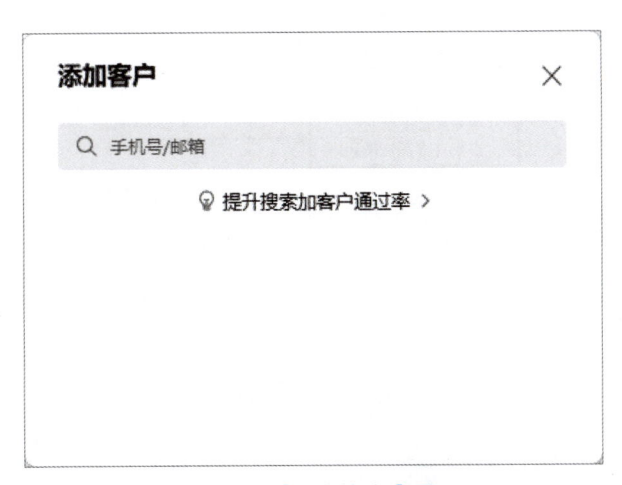

图 4-22　【添加客户】界面

（4）输入员工手机号，点击第一列的【添加】按钮，如图 4-23 所示。

（5）弹出【发送添加邀请】界面，点击【发送】按钮，给员工微信号发送邀请信息，如图 4-24 所示。

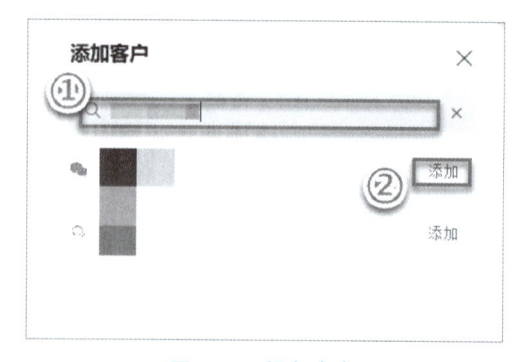

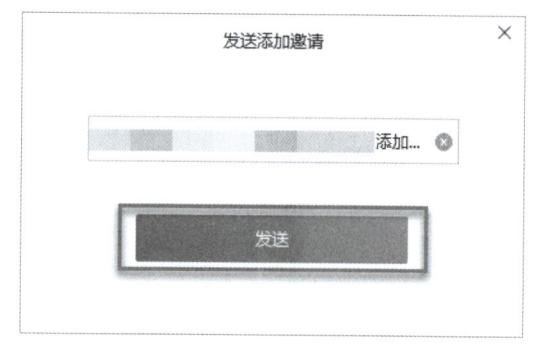

图 4-23　添加客户　　　　　　　　　　　图 4-24　发送邀请信息

注：步骤（4）～（5）需要重复执行 8 次。

批量添加员工微信至企业微信的完整业务流程如图 4-25 所示。

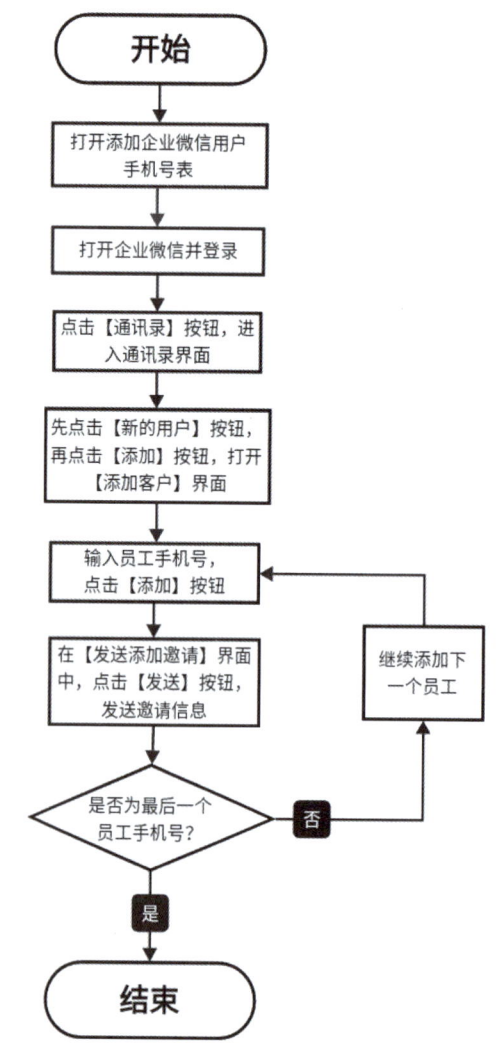

图 4-25　批量添加员工微信至企业微信的完整业务流程

4.3.3 RPA 机器人流程设计

根据业务流程，以下是对 RPA 机器人实现流程的设计。

1．读取数据

添加【打开/新建 Excel】指令，打开素材中的【添加企业微信用户手机号.xlsx】文件，添加【读取 Excel 总行数】指令，读取表格行数。（注：在添加【打开/新建 Excel】指令时，会默认添加【关闭 Excel】指令，需要将其删除。）

2．打开企业微信

（1）添加【获取窗口对象】指令，获取已打开的企业微信软件界面。（注：登录企业微信需要验证码，所以在运行过程中需要直接登录并打开企业微信软件界面。）

（2）添加【移动窗口位置】指令，将企业微信软件界面移动至屏幕指定位置，使得在后续的操作中更加快捷，提高工作效率。

3．进入通讯录界面

添加【点击图像】指令，点击企业微信的【通讯录】按钮，进入通讯录界面。

4．打开添加新客户界面

依次添加两个【点击图像】指令，在通讯录界面中连续点击，进入【添加客户】界面。

5．添加客户

（1）添加【For 次数循环】指令，循环读取表格中员工手机号的数据。

（2）添加【键盘输入】指令，输入读取的员工手机号的数据。

（3）添加【鼠标点击】和【点击图像】指令，点击相应元素，添加客户。

（4）添加【点击图像】指令，点击删除按钮，清空【添加客户】界面中输入框内的内容。

（5）在循环外添加【鼠标点击】指令，点击关闭按钮，关闭【添加客户】界面。

RPA 机器人实现流程如图 4-26 所示。

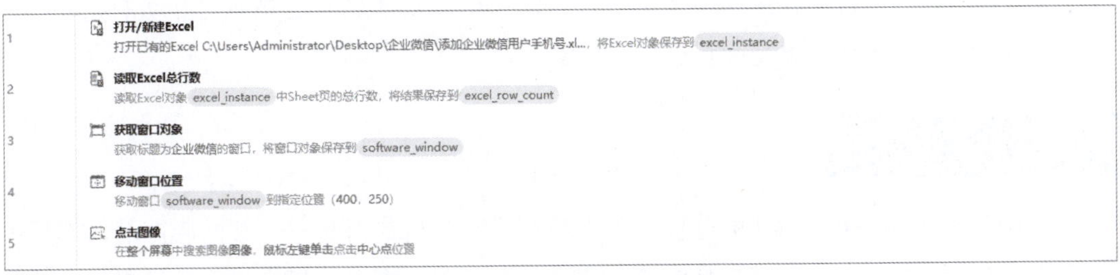

图 4-26　RPA 机器人实现流程

6	点击图像 在整个屏幕中搜索图像2，鼠标左键单击点击中心点位置
7	点击图像 在整个屏幕中搜索图像3，鼠标左键单击点击中心点位置
8	For次数循环 从2开始到 excel_row_count 结束，递增值为1，将当前循环值保存到 loop_index
9	读取Excel内容 从Excel对象 excel_instance 中读取单元格（第 loop_index 行，第2列）中的内容，将数据保存到 excel_data
10	键盘输入 将文本内容 excel_data 发送给当前激活的窗口
11	键盘输入 将文本内容{ENTER}发送给当前激活的窗口
12	鼠标点击 将鼠标相对于屏幕左上角移动到坐标（1100，500），左键单击
13	点击图像 在整个屏幕中搜索图像4，鼠标左键单击点击中心点位置
14	点击图像 在整个屏幕中搜索图像5，鼠标左键单击点击中心点位置
15	循环结束标记 表示一个循环区域的结尾
16	鼠标点击 将鼠标相对于屏幕左上角移动到坐标（1125，400），左键单击

图 4-26　RPA 机器人实现流程（续）

4.4　新媒体舆情分析

4.4.1　场景描述

社交媒体是新媒体的重要分支，随着社交媒体的普及和快速发展，新媒体舆情分析也变得越来越重要。新闻事件、社会热点、产品推广等都可以在社交媒体上引起广泛的讨论和关注。对企业和品牌方而言，准确把握舆情动态能够帮助他们做出更明智的决策并改进营销策略。而传统的舆情分析方法往往需要投入大量的人力和时间，效率较低。

因此，不少企业将目光转向 RPA 技术，希望通过 RPA 技术进行媒体舆情分析。

小红书是一款社交媒体软件，对企业或品牌方而言，了解和把握小红书平台舆情风向是企业营销手段的重要一环。

某面膜品牌公司想要通过小红书平台了解自己的面膜产品在新媒体市场的舆情风向，即查看并分析各个博主、大 V 发布的关于自己的面膜产品的笔记信息；希望以面膜品牌的官方客服身份对该平台的各个博主笔记进行自动评论，以增加与这些博主互动的频率，提高品牌参与度，增加品牌曝光度。

4.4.2　业务流程

对小红书平台进行自动舆情分析，首先需要明确分析的对象——某面膜产品，然后在登录成功的界面中搜索该面膜产品的笔记信息，之后逐一查看笔记信息，并针对笔记信息

第4章 新媒体行业 RPA 机器人设计案例

进行客服回复和舆情分析。

当分析小红书平台的舆情时，该业务流程主要包括以下几个步骤。

（1）确定分析的产品：明确要分析的是一款面膜产品。

（2）打开网页：打开小红书网页版，如图 4-27 所示。

图 4-27　小红书网页版

（3）登录小红书账号：网页会自动弹出小红书账号登录请求，此时登录小红书账号即可，如图 4-28 所示。

图 4-28　登录小红书账号

（4）搜索产品笔记：在小红书网页版首页搜索框中输入需要分析的面膜产品，即可搜索产品笔记，如图4-29所示。

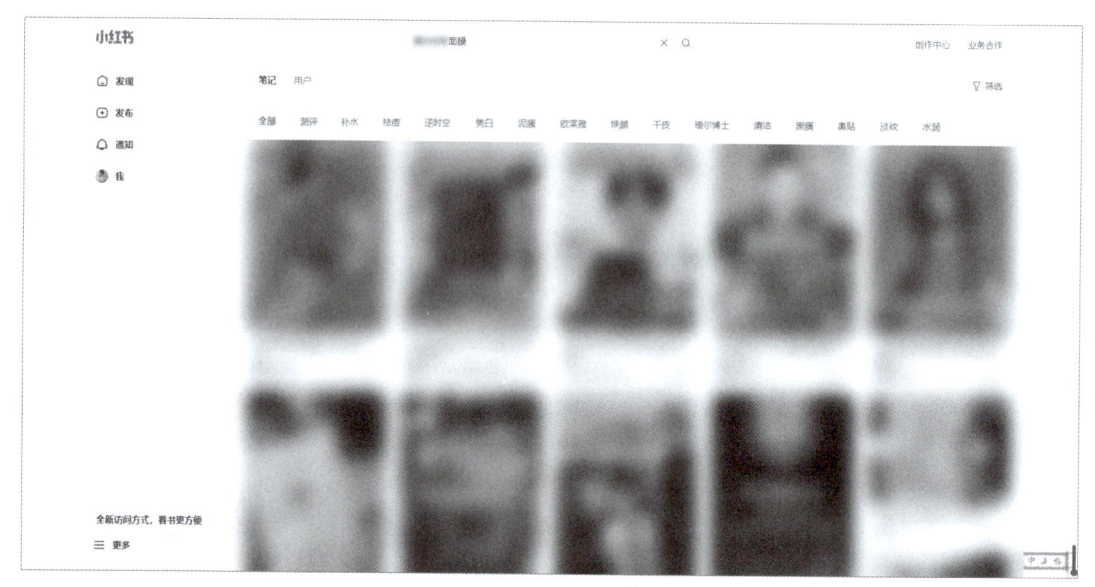

图4-29　搜索产品笔记

（5）遍历笔记：依次点击产品笔记搜索结果，进入博主笔记界面，如图4-30所示。

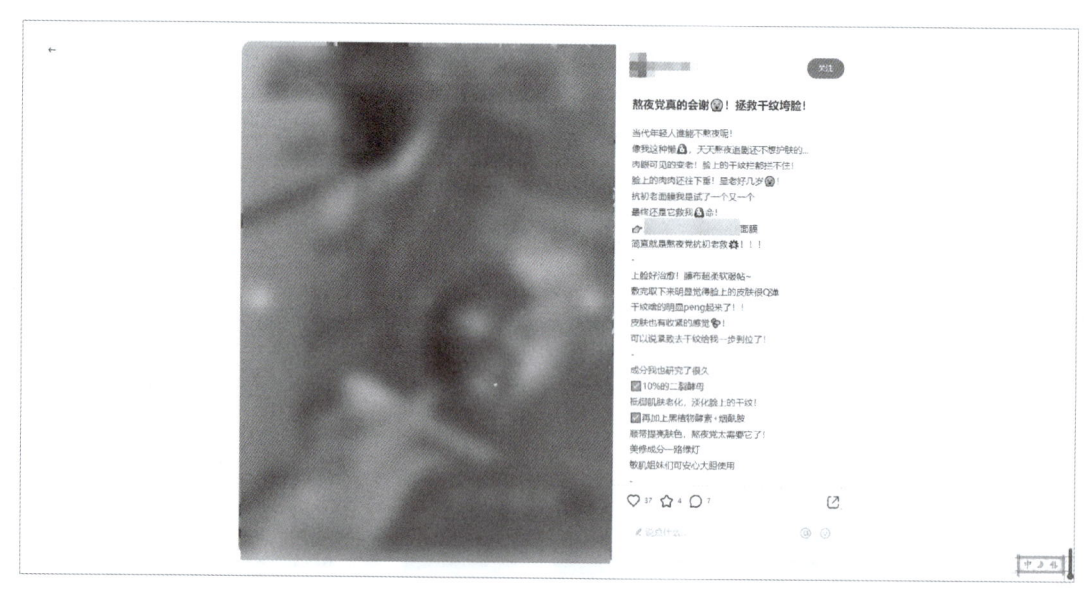

图4-30　博主笔记界面

（6）识别笔记内容：自动识别并提取博主笔记内容，如图4-31所示。

（7）自动回复：根据博主发布的信息，作为产品官方客服自动回复笔记内容，如图4-32所示。

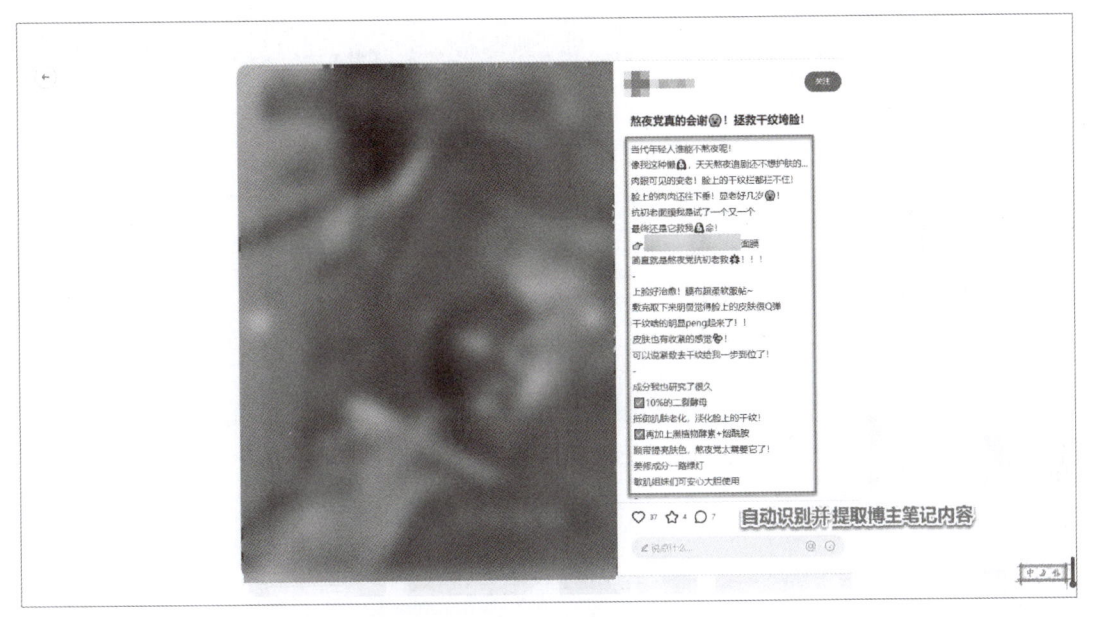

图 4-31　自动识别并提取博主笔记内容

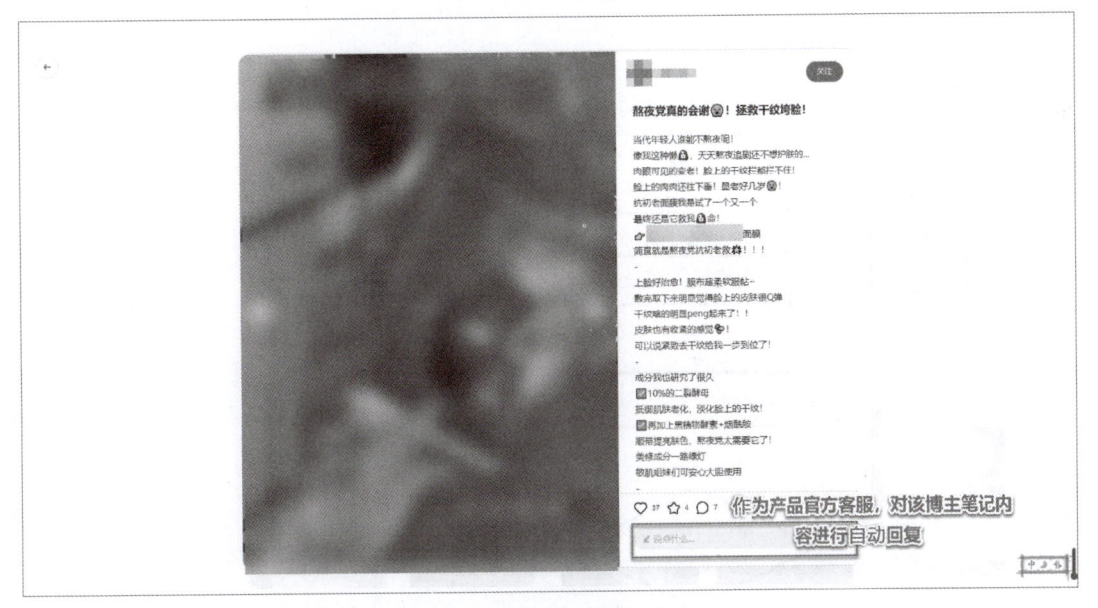

图 4-32　自动回复笔记内容

（8）分析笔记：针对博主的笔记内容进行舆情分析，分析该内容的正负面评价因素。

（9）保存结果：将博主的笔记内容、自动回复、舆情分析结果保存，并导出为 Excel 文件，如图 4-33 所示。

新媒体舆情分析的完整业务流程如图 4-34 所示。

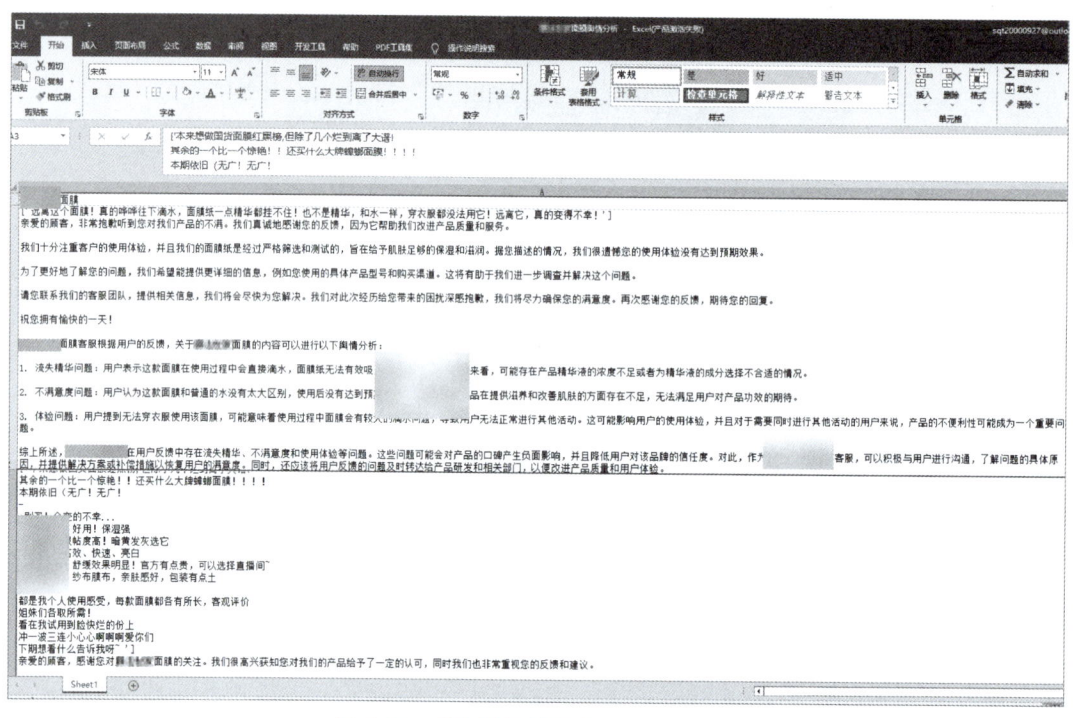

图 4-33　保存结果并导出为 Excel 文件

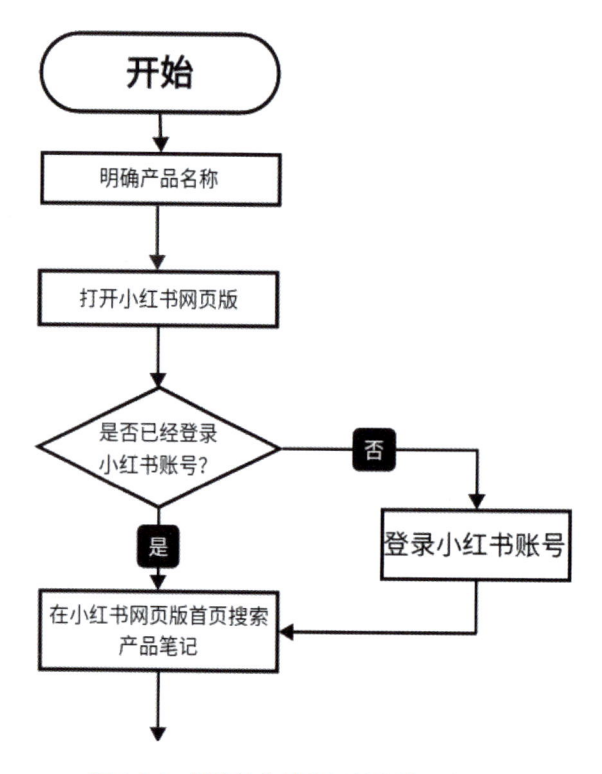

图 4-34　新媒体舆情分析的完整业务流程

第 4 章　新媒体行业 RPA 机器人设计案例

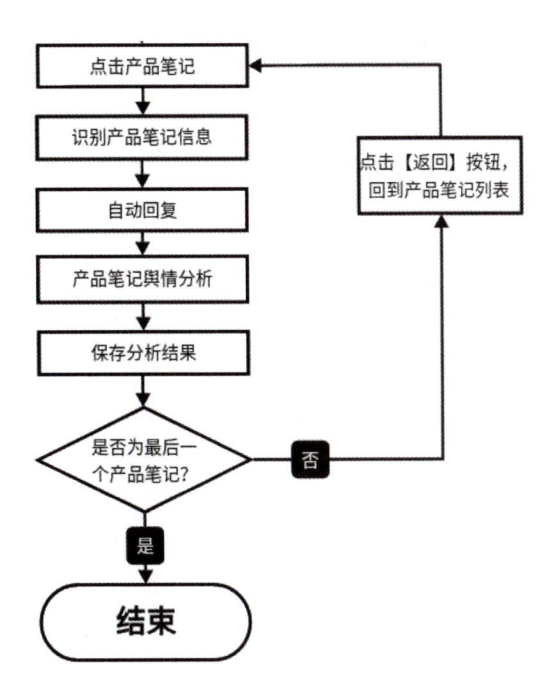

```
点击产品笔记
   ↓
识别产品笔记信息
   ↓
自动回复
   ↓
产品笔记舆情分析
   ↓
保存分析结果
   ↓
是否为最后一个产品笔记? —否→ 点击【返回】按钮,回到产品笔记列表
   ↓是
结束
```

图 4-34　新媒体舆情分析的完整业务流程（续）

4.4.3　RPA 机器人流程设计

根据业务流程，以下是对 RPA 机器人实现流程的设计。

1．确定分析的产品

添加【打开自定义对话框】指令，输入需要分析的产品名称，由于用户输入内容的格式不是字符串，因此需要依次添加【写入内容至数据表格】和【读取数据表格内容】指令，通过对数据表格的写入与读取，将输入内容的格式变为字符串。

2．打开网页

添加【打开网页】指令，在浏览器中打开小红书网页版。

3．登录小红书账号

依次添加【IF 网页包含】、【等待】和【End IF】指令，判断网页中是否出现账号登录请求，若出现账号登录请求，则等待 15s，给分析人员登录账号的时间。

4．搜索产品笔记信息

依次添加【填写输入框(web)】和【点击元素(web)】指令，在小红书网页版首页搜索框中输入产品名称，并点击【搜索】按钮。

5．遍历笔记

（1）添加【获取已打开的网页对象】指令，获取搜索结果的网页。

（2）依次添加【循环相似元素(web)】、【点击元素(web)】和【循环结束标记】指令，在获取搜索结果的网页内遍历点击所有被识别的产品笔记。

6．识别笔记内容

在【循环结束标记】指令前添加【获取已打开的网页对象】和【获取相似元素列表(web)】指令，即在笔记中获取博主的笔记内容。

7．自动回复

在步骤（5）中的【循环结束标记】指令前执行以下操作。

（1）添加【影刀 GPT】指令，给影刀 GPT 以产品官方客服的身份，并利用影刀 GPT 生成对博主的笔记内容自动回复的评价内容。

（2）添加【填写输入框(web)】和【点击元素(web)】指令，发送对该博主自动回复的内容。

8．分析笔记

再次在步骤（5）中的【循环结束标记】指令前执行以下操作。

（1）添加【影刀 GPT】指令，利用该指令对博主内容进行舆情分析，生成舆情分析报告。

（2）添加【写入内容至数据表格】指令，将博主笔记、自动回复、舆情分析结果暂时写入软件的数据表格中，方便将这些数据保存并导出。

9．保存信息

在步骤（5）中的【循环结束标记】指令的后面添加【数据表格导出】指令，将博主的笔记内容、自动回复的评价内容、舆情分析结果保存，并导出为 Excel 文件，将信息存档。

RPA 机器人实现流程如图 4-35 所示，新媒体舆情分析结果如图 4-36 所示。

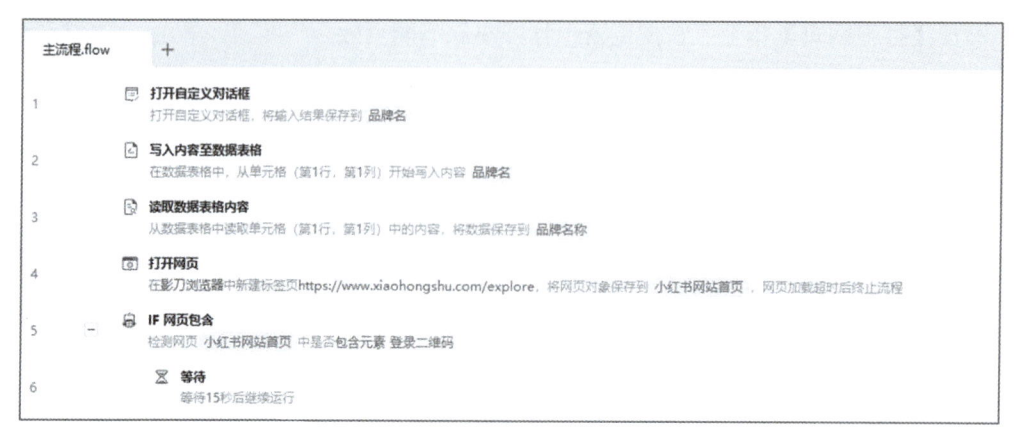

图 4-35　RPA 机器人实现流程

第4章 新媒体行业 RPA 机器人设计案例

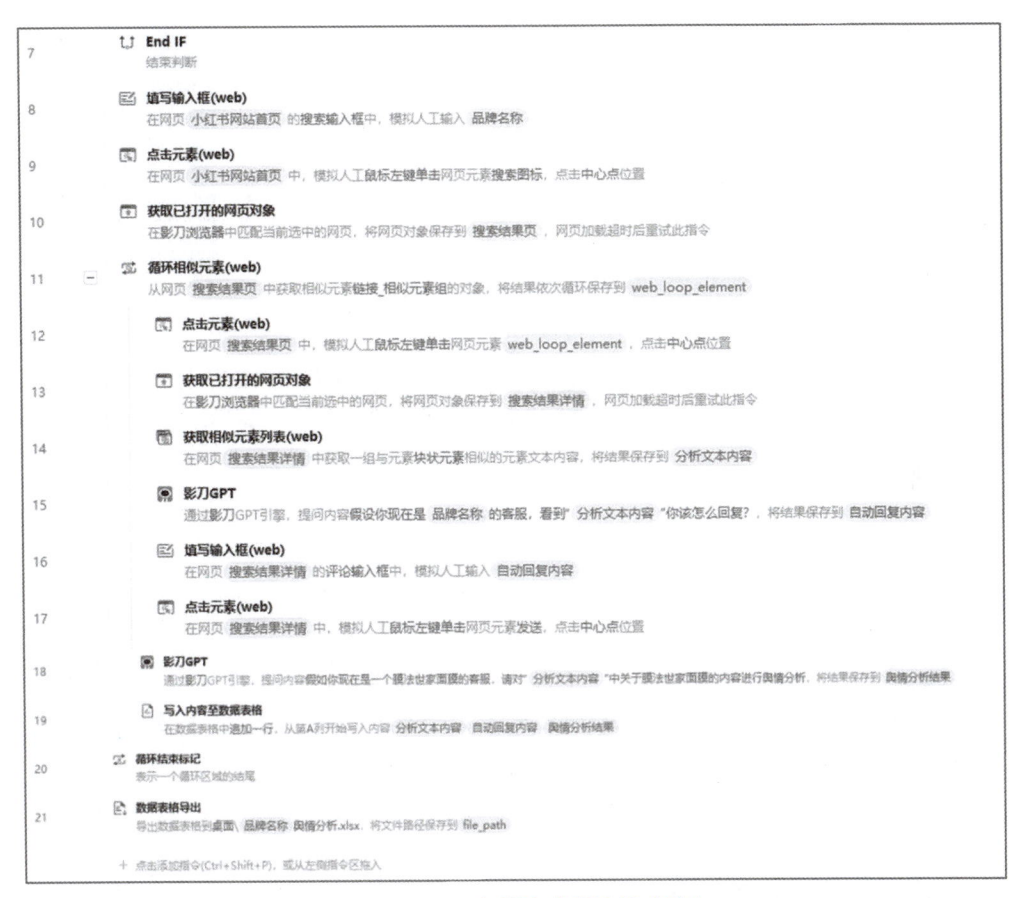

图 4-35　RPA 机器人实现流程（续）

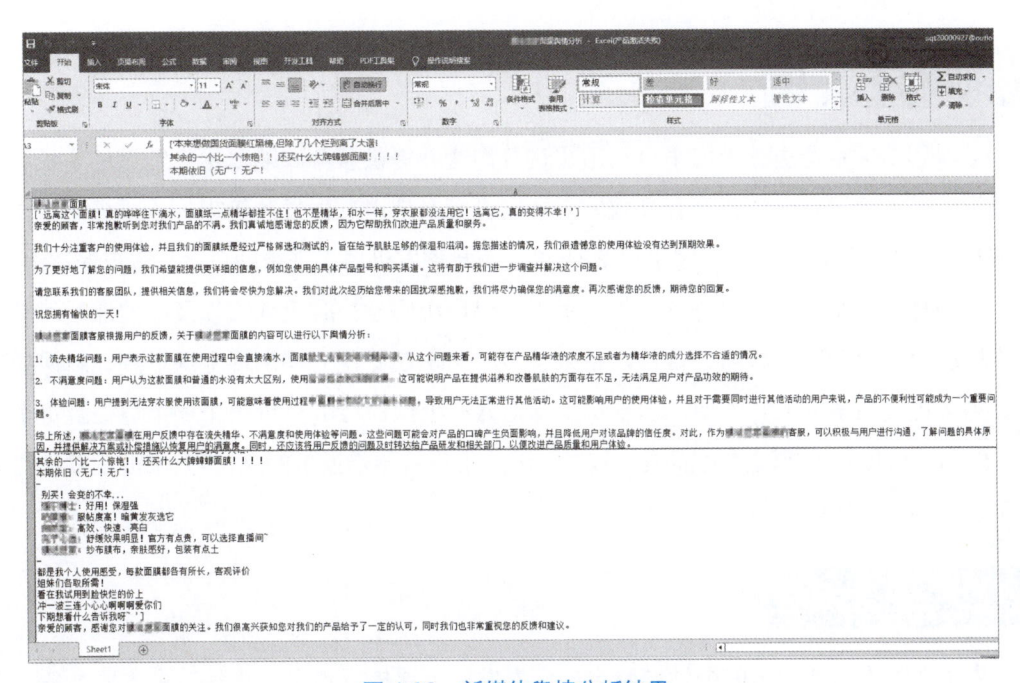

图 4-36　新媒体舆情分析结果

第 5 章

影刀 RPA 实训案例

前面的章节介绍了影刀 RPA 的基础知识和设计案例。为了帮助读者更好地理解和使用影刀 RPA，本章将介绍一些实际的应用案例。这些案例包括消息群发机器人、商品数据采集机器人、新媒体自动关注机器人及店铺经营报表制作机器人。通过这些案例，本章将展示如何利用影刀 RPA 解决实际业务问题，提高生产力和工作效率。

5.1　消息群发机器人

5.1.1　场景描述

某课程培训企业通过微信平台与用户进行沟通并提供服务。随着用户数量的增长和业务规模的扩大，该企业需要一种高效的方式来进行微信消息群发和管理。为了提高工作效率和减少人工操作，该企业决定引入 RPA 微信消息群发机器人来帮助自己与客户保持沟通。

小华是该企业的一名课程班主任，负责确保班级同学按时上课，以及监控课后习题的完成情况等。随着课程时间的推移，越来越多的同学在课程后期出现上课迟到、旷课的现象。为了提醒同学们准时上课，小华每次都需要在上课前 20 分钟一个一个地提醒每个同学。然而，这种人工提醒的时间成本较高，因此小华希望借助 RPA 机器人来批量发送提醒消息，以提高工作效率和减轻工作负担。

5.1.2　业务流程

为了在每次上课前 20 分钟向特定的同学发送上课提醒消息，小华首先需要准备一个

Excel 文件，用于存储需要接收上课提醒消息的微信昵称，然后使用 RPA 机器人进行以下操作。

读取 Excel 文件，获取需要接收上课提醒消息的微信昵称列表；遍历昵称列表，依次针对每个微信昵称进行以下操作。

- 打开手机设备的微信 App 搜索界面。
- 输入微信昵称进行搜索。
- 点击搜索结果，跳转到微信的客户聊天界面。
- 发送上课提醒消息。

当群发微信消息时，该业务流程主要包括以下几个步骤。

（1）连接手机：连接影刀 RPA 与手机设备。

（2）打开微信 App：打开手机设备的微信 App，进入微信 App 首页，如图 5-1 所示。

图 5-1　微信 App 首页

（3）进入微信 App 的搜索界面：点击微信 App 首页中的搜索图标，进入微信 App 的搜索界面，如图 5-2 所示。

（4）依次搜索微信昵称：搜索微信昵称，并点击搜索结果，进入客户聊天界面，如图 5-3 所示。

图 5-2　微信 App 的搜索界面　　　　图 5-3　搜索微信昵称

（5）发送上课提醒消息：将需要发送的消息复制到聊天框中，并点击【发送】按钮，如图 5-4 所示。

（6）设置消息触发器：对该 RPA 机器人设置消息触发器，即让该机器人定时发送提醒消息。

消息群发机器人的完整业务流程如图 5-5 所示。

图 5-4　发送消息　　　　　　图 5-5　消息群发机器人的完整业务流程

5.1.3　RPA 机器人流程设计

根据业务流程，以下是对 RPA 机器人实现流程的设计。

1．连接手机

添加【连接手机】指令，连接 RPA 机器人与被执行的手机设备。

2．打开微信 App

添加【打开手机 APP】指令，打开手机设备的微信 App。

3．进入微信 App 的搜索界面

添加【点击元素（手机）】指令，点击微信首页的搜索图标，进入微信对象查找状态。

4. 依次搜索微信昵称

（1）添加【打开/新建 Excel】指令，打开提前准备好的 Excel 文件。

（2）添加【循环 Excel 内容】和【循环结束标记】指令，依次循环读取 Excel 文件中存储的微信昵称。

在上面添加的【循环结束标记】指令前执行以下操作。

- 由于循环读取的 Excel 文件中内容的格式不是字符串，因此需要依次添加【写入内容至数据表格】和【读取数据表格内容】指令，通过对数据表格的写入与读取，将输入内容的格式变为字符串。
- 继续依次添加【输入文本（手机）】和【点击元素（手机）】指令，将读取的转换后的内容输入到微信 App 搜索界面的输入框中进行查找，并点击搜索结果，进入客户聊天界面。

5. 发送上课提醒消息

在步骤（4）中的【循环结束标记】指令前执行以下操作。

（1）添加【设置变量】指令，对上课提醒消息的内容进行设置。

（2）添加【输入文本（手机）】和【点击元素（手机）】指令，将变量内容输入到微信 App 搜索界面的聊天框中，并点击【发送】按钮进行消息发送。

（3）添加【点击元素（手机）】指令，点击【返回】按钮，退出微信 App 的聊天框。

6. 设置消息触发器

返回影刀 RPA 首页，在触发器设置界面中对上面开发的机器人进行定时设置。

RPA 机器人实现流程如图 5-6 所示。

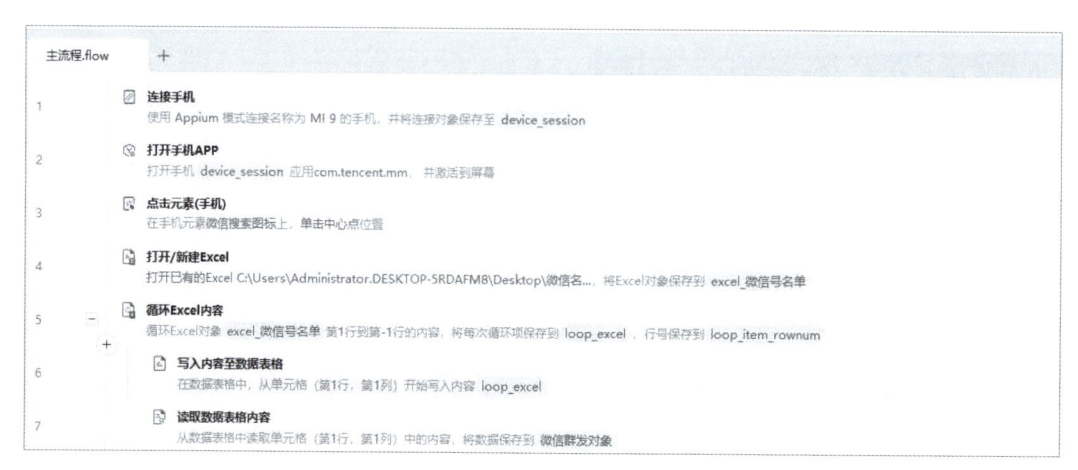

图 5-6　RPA 机器人实现流程

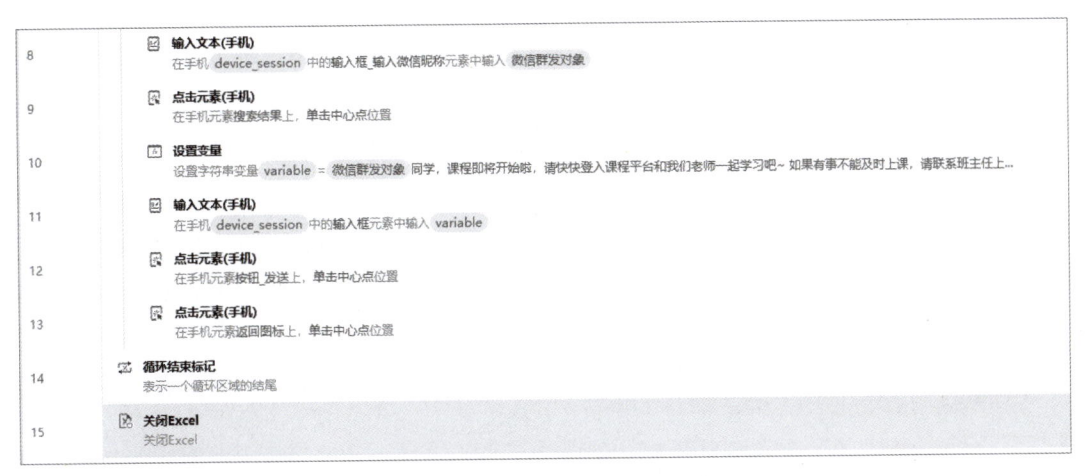

8	输入文本(手机) 在手机 device_session 中的输入框_输入微信昵称元素中输入 微信群发对象	
9	点击元素(手机) 在手机元素搜索结果上，单击中心点位置	
10	设置变量 设置字符串变量 variable = 微信群发对象 同学，课程即将开始啦，请快登入课程平台和我们老师一起学习吧~ 如果有事不能及时上课，请联系班主任上…	
11	输入文本(手机) 在手机 device_session 中的输入框元素中输入 variable	
12	点击元素(手机) 在手机元素按钮_发送上，单击中心点位置	
13	点击元素(手机) 在手机元素返回图标上，单击中心点位置	
14	循环结束标记 表示一个循环区域的结尾	
15	关闭Excel 关闭Excel	

图 5-6　RPA 机器人实现流程（续）

5.1.4　开发步骤

1．连接手机

打开影刀 RPA，在首页点击【应用】→【新建】→【手机自动化应用】按钮，新建一个手机自动化应用，如图 5-7 所示。此时，会自动跳转到应用开发界面。

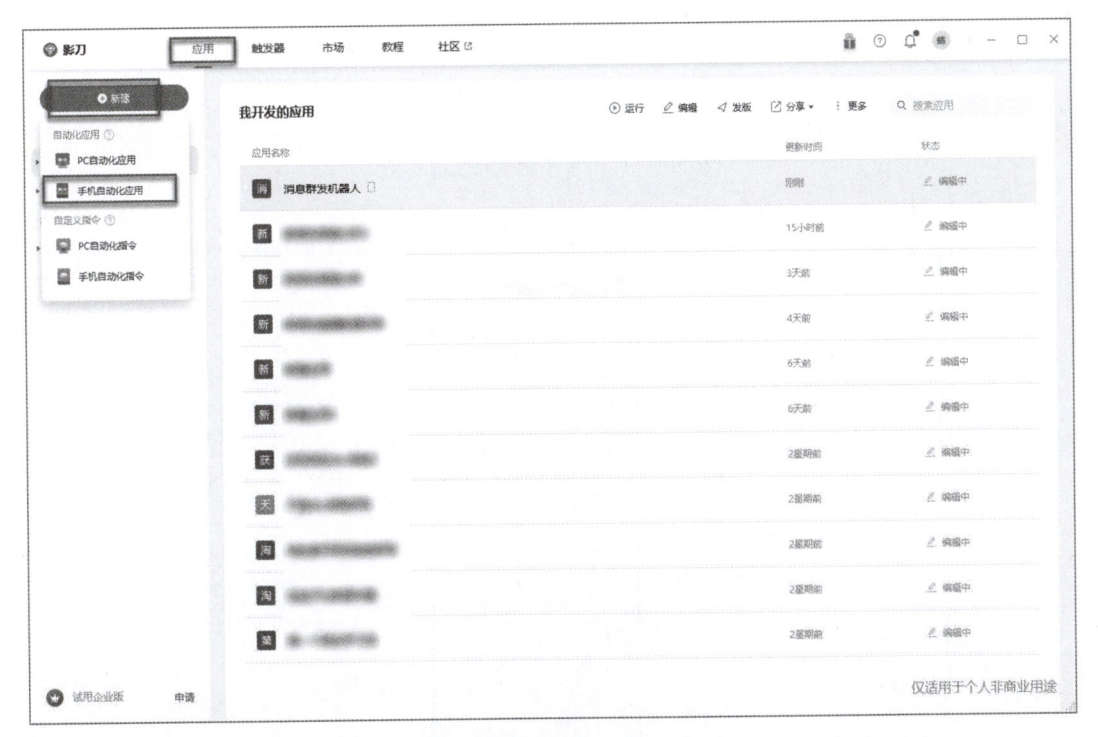

图 5-7　新建一个手机自动化应用

在应用开发界面中，点击顶部菜单栏中的【手机管理器】按钮，进入手机连接界面，点击手机连接界面中的【添加】按钮，配置需要控制的手机设备，界面操作如图 5-8 和图 5-9 所示，将手机与 RPA 机器人连接。在连接手机时，会单独打开一个连接手机的界面。

注：在将手机与 RPA 机器人连接前，需要将手机设备提前通过 USB 接口连接到电脑上，并将 USB 设置为【传输文件】，且手机的状态为允许 USB 调试。以手机型号小米 9 为例，需要开启手机中的【开启开发者选项】、【USB 调试】、【USB 安装】和【USB 安装（安全设置）】选项，确保手机设备可以通过 USB 接口连接到电脑上，具体环境配置方式可参考 2.6.2 节。

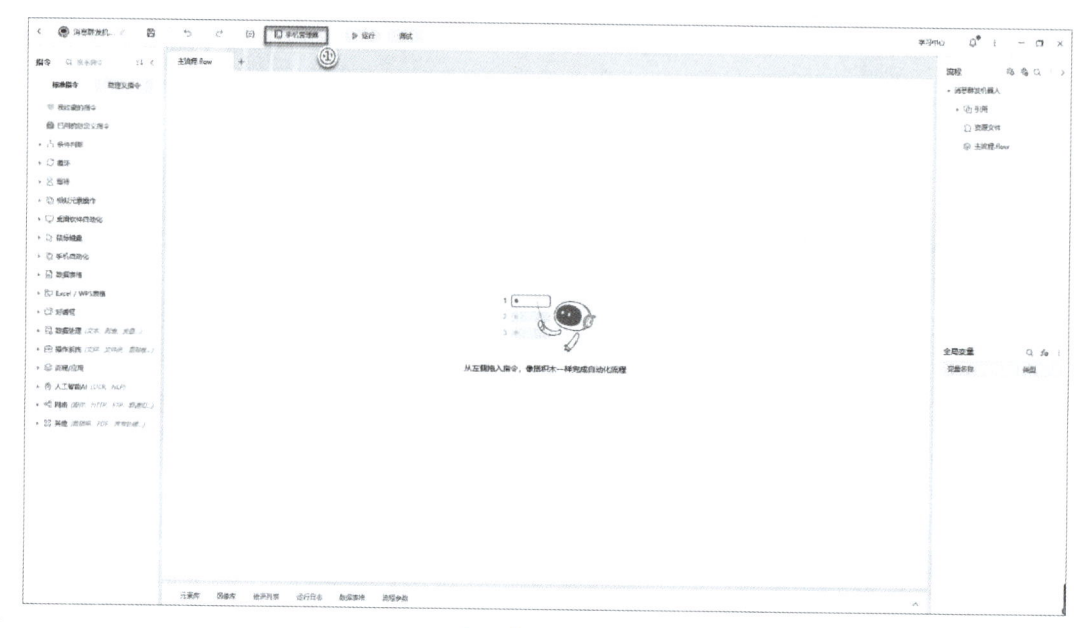

图 5-8　点击【手机管理器】按钮

图 5-9　配置需要控制的手机设备

此时手机与该 RPA 机器人已连接成功。返回 RPA 应用开发界面，添加【连接手机】指令，该指令配置界面如图 5-10 所示。在【连接手机】指令配置界面中，设置【连接对象】为【指定手机】，并在【自定义手机名称】右侧点击【添加新设备】按钮，设置【自定义手机名称】为刚刚连接的手机设备【MI 9】、【连接模式】为【Appium】，将该指令生成的连接对象保存到变量【device_session】中，方便后续对该手机设备进行操作。

图 5-10 【连接手机】指令配置界面

2. 打开微信 App

在手机中自动打开微信 App，进入微信 App 首页，如图 5-11 所示。在应用开发界面中添加【打开手机 APP】指令，并在该指令配置界面中设置【手机连接对象】为【device_session】，之后点击【App 包名】右侧的【获取】按钮，获取微信 App 的包名，即可完成自动打开微信 App 的设置，如图 5-12 所示。

3. 进入微信 App 的搜索界面

点击微信 App 首页中的搜索图标，进入微信 App 的搜索界面。首先使用【元素库】模块中的【捕获手机元素】按钮捕获图 5-13 中的搜索按钮元素到元素库中，并将该元素命名为【微信搜索图标】，然后添加【点击元素（手机）】指令，并在该指令配置界面中设置【手机连接对象】为【device_session】、【操作目标】为搜索按钮元素【微信搜索图标】，如图 5-14 所示。

图 5-11　微信 App 首页

图 5-12　【打开手机 APP】指令配置界面

图 5-13　搜索按钮

图 5-14　【点击元素（手机）】指令配置界面（1）

4．依次搜索微信昵称

（1）提前准备好一个 Excel 文件，用于存储所有需要接收上课提醒消息的微信昵称，存储内容如图 5-15 所示。

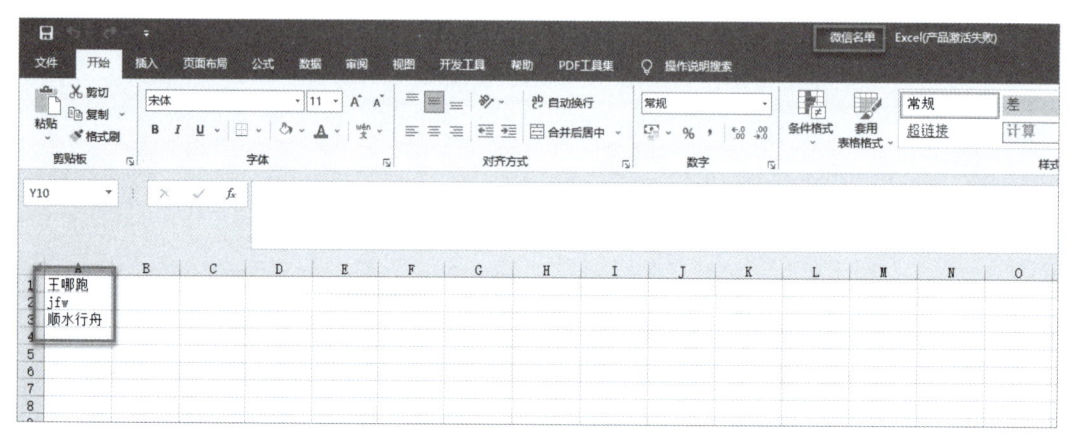

图 5-15　Excel 文件的存储内容

（2）打开存储微信昵称信息的文件。在应用开发界面中添加【打开/新建 Excel】指令，并在该指令配置界面中设置【启动方式】为【打开已有的 Excel】，在【Excel 文件路径】右侧点击【选择文件】按钮，在弹出的【打开】对话框中，选择存储微信昵称信息的文件所在路径，并将该指令生成的 Excel 对象保存到变量【excel_微信号名单】中，如图 5-16 所示。

图 5-16　【打开/新建 Excel】指令配置界面

（3）读取 Excel 表格中的数据内容。添加【循环 Excel 内容】和【循环结束标记】指令，对存储微信昵称的 Excel 表格中的内容进行循环读取。在【循环 Excel 内容】指令配置界面中设置【Excel 对象】为【excel_微信号名单】、【循环方式】为【循环行】、【起始行号】为【1】、【结束行号】为【-1】（即最后一个微信昵称），并设置循环读取的内容对象为变量【loop_excel】，每次循环的行号为变量【loop_item_rownum】，如图 5-17 所示。

图 5-17　【循环 Excel 内容】指令配置界面

由于要针对每位微信对象进行同样的发送消息操作，因此后面执行的发送消息操作都可以被直接放置到【循环 Excel 内容】与【循环结束标记】指令之间，即针对每位读取的微信对象执行发送消息操作。

【循环 Excel 内容】指令在 Excel 中读取的数据的数据类型不是字符串，不能被直接输入微信 App 搜索界面的输入框中进行搜索，而是需要依次添加【写入内容至数据表格】和【读取数据表格内容】指令，完成对数据类型的转换：先将循环得到的数据保存到指定的数据表格中，再读取数据表格的数据，并将读取的数据保存到变量【微信群发对象】中，如图 5-18 所示。

图 5-18 完成对数据类型的转换

（4）输入微信昵称。首先捕获图 5-19 中的搜索输入框元素到元素库中，并将该元素命名为【输入框_输入微信昵称】，然后添加【输入文本（手机）】指令，并在该指令配置界面中设置【手机连接对象】为【device_session】、【输入对象】为【指定输入框】、【操作目标】为【输入框_输入微信昵称】、【输入内容】为刚刚读取的【微信群发对象】，如图 5-20 所示。

图 5-19 当前手机界面（1）

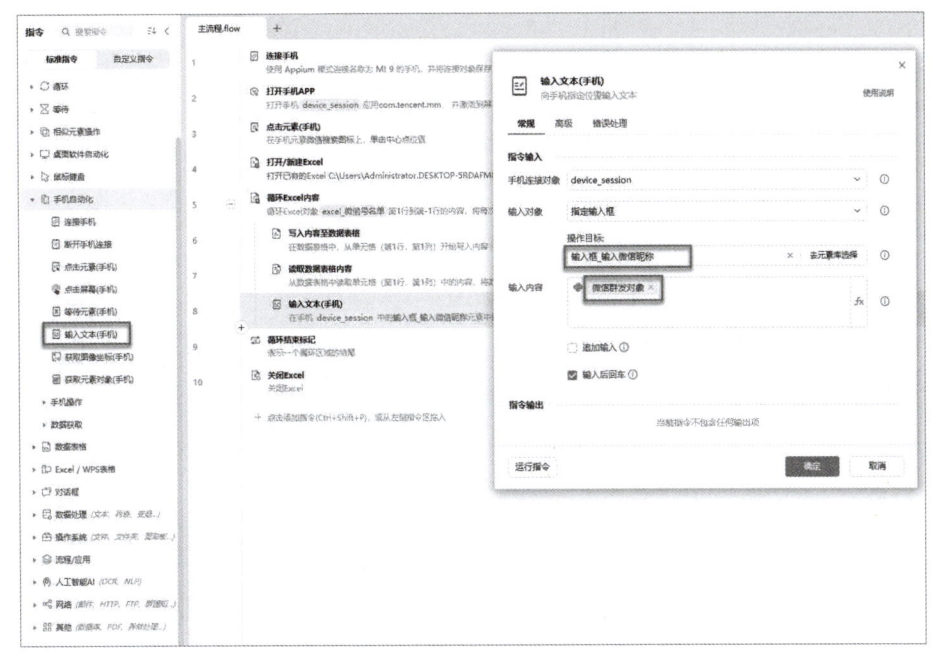

图 5-20 【输入文本（手机）】指令配置界面（1）

（5）点击搜索结果，进入客户聊天界面。首先捕获图 5-21 中的搜索结果元素到元素库中，并将该元素命名为【搜索结果】，然后添加【点击元素（手机）】指令，并在该指令配置界面中设置【手机连接对象】为【device_session】、【操作目标】为【搜索结果】，点击【搜索结果】元素，进入客户聊天界面，如图 5-22 所示。

图 5-21 当前手机界面（2）

图 5-22 【点击元素（手机）】指令配置界面（2）

5. 发送上课提醒消息

由于要针对每位微信对象发送上课提醒消息，因此这一步骤继续在【循环 Excel 内容】指令内执行。

（1）设置提醒内容。添加【设置变量】指令，其配置界面如图 5-23 所示，可在此设置【变量类型】为【字符串】、【变量值】为【微信昵称+要发送的内容（同学，课程即将开始啦，请快快登录课程平台和老师一起学习吧～如果有事不能及时上课，请联系班主任线上请假哟～）】，并将发送的内容存储到变量【variable】中。

图 5-23 【设置变量】指令配置界面

（2）输入提醒内容。首先捕获图 5-24 中的输入框元素到元素库中，并将该元素命名为【输入框】，然后添加【输入文本（手机）】指令，并在该指令配置界面中设置【手机连接对象】为【device_session】、【输入对象】为【指定输入框】、【操作目标】为前面捕获的【输入框】、【输入内容】为变量【variable】，如图 5-25 所示。

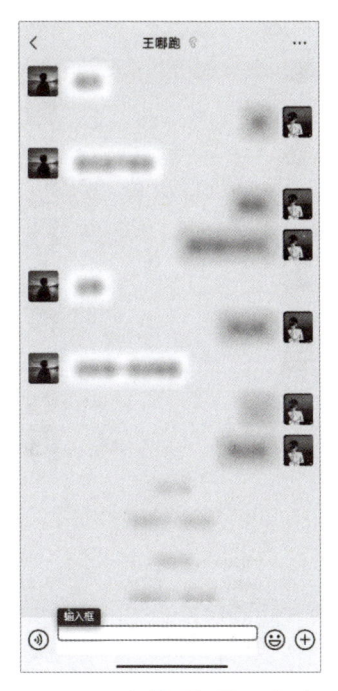

图 5-24　当前手机界面（3）

图 5-25　【输入文本（手机）】指令配置界面（2）

（3）发送提醒内容。首先捕获图 5-26 中的【发送】按钮元素到元素库中，并将该元素命名为【按钮_发送】，然后添加【点击元素（手机）】指令，并在该指令配置界面中设置【手机连接对象】为【device_session】、【操作目标】为【按钮_发送】，最后点击【按钮_发送】元素，发送上课提醒消息，如图 5-27 所示。

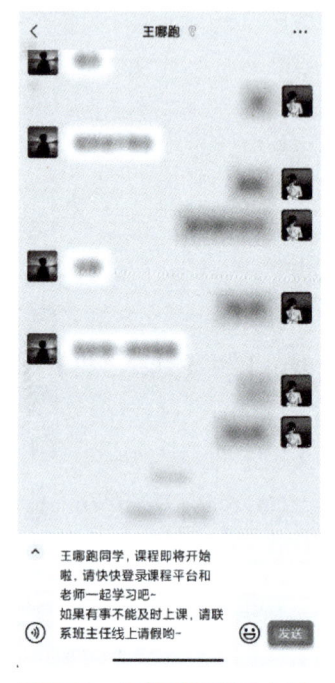

图 5-26　当前手机界面（4）

图 5-27　【点击元素（手机）】指令配置界面（3）

此时发送消息的流程已经设置完毕，但是由于发送消息涉及的所有指令都是在【循环 Excel 内容】与【循环结束标记】指令之间完成的，这就需要每次循环开始前的手机界面保持一致，即需要在每次消息发送完成后返回微信 App 的搜索界面。

首先捕获图 5-28 中的【返回】按钮元素到元素库中，并将该元素命名为【返回图标】，然后添加【点击元素（手机）】指令，并在该指令配置界面中设置【手机连接对象】为【device_session】、【操作目标】为【返回图标】，最后点击【返回图标】元素，返回微信 App 的搜索界面，如图 5-29 所示。

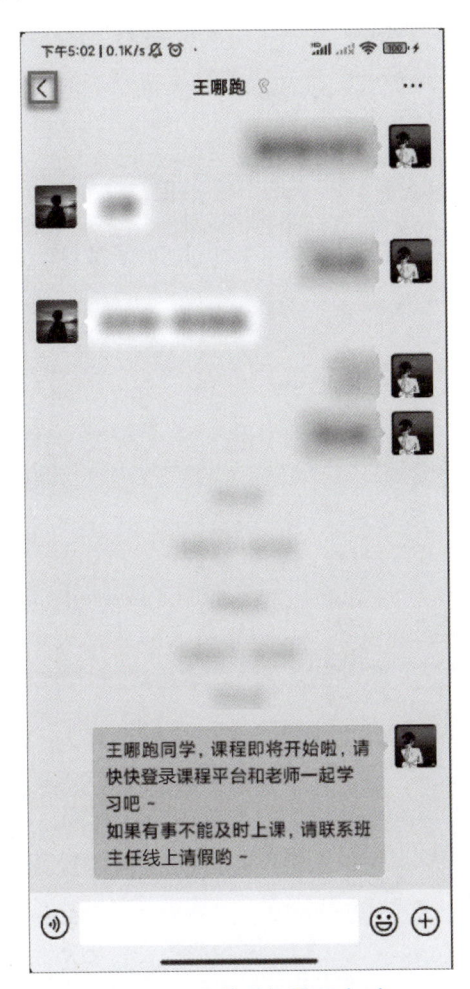

图 5-28 当前手机界面（5）

最后，为了程序的完整，在末尾添加【关闭 Excel】指令，关闭前面打开的 Excel 文件。在【关闭 Excel】指令配置界面中设置【操作】为【关闭指定 Excel 文件】、【Excel 对象】为【excel_微信号名单】、【关闭方式】为【保存】，如图 5-30 所示。至此，机器人开发已全部完成，保存机器人并将其命名为【消息群发机器人】即可。

图 5-29 【点击元素（手机）】指令配置界面（4）

图 5-30 【关闭 Excel】指令配置界面

6. 设置消息触发器

在机器人开发完成后，根据业务背景，此时还需要对机器人设置消息触发器，使其定时执行。

进入影刀 RPA 的应用首页，在应用首页中选中【消息群发机器人】应用，之后点击更

第 5 章　影刀 RPA 实训案例

多按钮 ⋮，在弹出的下拉列表中选择【发版】选项。发版操作是设置机器人定时执行的前提。影刀 RPA 的应用首页如图 5-31 所示。

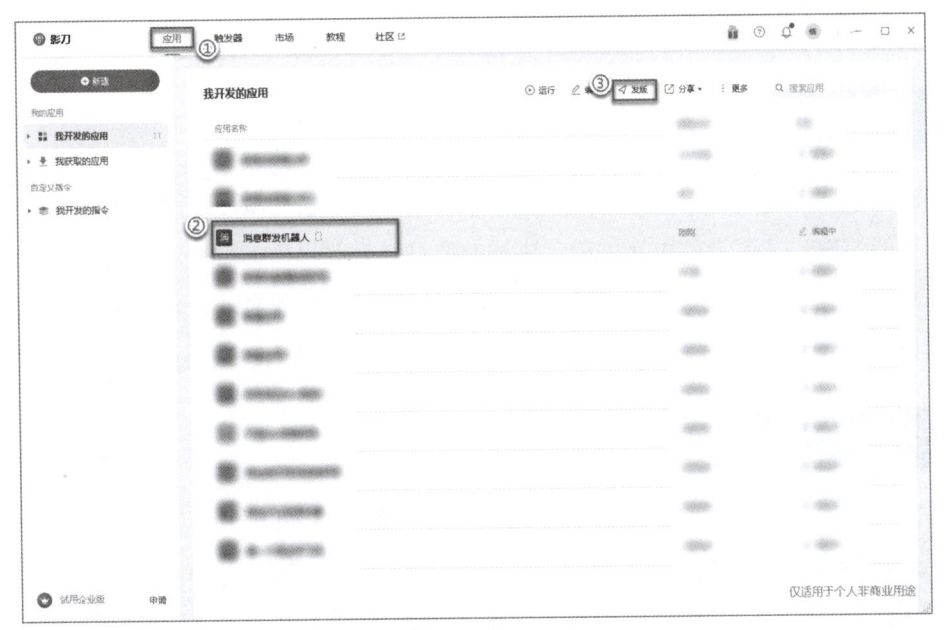

图 5-31　影刀 RPA 的应用首页

在对应用进行发版操作后，进入【触发器】子模块，点击【新建】→【定时触发器】按钮，此时会出现一个【定时触发器】设置界面，在此处设置每天发送消息的时间即可，如图 5-32 所示。

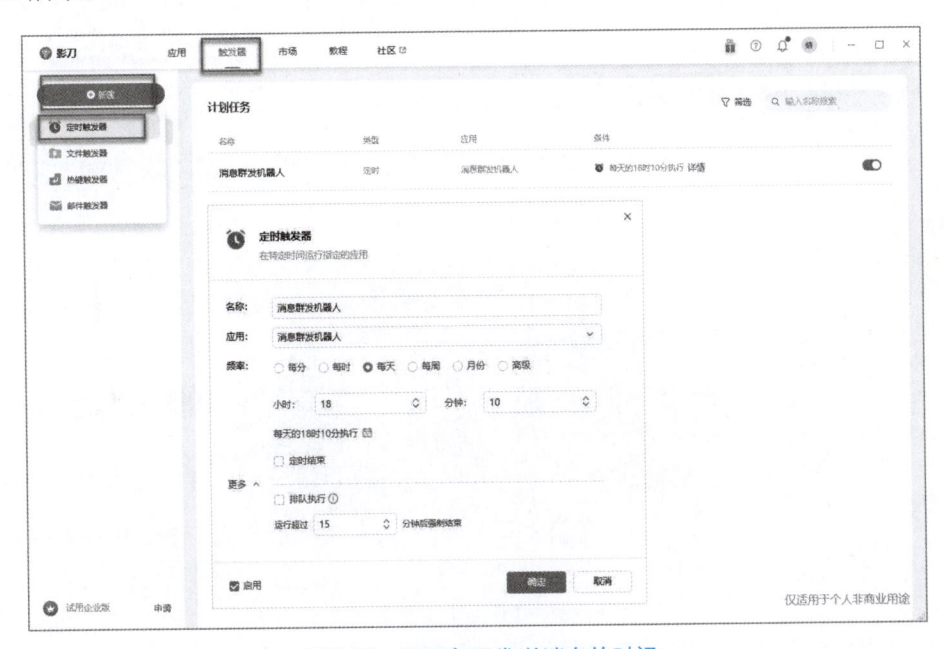

图 5-32　设置每天发送消息的时间

187

5.2 商品数据采集机器人

5.2.1 场景描述

小王是某服装公司的运营人员。由于服装行业的竞争较为激烈，因此他需要时刻了解竞争对手的情况，从而给公司提供运营决策的依据。为此，小王需要定时采集竞争对手的数据。然而，这个过程既耗时又无聊，严重降低了他的工作效率。为了解决这个问题，小王决定使用影刀 RPA 机器人来代替自己进行重复性工作，从而提高自己的工作效率。

5.2.2 业务流程

在采集竞争对手的数据时，可以先在淘宝首页搜索关键词以显示竞争对手的商品信息，再依次点击商品链接并采集商品数据，包括商品的标题、价格、支付人数、省份和城市等。假设本次任务需要采集 80 页的商品数据，那么需要重复翻页并点击每页中的每个商品链接。

当采集商品数据时，该业务流程主要包括以下几个步骤。

（1）打开网页：打开淘宝首页并登录，如图 5-33 所示。

（2）搜索竞品：在搜索框中输入商品关键词，并点击【搜索】按钮，如图 5-34 所示。

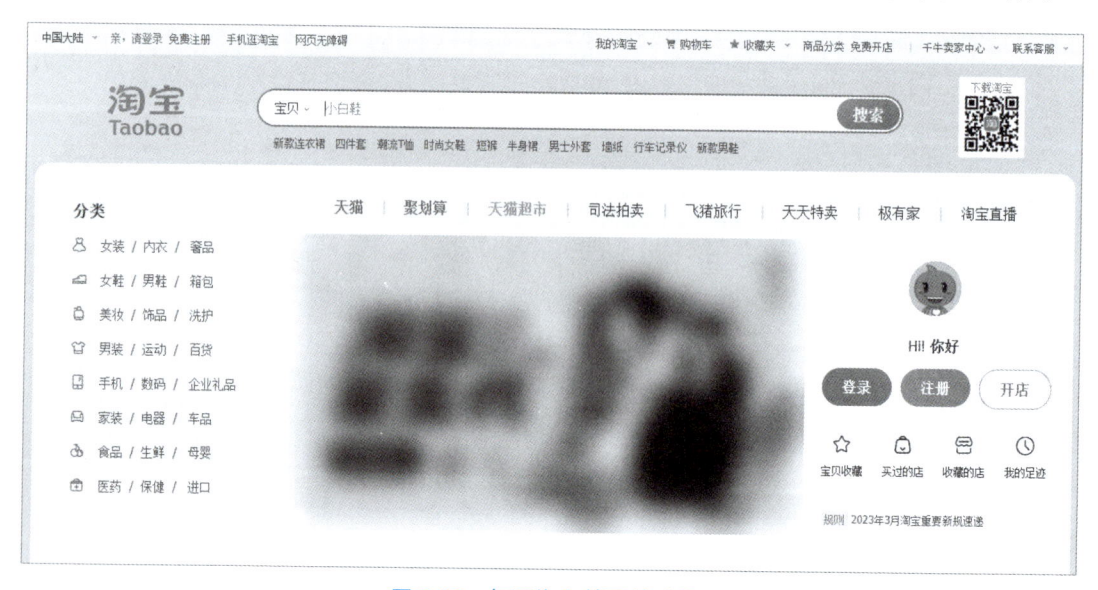

图 5-33 打开淘宝首页并登录

图 5-33　打开淘宝首页并登录（续）

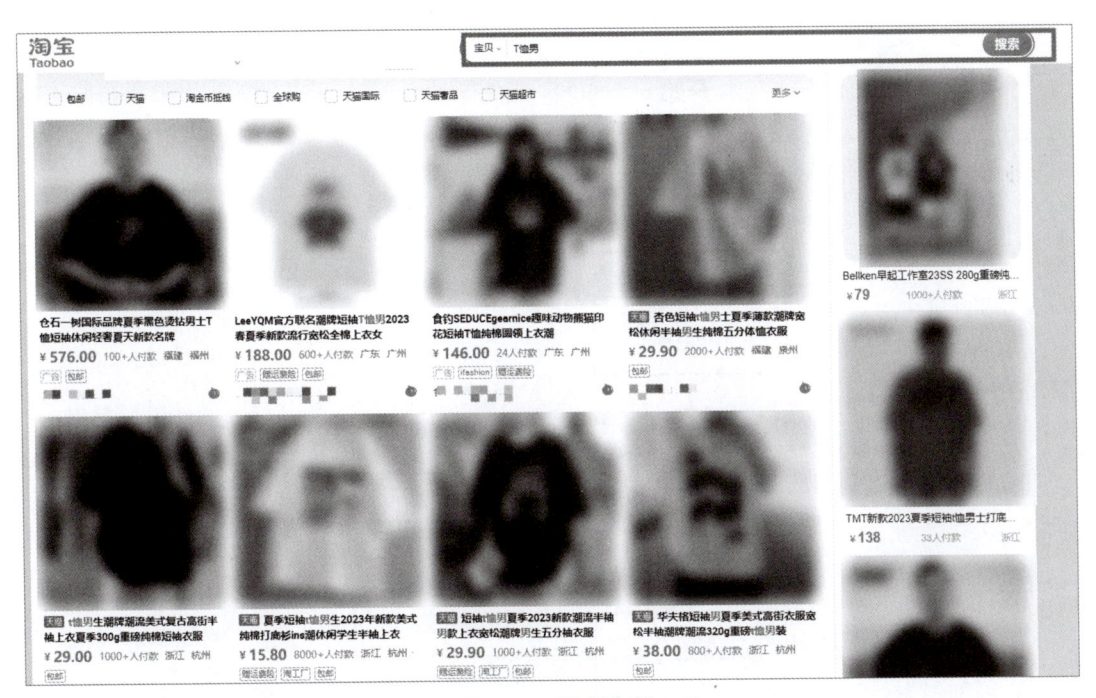

图 5-34　搜索竞品

（3）采集竞品数据：通过循环翻页采集竞争对手的商品数据，如图 5-35 所示。

（4）保存数据，如图 5-36 所示。

注：步骤（3）～（4）需要重复执行 80 次。

商品数据采集机器人的完整业务流程如图 5-37 所示。

图 5-35 采集竞品数据

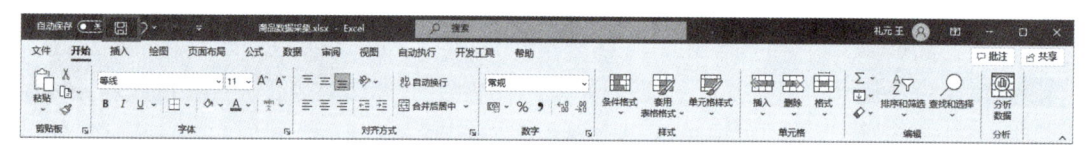

图 5-36 保存数据

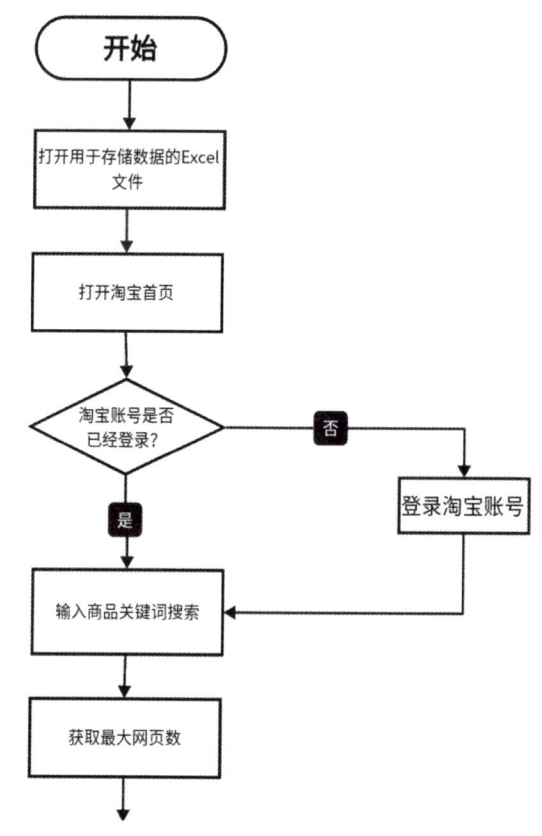

图 5-37 商品数据采集机器人的完整业务流程

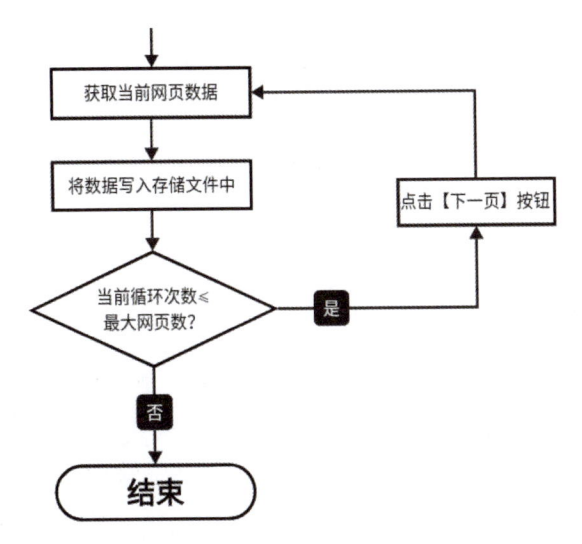

```
获取当前网页数据
       ↓
将数据写入存储文件中
       ↓
当前循环次数≤      是
最大网页数?  ────→ 点击【下一页】按钮
       ↓否            ↑
      结束            └──────────
```

图 5-37　商品数据采集机器人的完整业务流程（续）

5.2.3　RPA 机器人流程设计

根据业务流程，以下是对 RPA 机器人实现流程的设计。

1. 打开网页：打开淘宝首页

（1）添加【打开/新建 Excel】指令，打开用于存储数据的 Excel 文件，以便输入。
（2）添加【打开网页】指令，打开淘宝网页。

2. 识别登录状态：判断淘宝账号是否登录

（1）添加【IF 网页包含】和【END IF】指令，判断淘宝首页中是否存在【亲，请登录】元素，识别登录状态，如果存在，则执行【IF 网页包含】和【END IF】指令之间的指令。

（2）在【IF 网页包含】和【END IF】指令之间，首先添加【点击元素(web)】指令，用于点击【亲，请登录】元素，跳转到淘宝登录界面。其次添加【填写输入框(web)】指令，在淘宝登录界面，自动输入淘宝账号和密码，并使用快捷键【Enter】登录。

3. 搜索竞品：搜索需要采集的竞品信息

（1）添加【填写输入框(web)】指令，在淘宝首页的输入框中填写需要采集的竞品信息。
（2）添加【点击元素(web)】指令，点击【搜索】按钮，对竞品信息进行搜索。
（3）添加【等待】指令，给页面提供搜索的时间。

4. 竞品数据采集：采集竞争对手的商品数据

（1）添加【批量数据抓取】指令，抓取搜索结果页的竞品页数，为循环抓取竞品信息做准备。
（2）添加【读取数据表格内容】指令，读取抓取的搜索结果页的竞品页数。

（3）添加【鼠标滚动网页】指令，使网页处于顶部。

（4）添加【For 次数循环】指令，根据采集的竞品页数循环抓取竞品相关信息。

（5）在第一个【For 次数循环】指令中，再次添加【For 次数循环】指令，循环执行【等待】及【滚动鼠标滚轮】指令，这是因为在页面过长时直接跳转至底部，会使中间数据得不到更新，所以需要通过滚轮模拟人工操作，给页面提供刷新的时间。

（6）在第一个【For 次数循环】指令中，添加【批量数据抓取】指令，抓取已经加载完成的页面数据。

（7）在第一个【For 次数循环】指令中，添加【写入内容至 Excel 工作表】指令，将已经抓取的数据写入 Excel 文件中进行保存。

（8）在第一个【For 次数循环】指令中，添加【点击元素(web)】指令，点击网页元素，跳转至下一页继续抓取数据，直至抓取数据至最后一页。

5．数据保存

- 添加【循环结束标记】指令（与【For 次数循环】指令关联的指令），【For 次数循环】与【循环结束标记】之间的指令取决于【For 次数循环】指令的循环次数。
- 添加【关闭 Excel】指令，关闭 Excel 文件并保存。

RPA 机器人实现流程如图 5-38 所示，影刀 RPA 商品数据采集结果如图 5-39 所示。

图 5-38　RPA 机器人实现流程

第 5 章 影刀 RPA 实训案例

17	循环结束标记 表示一个循环区域的结尾				
18	批量数据抓取 在网页 web_page 中抓取数据列表2,将结果保存到 web_data_table2,同时保存到数据表格				
19	写入内容至Excel工作表 在Excel对象 excel_instance 中,从单元格(第-1行,第1列)开始写入内容 web_data_table2				
20	点击元素(web) 在网页 web_page 中,模拟人工鼠标左键单击网页元素下一页,点击中心点位置				
21	循环结束标记 表示一个循环区域的结尾				
22	关闭Excel 关闭Excel				

+ 点击添加指令(Ctrl+Shift+P),或从左侧指令区拖入

图 5-38 RPA 机器人实现流程(续)

商品名称	价格	折扣	付款人数	省份	城市
MLB FOG官方短袖T恤男女2023年情侣潮牌宽松纯棉圆领刺绣上衣	138	0	400+人付款	福建	厦门
Ami alice官方新款短袖男士潮牌纯棉上衣情侣宽松休闲百搭半袖t恤	158	0	200+人付款	福建	厦门
Ami Crown官方爱心t恤情侣重磅ins潮流半袖宽松上衣服短袖男潮牌	158	0	600+人付款	上海	
ins潮牌韩版短袖T恤男夏季潮流小众中袖体恤学生痞帅青少年上衣服	30	0	2000+人付款	浙江	杭州
杏色短袖t恤男士夏季薄款潮款宽松休闲半袖男生纯棉五分体恤衣服	24	0.91	2000+人付款	福建	泉州
潮牌美式七分袖t恤男夏季宽松衣服重磅半袖潮流oversize纯棉短袖	33	0	1000+人付款	浙江	杭州
日系酒红色男生t恤短袖纯棉夏季少年感穿搭美式复古重磅情侣半袖	35	0	8000+人付款	浙江	杭州
华夫格短袖男夏季美式高街衣服宽松半袖潮牌潮流320g重磅体恤男装	33	0	800+人付款	浙江	杭州
草莓熊短袖t恤男生款夏季美式衣服宽松重磅纯棉潮牌大码红色半袖	34	0	2000+人付款	浙江	杭州
短袖男生夏季纯棉重磅纯棉t恤潮牌潮流2023新款美式高街宽松半袖	34	0	4000+人付款	浙江	杭州
美式高街咖色320g重磅短袖T恤男夏季2023新款潮牌青少年学生7分袖	35	0.8	800+人付款	浙江	杭州
男生t恤短袖2023新款夏季重磅纯棉宽松体恤美式潮牌高街半袖上衣	31	0	2000+人付款	浙江	杭州
欧美潮牌320g重磅t恤男廓形三本针落肩纯棉半袖情侣装七分袖夏季	35	0.8	500+人付款	浙江	杭州
320g重磅灰色T恤男夏季插肩袖三本针短袖ins港风潮牌精梳棉五分袖	26	0.9	1000+人付款	浙江	杭州
重磅260g美式潮牌短袖t恤男生夏季男款纯棉三本针7七分袖宽松潮流	37	0.9	300+人付款	浙江	杭州
港风纯棉300g短袖t恤男款夏季潮牌潮流体恤衣服ins小领口半袖	31	0	600+人付款	浙江	杭州
猫咪印花短袖T恤男夏季美式复古精梳棉宽松潮牌半袖青少年体恤衫	34	0	400+人付款	浙江	杭州
韩版反古灰色T恤男夏季加长版大码短袖高个子精梳棉小领口体恤衫	26	0.9	500+人付款	浙江	杭州
260g重磅纯棉短袖t恤男夏季字母发泡印花休闲体恤宽松五分袖上衣	46	0.4	5000+人付款	浙江	杭州
日系复古简约纯棉t恤男款短袖潮牌夏季oversize重磅男士体恤大码	35	0.9	600+人付款	浙江	杭州
青少年短袖夏季男款纯棉男t恤2023新款衣服潮牌半袖宽松男士体恤	29	0.9	900+人付款	湖北	孝感
280g重磅纯棉短袖T恤男夏季美式大码潮牌潮流宽松棉半袖体恤衫	30	0.4	3000+人付款	浙江	杭州
墨绿色短袖t恤男夏季美式复古320g重磅纯棉潮牌oversize七分袖	40	0	1000+人付款	浙江	杭州
设计感美式复古高街短袖男夏320g重磅t恤潮牌潮流宽松纯棉5分袖	35	0	300+人付款	浙江	杭州
数字7t恤短袖男夏季宽松潮牌潮流半截袖美式复古oversize大码体恤	33	0.29	300+人付款	浙江	杭州
重磅纯棉夏季潮流纯色白百搭宽松五分搭半袖短袖T恤男打底上衣服	18	0.8	1万+人付款	浙江	杭州
夏季纯棉笑脸短袖t恤男款潮牌潮流百搭男士宽松橙色纯色半袖衣服	40	0.93	3000+人付款	福建	泉州
280克纯棉卡通短袖t恤男夏季潮牌潮流美式重磅七分半袖情侣衣服	37	0.05	400+人付款	浙江	杭州
日系cityboy纯棉短袖t恤男夏季宽松圆领重磅半袖潮牌潮流体恤	43	0	1000+人付款	浙江	杭州
重磅纯棉t恤潮牌欧美高街男生美式穿搭短袖oversize七分半袖情侣	45	0	2000+人付款	浙江	杭州
纯棉清仓价夏季短袖男T恤干活穿的衣服建筑工地上班耐脏耐磨半袖	5	0	400+人付款	江西	南昌
男士冰丝短袖T恤2023夏装新潮牌圆领半截袖修身体恤潮流上衣服	4	0.8	200+人付款	广东	广州
短袖男夏季300g重磅纯棉半袖t恤港风ins潮牌宽松五分袖衣服体恤	33	0.86	100+人付款	浙江	杭州
400g重磅刺绣T恤男短袖美式复古大码宽松五分半袖夏季麂皮绒衣服	45	0	2000+人付款	浙江	杭州
短袖t恤男士夏季薄款冰丝宽松大码胖子潮牌体恤半截袖休闲上衣服	28	0.9	1000+人付款	福建	泉州
280g重磅纯棉短袖t恤男2023夏季港风新款潮宽松男生冰丝体恤上衣	46	0.55	1000+人付款	福建	泉州

图 5-39 影刀 RPA 商品数据采集结果

5.2.4 开发步骤

1. 进入应用开发界面

打开影刀 RPA,在首页点击【应用】→【新建】→【PC 自动化应用】按钮,新建一个 PC 自动化应用,如图 5-40 所示。此时,会自动跳转到应用开发界面。

2. 打开 Excel 文件

在应用开发界面中,将【打开/新建 Excel】指令拖入流程编排区,打开用于存储数据的

Excel 文件。在【打开/新建 Excel】指令配置界面中设置【启动方式】为【打开已有的 Excel】、【Excel 文件路径】为用于存储数据的文件路径，保持其他选项的默认设置，并将该指令生成的 Excel 对象保存到变量【excel_instance】中，方便后面直接调用该对象，如图 5-41 所示。

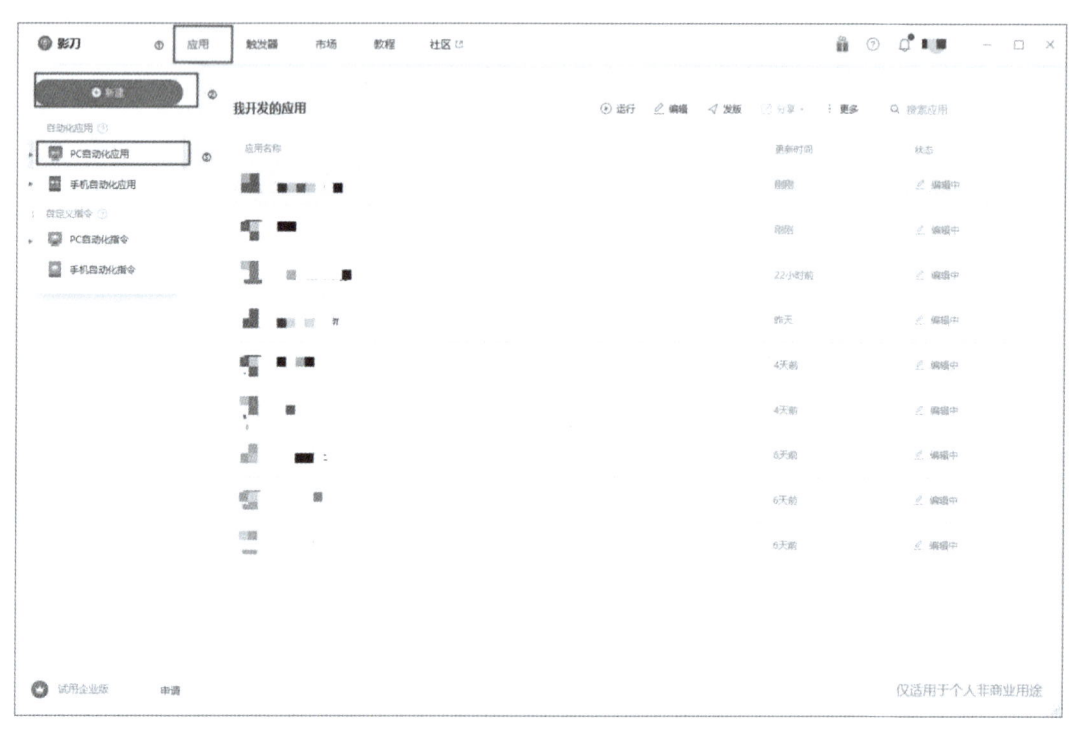

图 5-40　新建一个 PC 自动化应用

图 5-41　【打开/新建 Excel】指令配置界面

3. 打开淘宝首页

在【打开/新建 Excel】和【关闭 Excel】指令之间添加【打开网页】指令，打开淘宝首页。在【打开网页】指令配置界面中设置【浏览器类型】为【Microsoft Edge 浏览器】、【网址】为淘宝官方网址，并将网页对象保存到变量【web_page】中，如图 5-42 所示。

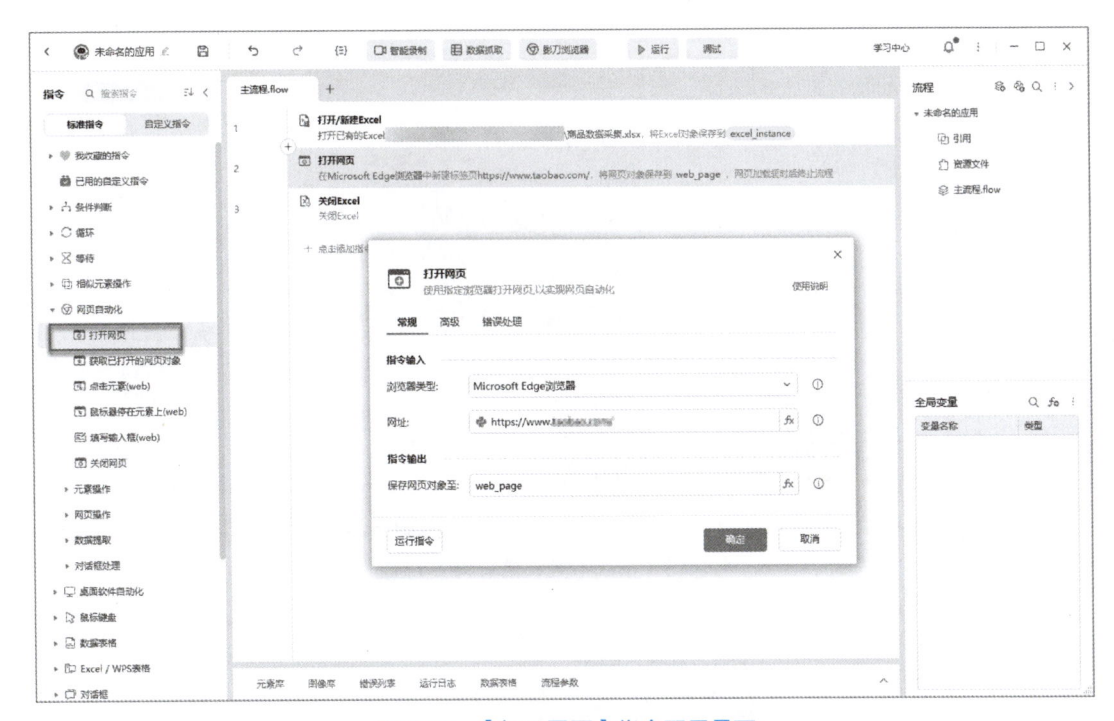

图 5-42 【打开网页】指令配置界面

4. 判断淘宝账号是否已经登录

首先使用【元素库】模块中的【捕获新元素】按钮捕获淘宝首页中的【亲，请登录】元素，如图 5-43 所示，并将其命名为【亲，请登录】。在应用开发界面中使用【IF 网页包含】和【End IF】指令进行条件判断，判断淘宝账号是否处于登录状态。在【IF 网页包含】指令配置界面中设置【网页对象】为【web_page】，并在【检测网页是否】下拉列表中选择【包含元素】选项，检测网页中是否包含【亲，请登录】元素，从而判断淘宝账号是否处于登录状态，如图 5-44 所示。

在【IF 网页包含】和【End IF】指令之间添加【点击元素(web)】指令，如果淘宝账号处于未登录状态，则在淘宝首页中点击【亲，请登录】元素跳转至淘宝登录界面。在【点击元素(web)】指令配置界面中，设置【网页对象】为【web_page】、【操作目标】为【亲，请登录】，如图 5-45 所示。

使用【元素库】模块中的【捕获新元素】按钮在淘宝登录界面中捕获账号或密码输入

框元素，本例捕获账号输入框元素，并将捕获的元素命名为【账号输入框】，如图 5-46 所示。

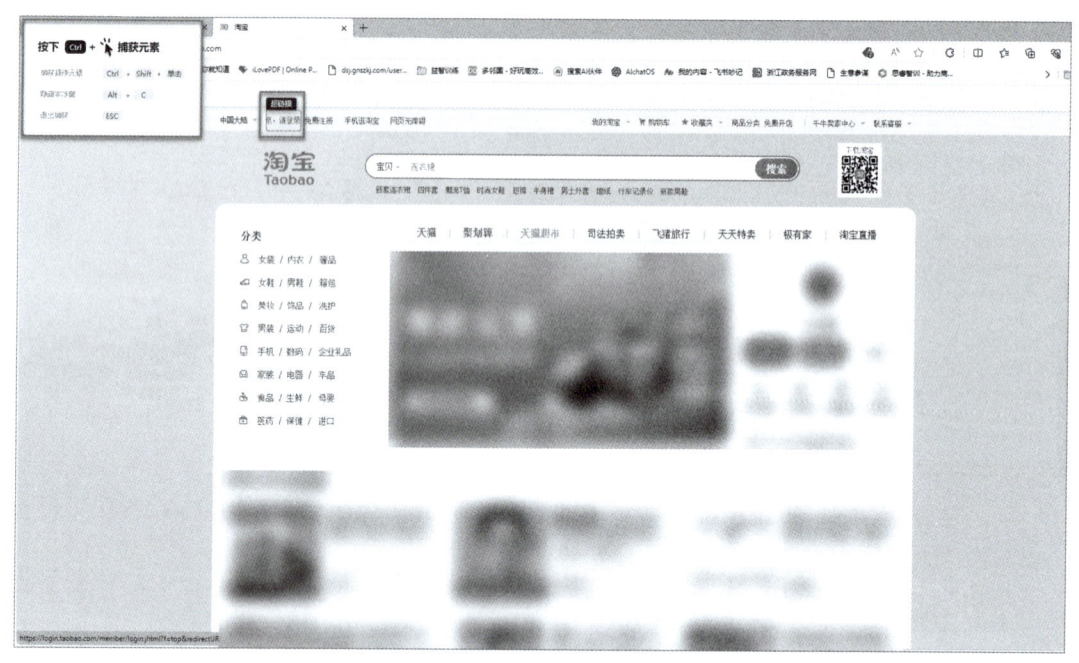

图 5-43 捕获【亲，请登录】元素

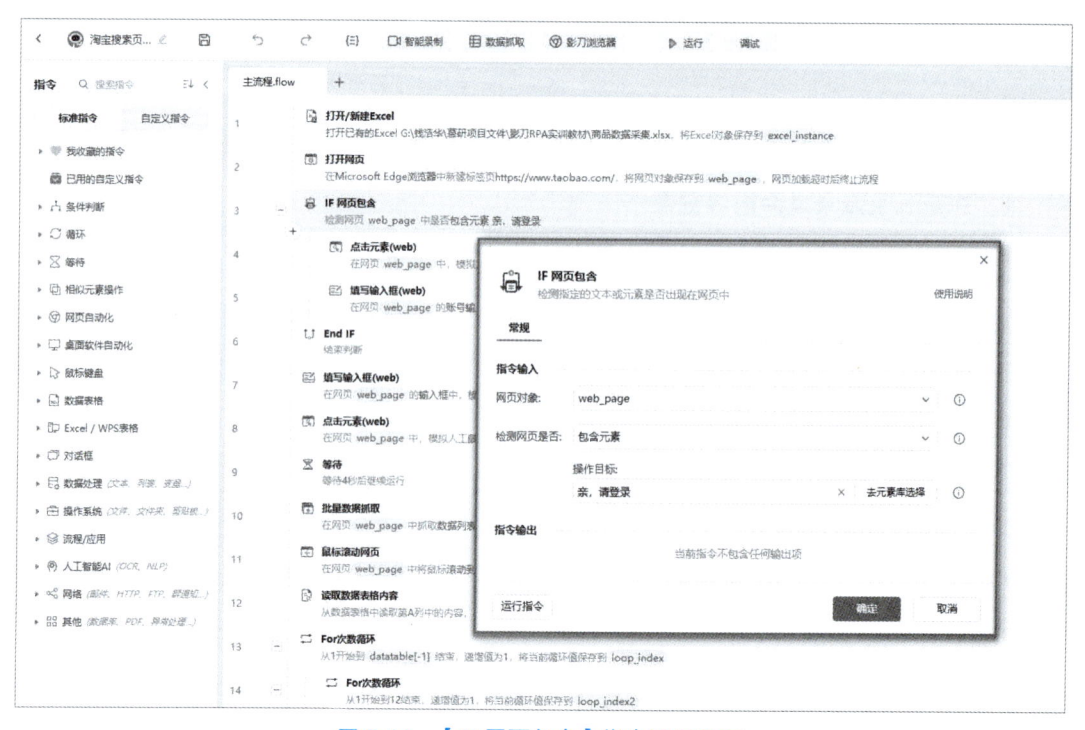

图 5-44 【IF 网页包含】指令配置界面

第 5 章　影刀 RPA 实训案例

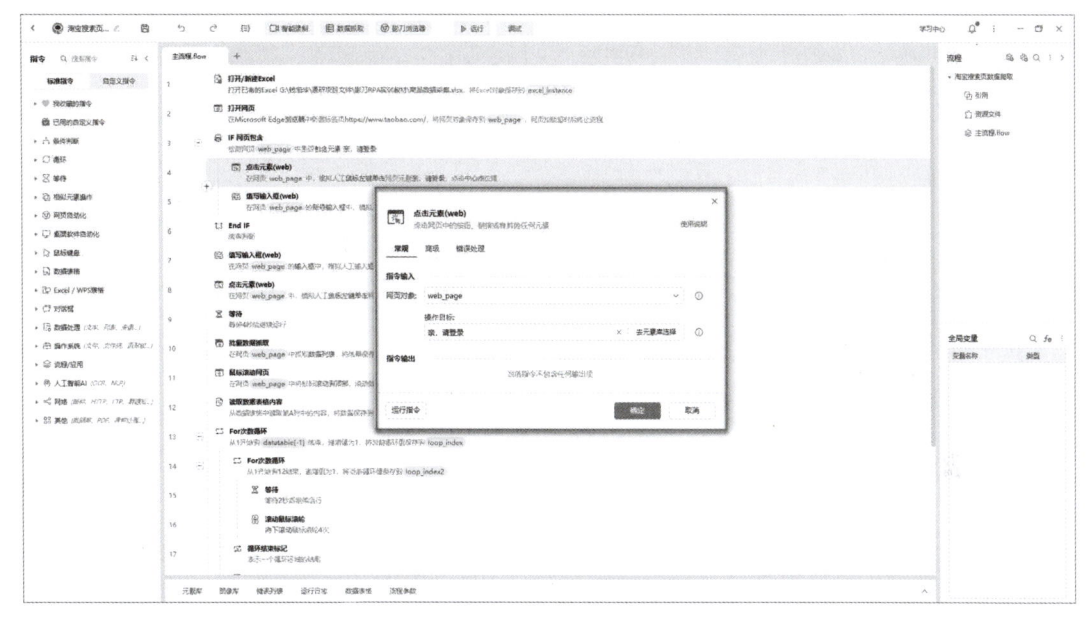

图 5-45　【点击元素(web)】指令配置界面（1）

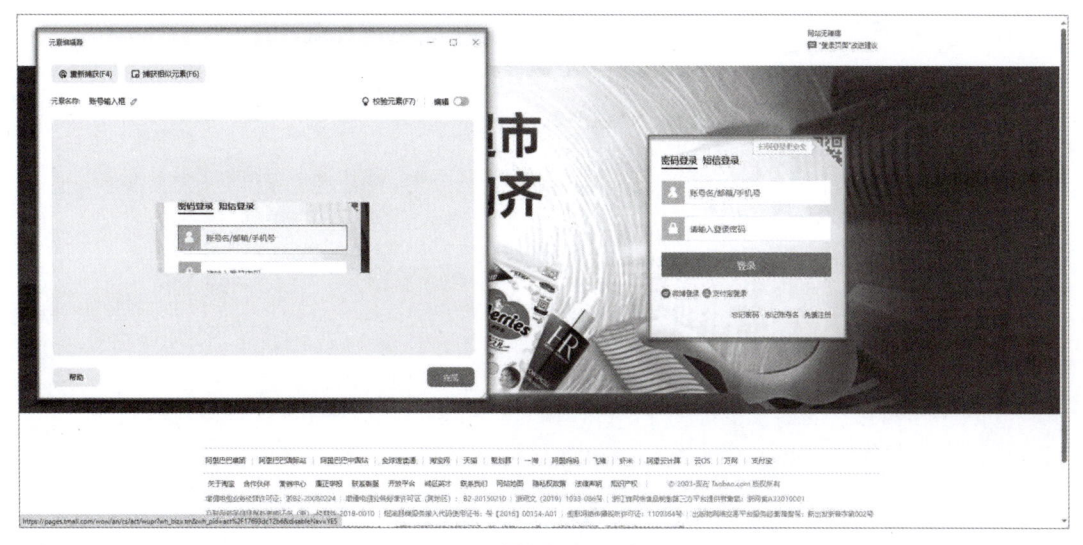

图 5-46　捕获账号输入框元素

返回应用开发界面，在【IF 网页包含】和【End IF】指令之间继续添加【填写输入框(web)】指令，并在该指令配置界面中设置【网页对象】为【web_page】、【操作目标】为【账号输入框】，在【输入内容】输入框中输入淘宝账号与密码，例如，淘宝账号为 yingdao，密码为 123456，则在此输入【yingdao{TAB}123456{ENTER}】。【填写输入框(web)】指令支持在输入内容中加入快捷键，此处的{TAB}会使键盘焦点转移到密码输入框中，{ENTER} 会触发登录操作，但需要切换至【填写输入框(web)】指令配置界面中的【高级】选项卡，勾选其中的【输入内容包含快捷键】复选框。【填写输入框(web)】指令配置界面如图 5-47 所示。

图 5-47 【填写输入框(web)】指令配置界面（1）

5. 输入商品关键词进行搜索

登录淘宝账号后，首先在淘宝首页获取图 5-48 中的输入框元素，并将该元素命名为【商品输入】，然后添加【填写输入框(web)】指令以在首页输入框中填写需要搜索的商品关键词。在【填写输入框(web)】指令配置界面中设置【网页对象】为【web_page】、【操作目标】为【商品输入】，并在【输入内容】输入框中填写需要搜索的商品关键词，如图 5-49 所示。

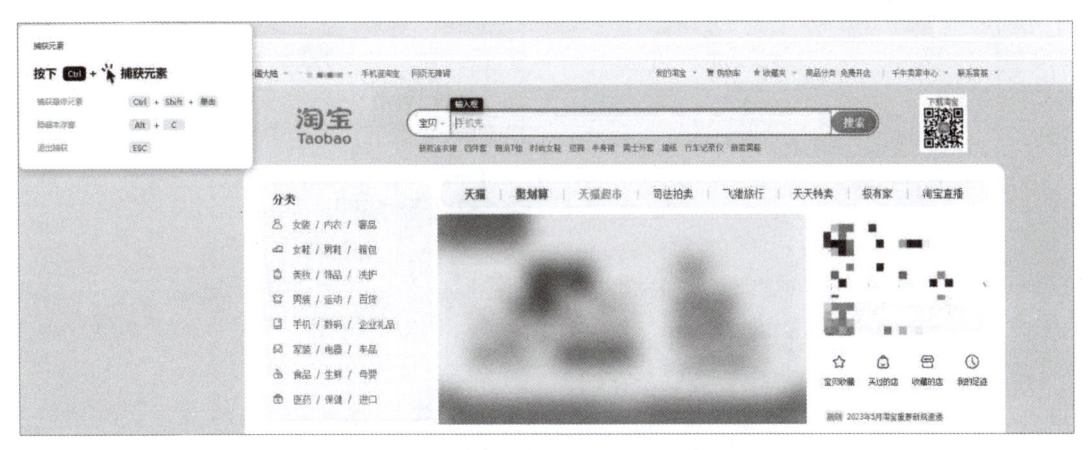

图 5-48　获取输入框元素

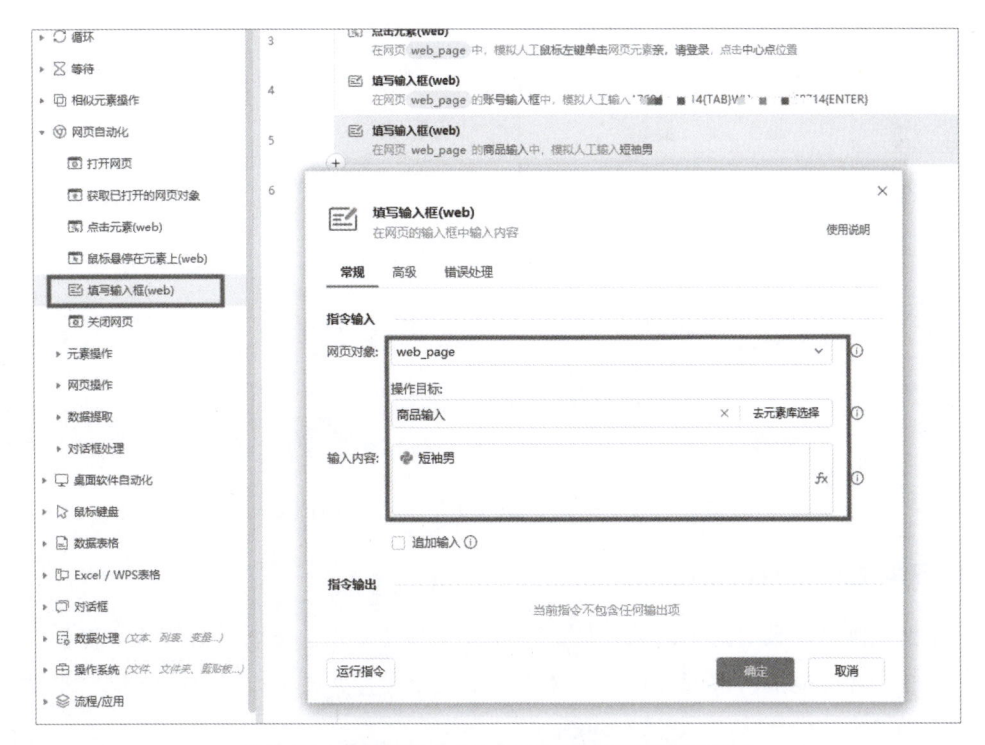

图 5-49　【填写输入框(web)】指令配置界面（2）

使用【元素库】模块中的【捕获新元素】按钮获取淘宝首页的【搜索】按钮元素，并将该元素命名为【搜索按钮】，如图 5-50 所示。返回应用开发界面，添加【点击元素(web)】指令以点击【搜索】按钮进入商品搜索页。在【点击元素(web)】指令配置界面中设置【网页对象】为【web_page】、【操作目标】为【搜索按钮】，如图 5-51 所示。

图 5-50　获取【搜索】按钮元素

图 5-51　【点击元素(web)】指令配置界面（2）

6. 获取最大网页数

由于网页加载需要一定的时间，因此需要在点击【搜索】按钮后添加【等待】指令，使流程等待一段时间后再继续运行。在【等待】指令配置界面中设置等待时长为 4 秒，如图 5-52 所示。

添加【批量数据抓取】指令，在该指令的配置界面中设置【网页对象】为【web_page】，并在【操作目标】右侧的【去元素库选择】下拉列表中选择【批量抓取数据】选项，如图 5-53 所示，获取商品搜索结果页下方的页码数据，并将获取的页码数据保存到变量【web_data_table】中，如图 5-54 所示。同时，在【批量数据抓取】指令配置界面中勾选【保存至数据表格】复选框，将数据保存到数据表格中，如图 5-55 所示。

图 5-52 【等待】指令配置界面

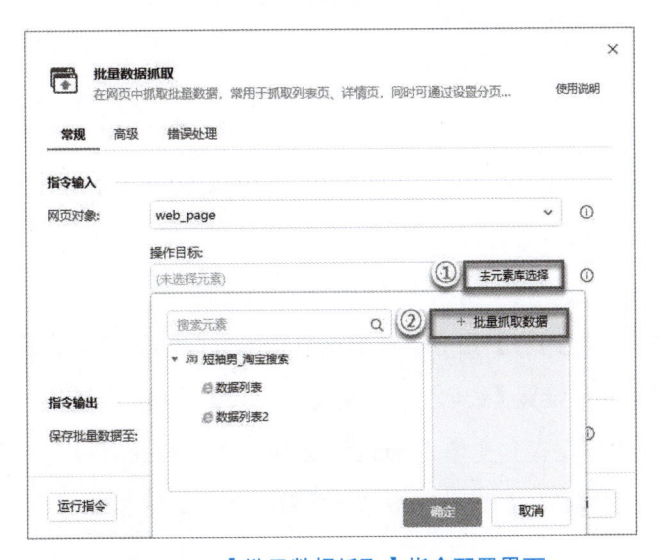

图 5-53 【批量数据抓取】指令配置界面

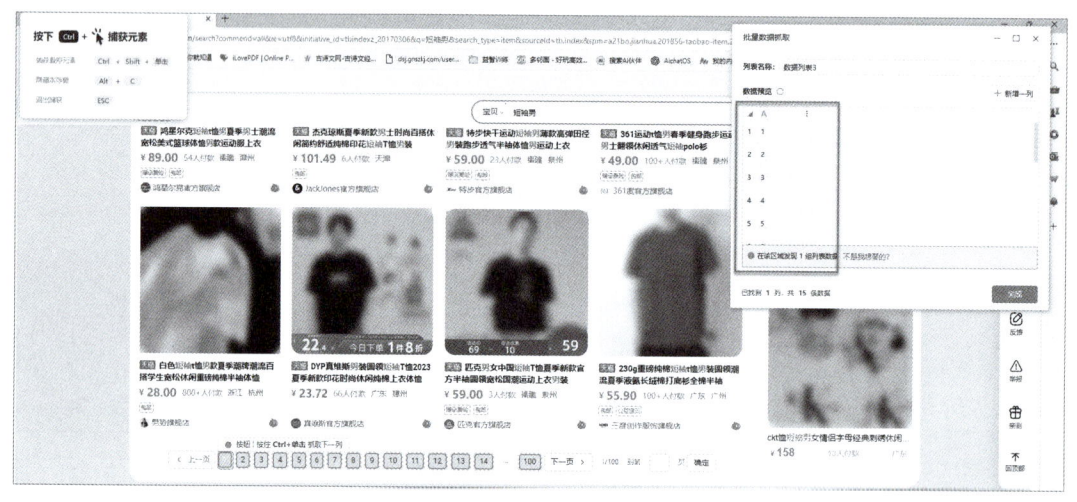

图 5-54 获取页码数据

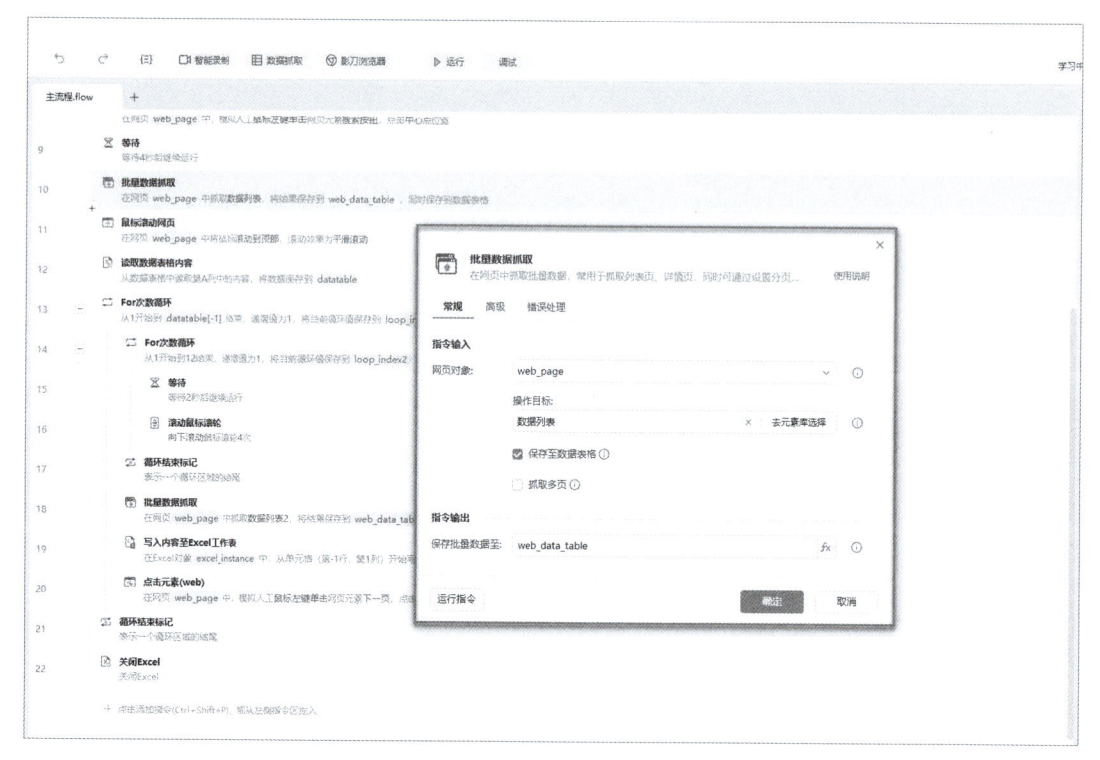

图 5-55 勾选【保存至数据表格】复选框

添加【读取数据表格内容】指令以在数据表格中读取网页页码数据，在【读取数据表格内容】指令配置界面中设置【读取方式】为【列内容】、【列号】为页码数据所在列（即 A 列），将读取的区域内容保存到变量【datatable】中，为后续获取最大网页数，并将最大网页数作为后续【For 次数循环】指令的循环次数做准备，如图 5-56 所示。

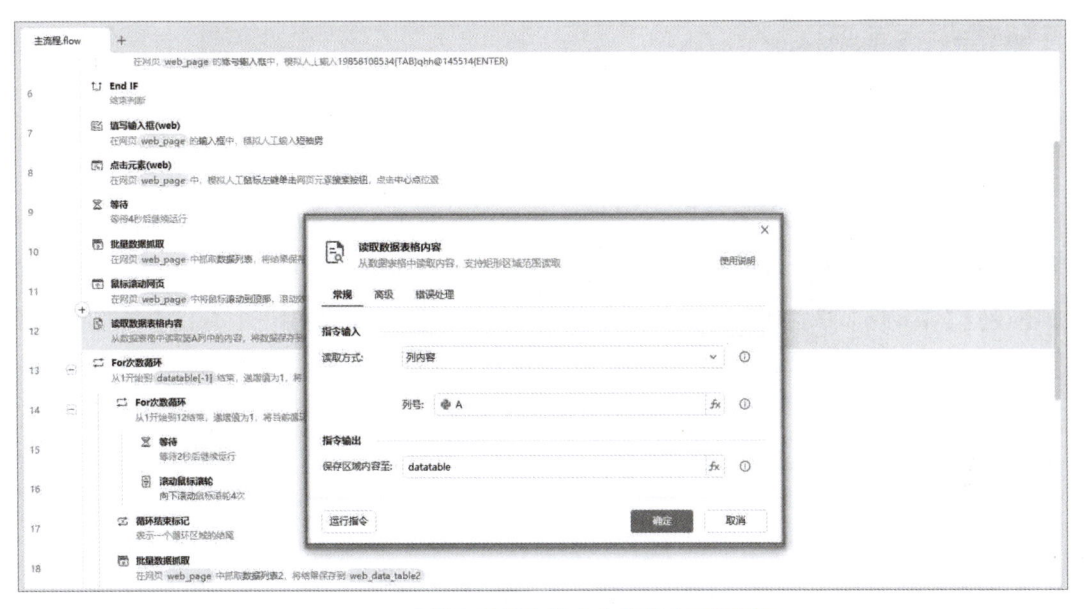

图 5-56 【读取数据表格内容】指令配置界面

7. 设置循环

添加【For 次数循环】指令以循环采集每页的商品,在该指令配置界面中设置【起始数】为【1】(从什么时候开始)、【结束数】为【datatable[-1]】(表示数据表格的最后一个数字)、【递增值】为【1】(每次循环递增的数值),如图 5-57 所示。

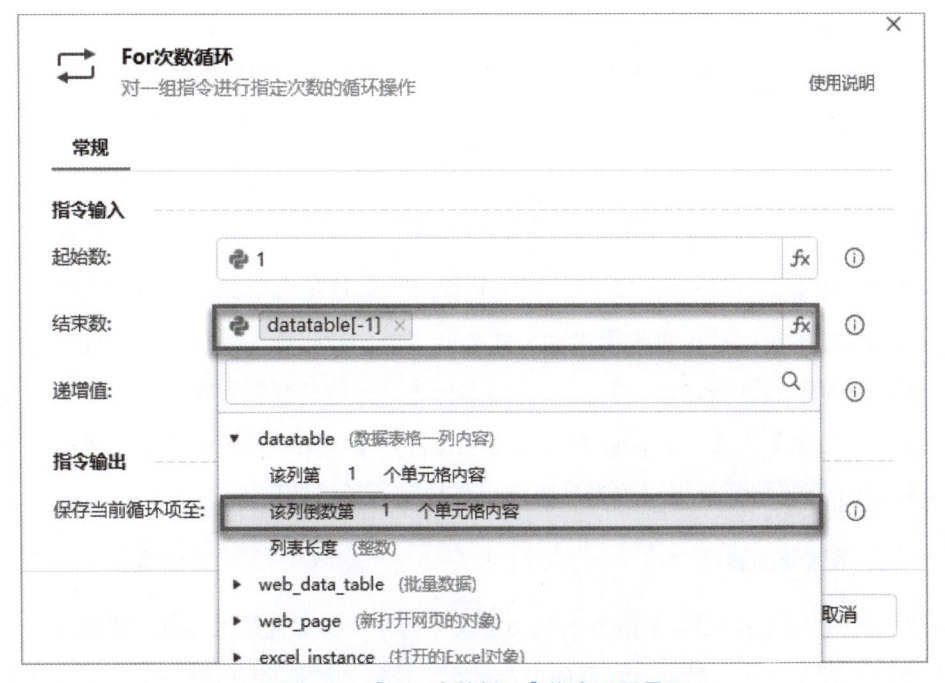

图 5-57 【For 次数循环】指令配置界面

8. 等待网页元素加载

由于【批量数据抓取】指令抓取数据过快，会出现因网页数据未加载完成而导致数据采集不准确的情况，因此在【批量数据抓取】指令前需要添加【等待】和【滚动鼠标滚轮】指令，使每个页面都加载完成。【等待】指令用于等待页面加载完成，可在其配置界面中设置等待时间为 2 秒；【滚动鼠标滚轮】指令用于从页面顶部滚动到页面底部，可在其配置界面中设置【滚动方向】为【向下滚动】、【滚动次数】为【4】。但是由于单个指令的执行速度过快，可能每个商品没有得到充分加载，因此还需要在第一个【For 次数循环】指令的循环板块中添加【For 次数循环】指令，并将【等待】和【滚动鼠标滚轮】指令放入该循环板块中，以等待商品信息加载完成，如图 5-58 所示。

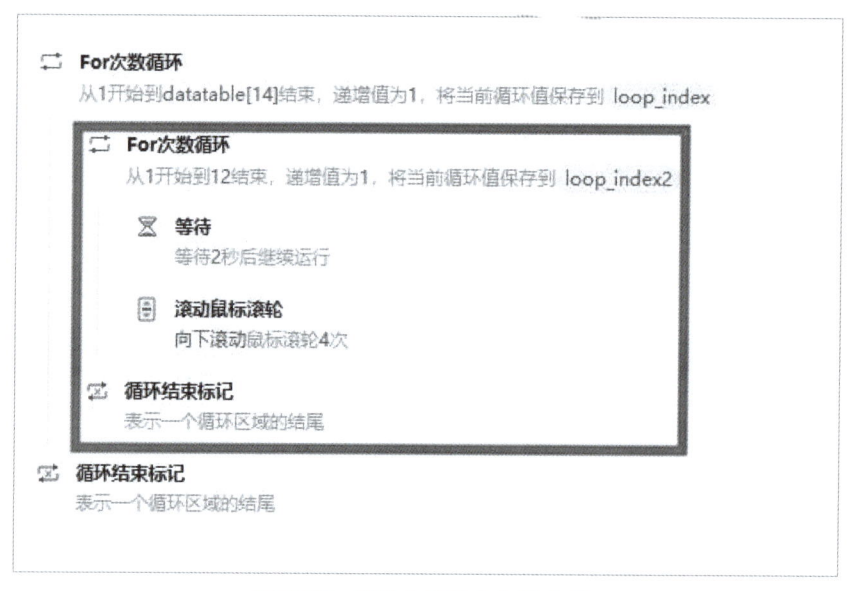

图 5-58 等待商品信息加载完成

在调试过程中会发现，当获取网页页码数据时，影刀 RPA 会自动将搜索页滚动到页码处，此时淘宝搜索页的第一页使用滚动方式加载页面的效果就无法达成，因此在【批量数据抓取】和【读取数据表格内容】指令之间添加【鼠标滚动网页】指令，并在其配置界面中设置【网页对象】为【web_page】、【滚动位置】为【滚动到顶部】、【滚动效果】为【平滑滚动】，用于在采集网页页码数据后将网页滚动到顶部，如图 5-59 所示。

9. 批量抓取商品数据

在第一个【For 次数循环】指令的循环板块中再次添加【批量数据抓取】指令，用于批量抓取每页的商品数据（对于不需要的商品数据，可以通过删除列进行删除），并将抓取的数据保存到变量【web_data_table2】中，如图 5-60 所示。

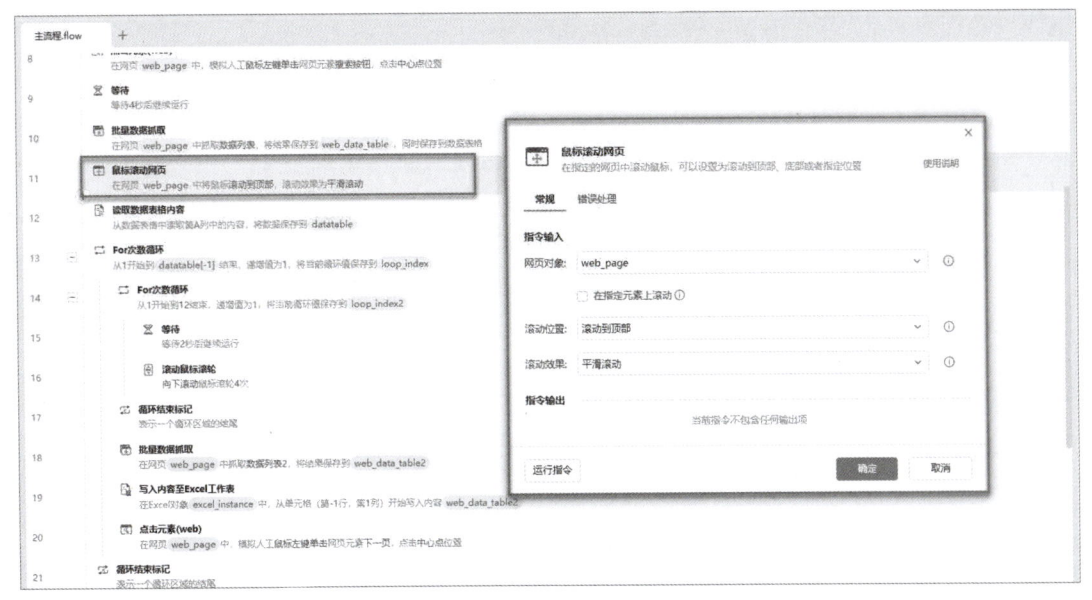

图 5-59 【鼠标滚动网页】指令配置界面

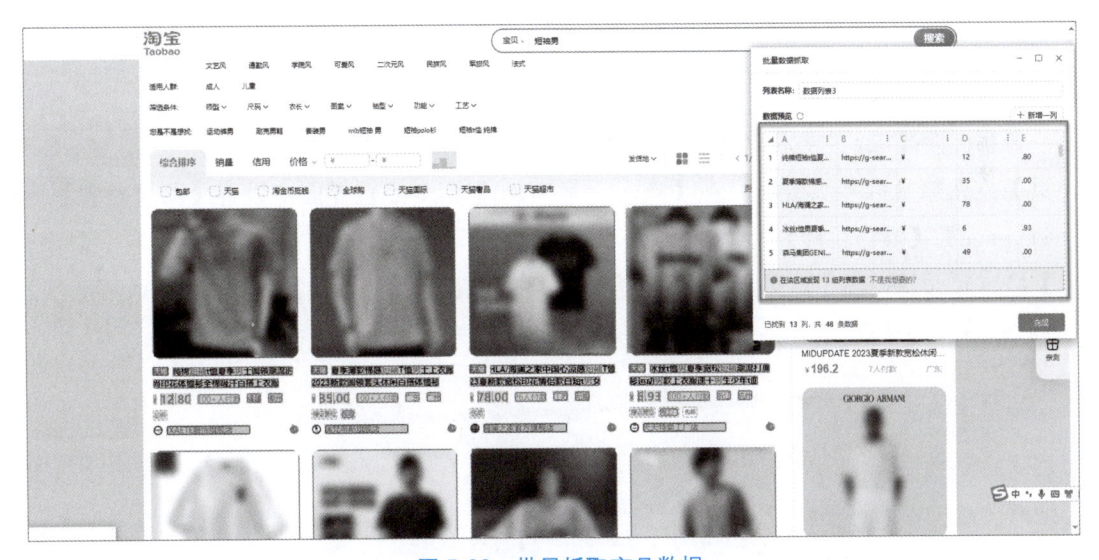

图 5-60 批量抓取商品数据

10．写入 Excel 文件中

在第一个【For 次数循环】指令的循环板块中添加【写入内容至 Excel 工作表】指令，将抓取的商品数据写入 Excel 文件中。在【写入内容至 Excel 工作表】指令配置界面中设置【Excel 对象】为已经打开的 Excel 工作表【excel_instance】、【写入范围】为【区域】，并设置【单元格起始位置】中的【行】为【-1】、【列】为【1】，以及【写入内容】为【批量数据抓取】指令抓取的数据，即变量【web_data_table2】，如图 5-61 所示。

RPA 机器人与商务应用

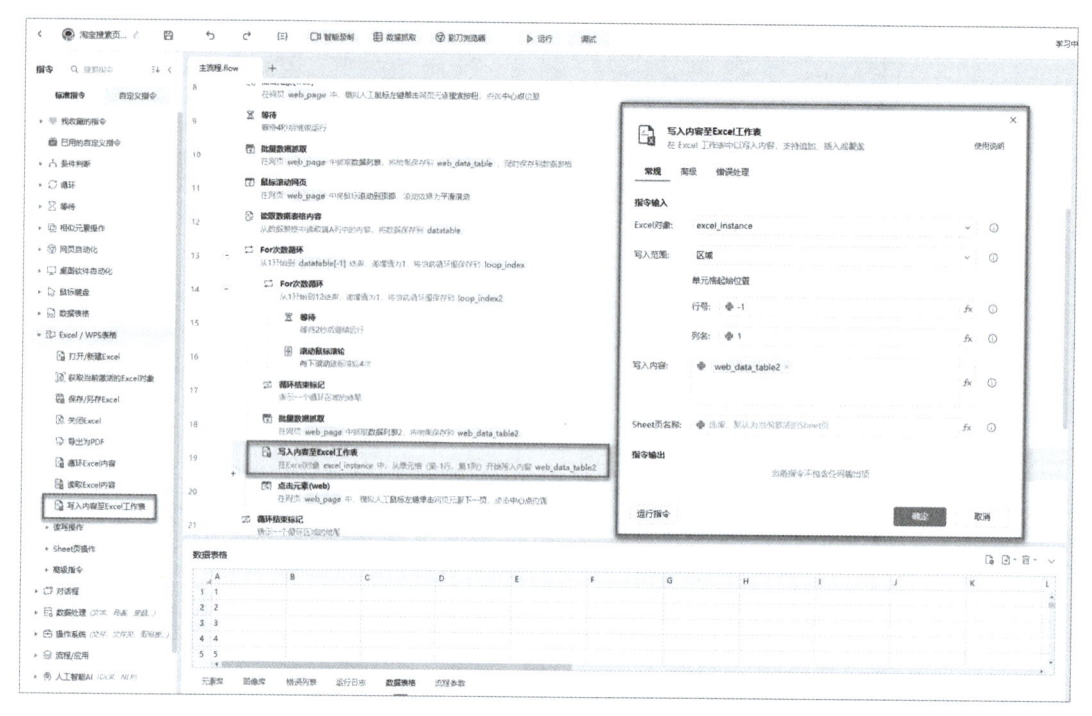

图 5-61 【写入内容至 Excel 工作表】指令配置界面

在第一个【For 次数循环】指令的循环板块中添加【点击元素(web)】指令以点击【下一页】按钮来抓取多页数据。在【点击元素(web)】指令配置界面中设置【网页对象】为【web_page】、【操作目标】为【下一页】(点击【去元素库选择】→【捕获新元素】→【下一页】按钮),如图 5-62 所示,进入淘宝搜索结果页以获取下一页数据,如图 5-63 所示。

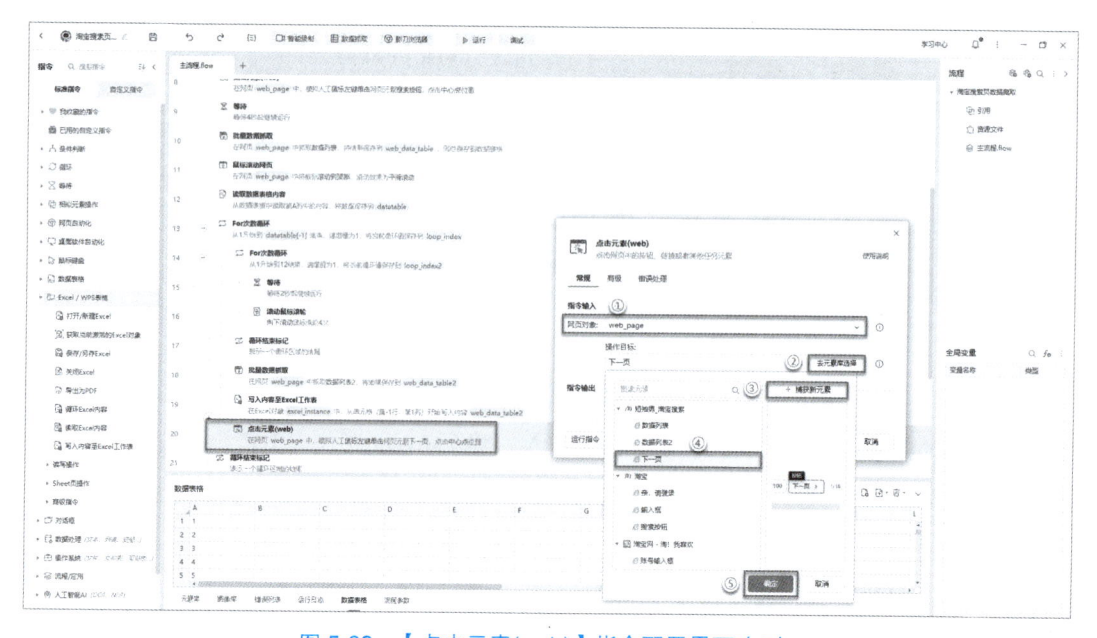

图 5-62 【点击元素(web)】指令配置界面(3)

图 5-63 获取下一页数据

11. 关闭并保存 Excel 文件

在第一个【For 次数循环】指令的循环板块后添加【关闭 Excel】指令,将存储商品数据的 Excel 文件关闭并保存,如图 5-64 所示。

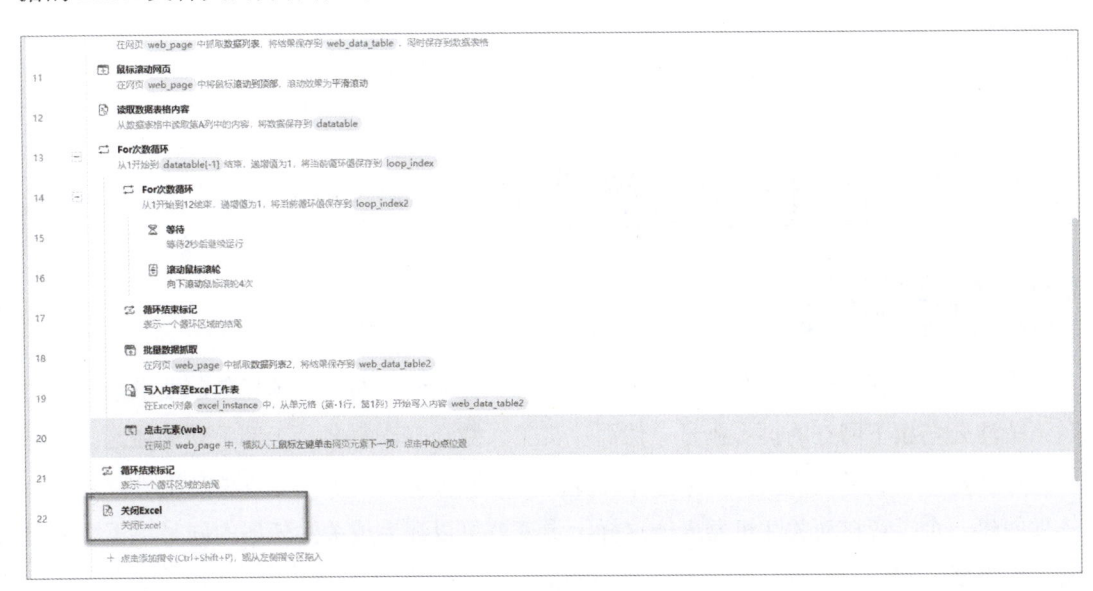

图 5-64 添加【关闭 Excel】指令

商品数据采集机器人的整体实现流程如图 5-65 所示。

图 5-65　商品数据采集机器人的整体实现流程

5.3　新媒体自动关注机器人

5.3.1　场景描述

小钱是一家新媒体有限公司的员工。最近，该公司新发布了一项任务，要求全公司的员工关注公司旗下网红的抖音账号。然而，员工人数众多，每名员工都手动关注这些网红的抖音账号可能会影响他们的日常工作进度。为了解决这个问题，小钱决定使用影刀 RPA 软件创建一个抖音自动关注机器人。这样，员工就可以在完成关注任务的同时，不影响日常工作进度。

5.3.2　业务流程

在抖音平台上批量关注网红账号时，用户需要在抖音平台上分别搜索对应的抖音账号，并点击【关注】按钮。需要注意的是，如果该账号已被关注，就不需要再关注。

假设现在需要关注 3 个抖音账号，其账号信息被存储在【抖音网红名单.xlsx】文件中，如图 5-66 所示。

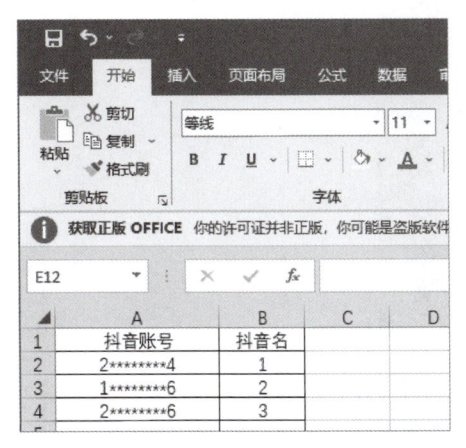

图 5-66 【抖音网红名单.xlsx】文件

当关注抖音账号时，该业务流程主要包括以下几个步骤。

（1）在手机中打开抖音 App，界面如图 5-67 所示。

图 5-67 抖音 App 界面

（2）点击搜索按钮，进入抖音 App 的搜索界面，如图 5-68 和图 5-69 所示。

图 5-68　点击搜索按钮　　　　　　　　图 5-69　抖音 App 的搜索界面

（3）在输入框中输入抖音账号，并点击【搜索】按钮，如图 5-70 所示。

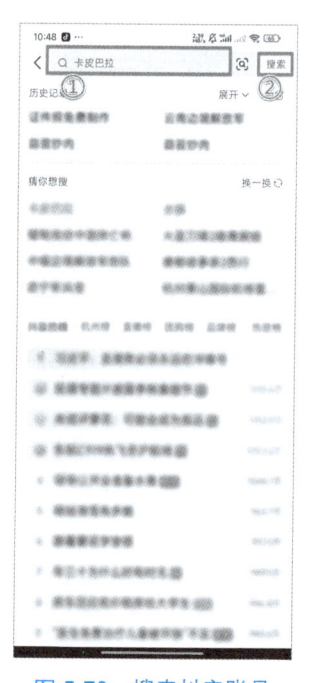

图 5-70　搜索抖音账号

（4）在搜索完成后，点击【用户】按钮，进入【用户】界面。第一个抖音账号就是所搜索的抖音账号。如果该账号为未关注状态（见图 5-71），则点击【关注】按钮；如果该账号为已关注状态（见图 5-72），则继续搜索下一个抖音账号。

图 5-71　【用户】界面（该账号为未关注状态）　　图 5-72　【用户】界面（该账号为已关注状态）

注：步骤（3）～（4）需要重复执行 3 次。

新媒体自动关注机器人的完整业务流程如图 5-73 所示。

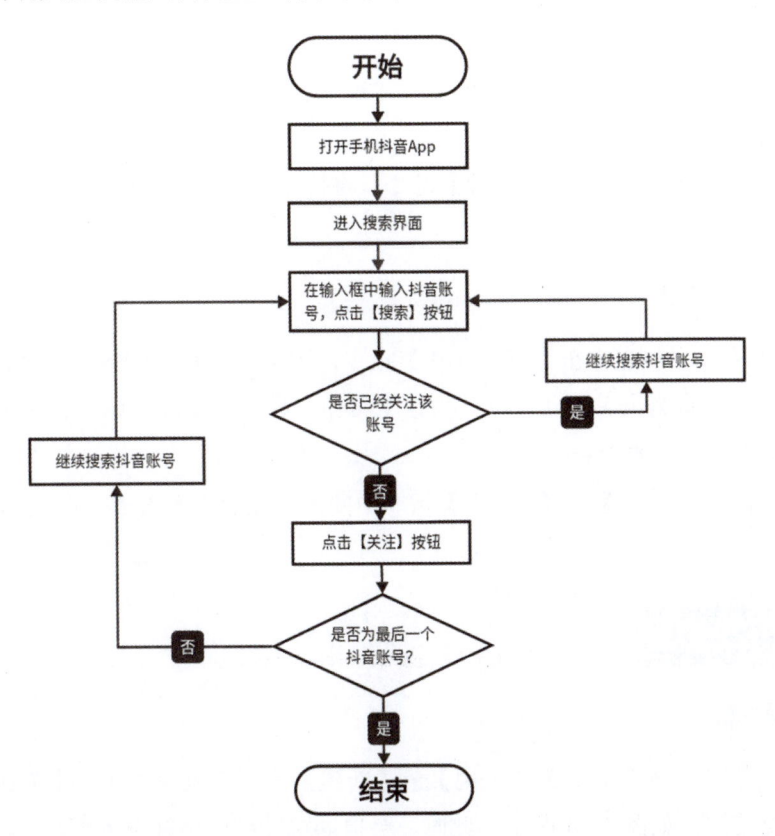

图 5-73　新媒体自动关注机器人的完整业务流程

5.3.3　RPA 机器人流程设计

根据业务流程，以下是对 RPA 机器人实现流程的设计。

1．连接手机

在影刀 RPA 的手机管理器中连接并配置手机设备。

（1）添加【连接手机】指令，用于连接手机管理器中已配置的手机设备。

（2）添加【打开手机 APP】指令，用于打开手机抖音 App。

（3）添加【点击元素（手机）】指令，用于点击抖音首页的搜索按钮。

2．读取数据

（1）添加【打开/新建 Excel】指令，打开【抖音网红名单.xlsx】文件。注：在添加【打开/新建 Excel】指令时，会默认添加【关闭 Excel】指令，需要将其删除。

（2）添加【读取 Excel 总行数】指令，读取【抖音网红名单.xlsx】文件中网红抖音账号所在列的总行数，为后面循环关注网红抖音账号做准备。

（3）添加【For 次数循环】和【读取 Excel 内容】指令，循环读取表格中的抖音账号。

3．搜索抖音账号

（1）添加【输入文本（手机）】和【点击元素（手机）】指令，用于在抖音平台上搜索对应的抖音账号，并进入【用户】界面。

（2）再次添加【点击元素（手机）】指令，将搜索界面由【综合】界面切换至【用户】界面。

4．判断是否关注

（1）添加【IF 手机包含】和【End IF】指令，用于判断对应的抖音账号是否已经被关注，其中判断的元素为未关注状态的【关注】按钮。如果未关注，则执行【IF 手机包含】和【End IF】指令中间的指令。

（2）在【IF 手机包含】和【End IF】指令中间添加【点击元素（手机）】指令，关注该抖音账号。

5.3.4　开发步骤

1．连接手机

打开影刀 RPA，在首页点击【应用】→【新建】→【手机自动化应用】按钮，新建一个手机自动化应用，如图 5-74 所示。此时，会自动跳转到应用开发界面。

图 5-74　新建一个手机自动化应用

在应用开发界面中,点击【手机管理器】按钮,如图 5-75 所示,进入手机连接界面,点击手机连接界面中的【添加】按钮,配置需要控制的手机设备。

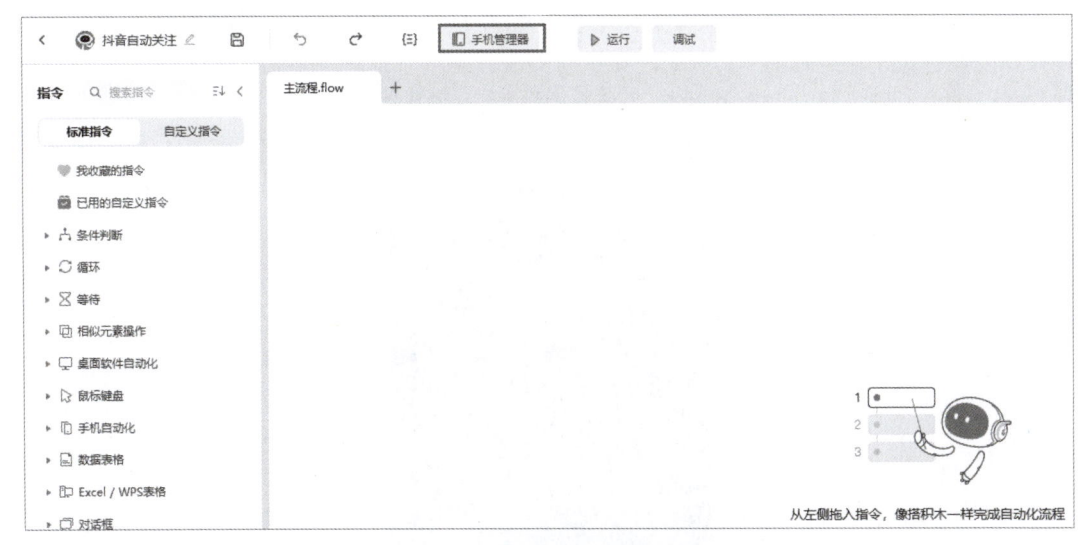

图 5-75　点击【手机管理器】按钮

将手机与 RPA 机器人连接成功后,返回应用开发界面,添加【连接手机】指令,并在该指令配置界面中设置【自定义手机名称】为刚刚连接的手机设备【M2012K11AC】、【连接模式】为【Appium】,将该指令生成的连接对象保存到变量【device_session】中,方便后续对该手机设备进行操作,如图 5-76 所示。

2. 打开手机抖音 App

在手机中自动打开抖音 App,界面如图 5-77 所示。在应用开发界面中添加【打开手机

APP】指令，并在该指令配置界面中设置【手机连接对象】为【device_session】，之后点击【App 包名】右侧的【获取】按钮，获取抖音 App 的包名，即可完成自动打开抖音 App 的设置，如图 5-78 所示。

图 5-76　【连接手机】指令配置界面

图 5-77　抖音 App 界面

图 5-78 【打开手机 APP】指令配置界面

3. 进入抖音 App 的搜索界面

首先使用【元素库】模块中的【捕获手机元素】按钮捕获图 5-79 中的搜索按钮元素到元素库中,并将该元素命名为【按钮】,然后添加【点击元素(手机)】指令,并在该指令配置界面中设置【手机连接对象】为【device_session】、【操作目标】为【按钮】,以通过点击搜索按钮进入抖音 App 的搜索界面,如图 5-80 所示。

图 5-79 搜索按钮

图 5-80 【点击元素（手机）】指令配置界面（1）

4．读取网红数据

添加【打开/新建 Excel】指令以打开【抖音网红名单.xlsx】文件。在该指令配置界面中设置【启动方式】为【打开已有的 Excel】、【Excel 文件路径】为刚刚准备好的【抖音网红名单.xlsx】文件路径，并将该指令生成的 Excel 对象保存到变量【excel_instance】中，如图 5-81 所示。

图 5-81 【打开/新建 Excel】指令配置界面

第 5 章　影刀 RPA 实训案例

添加【读取 Excel 总行数】指令，在该指令配置界面中设置【Excel 对象】为打开的 Excel 文件对象【excel_instance】，并保持其他选项的默认设置，将读取的 Excel 总行数保存到变量【excel_row_count】中，如图 5-82 所示。

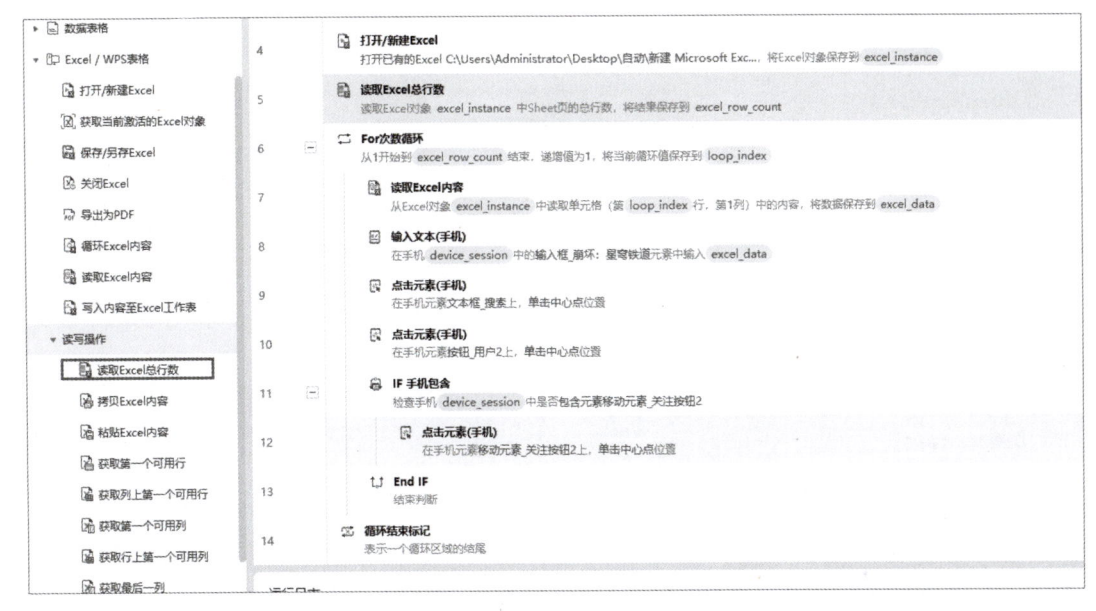

图 5-82　读取 Excel 总行数

由于需要关注不同的抖音账号，且每次的关注步骤都相同，因此添加【For 次数循环】指令以循环关注多个抖音账号。在【For 次数循环】指令配置界面中设置【起始数】为【2】、【结束数】为【excel_row_count】（即需要关注的抖音账号数量）、【递增值】为【1】，并将当前循环值保存到变量【loop_index】中，如图 5-83 所示。

图 5-83　【For 次数循环】指令配置界面

在循环板块中添加【读取 Excel 内容】指令，并在该指令配置界面中设置【行号】为【loop_index】、【列名】为【1】，将每次循环得到的数据保存到变量【excel_data】中，如图 5-84 所示。

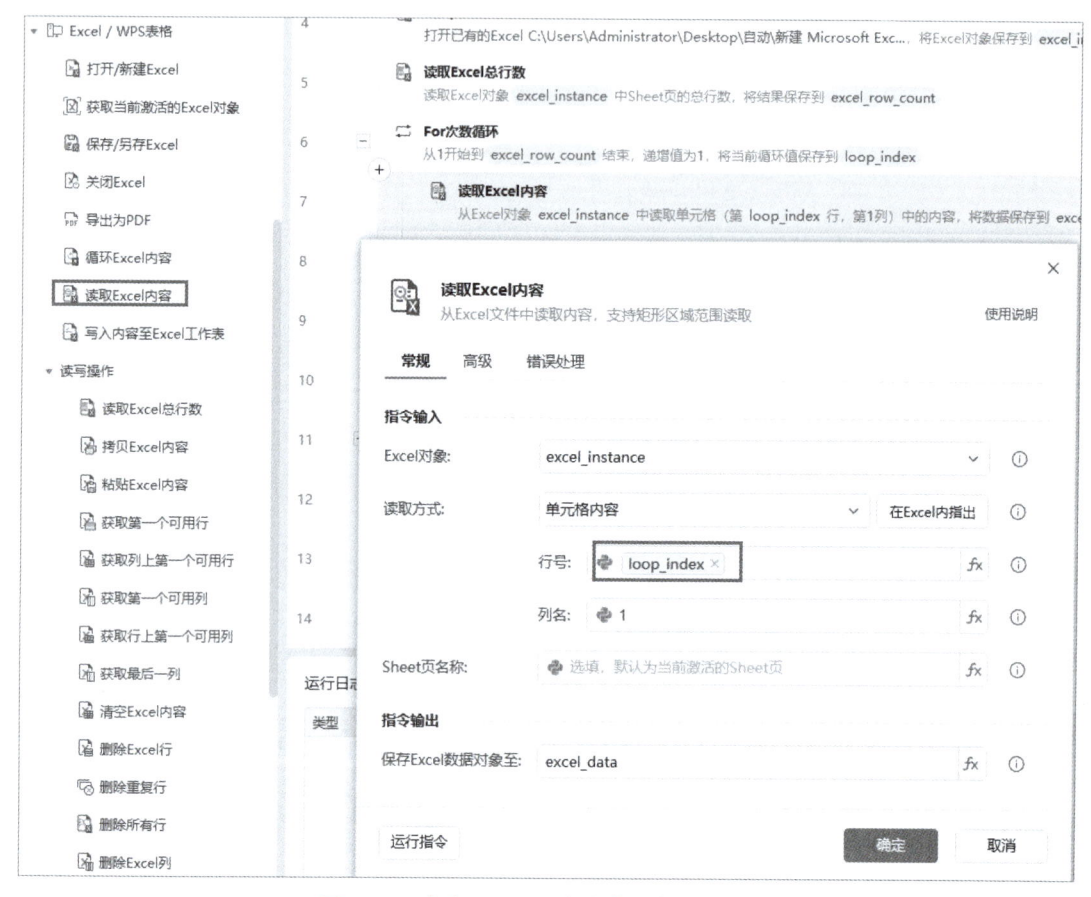

图 5-84　【读取 Excel 内容】指令配置界面

5. 搜索抖音账号

首先捕获图 5-85 中的搜索输入框元素到元素库中，并将该元素命名为【输入框】，然后添加【输入文本（手机）】指令，并在该指令配置界面中设置【手机连接对象】为【device_session】、【输入对象】为【指定输入框】，并设置【操作目标】为【输入框】，用于在抖音的搜索输入框中输入抖音账号，设置【输入内容】为前面通过【读取 Excel 内容】指令读取的内容【excel_data】，如图 5-86 所示。

添加【点击元素（手机）】指令，用于点击【搜索】按钮，在该指令配置界面中设置【手机连接对象】为【device_session】，并在【操作目标】右侧的【去元素库选择】下拉列表中选择【捕获新元素】选项，在抖音 App 的搜索界面捕获搜索按钮元素（见图 5-87），将该元素命名为【文本框_搜索】，之后设置【操作目标】为【文本框_搜索】，如图 5-88 所示。

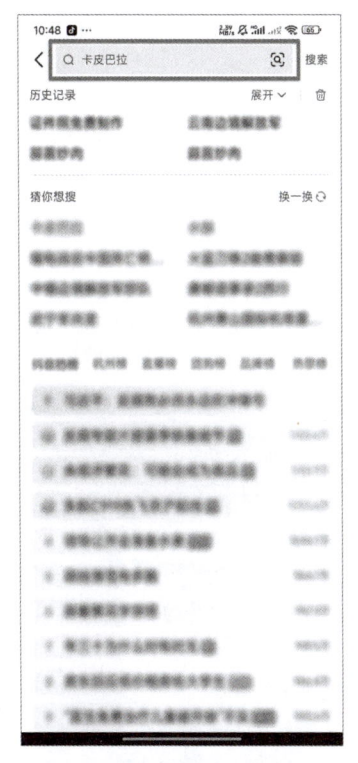

图 5-85　当前手机界面（1）

图 5-86　【输入文本（手机）】指令配置界面

图 5-87　当前手机界面（2）

图 5-88　【点击元素（手机）】指令配置界面（2）

第 5 章　影刀 RPA 实训案例

在搜索完成后，需要进入【用户】界面。再次添加【点击元素（手机）】指令，用于实现点击【用户】按钮即可将搜索界面由【综合】切换至【用户】界面。首先捕获【用户】按钮元素到元素库中，并将该元素命名为【按钮_用户 2】，如图 5-89 所示，然后在【点击元素（手机）】指令配置界面中设置【手机连接对象】为【device_session】、【操作目标】为前面捕获的【用户】按钮元素【按钮_用户 2】，如图 5-90 所示。

图 5-89　当前手机界面（3）

图 5-90　【点击元素（手机）】指令配置界面（3）

6. 判断是否关注

在点击【关注】按钮前需要先确定是否已经关注该账号。添加【IF 手机包含】指令，用于判断对应的抖音账号是否已经被关注，即【关注】按钮是否处于未关注状态，如果处于，则添加【点击元素（手机）】指令，用于实现点击【关注】按钮关注该账号的功能；如果不处于，则直接返回搜索界面，进行下一次 For 循环，如图 5-91 所示。相关指令配置如下。

图 5-91 当前手机界面（4）

在【IF 手机包含】指令配置界面中设置【手机连接对象】为【device_session】、【检测手机是否】为【包含元素】、【操作目标】为【移动元素_关注按钮 2】，其中【移动元素_关注按钮 2】元素即【关注】按钮，如图 5-92 所示。

在【点击元素（手机）】指令配置界面中设置【手机连接对象】为【device_session】、【操作目标】为【移动元素_关注按钮 2】，如图 5-93 所示。

图 5-92 【IF 手机包含】指令配置界面

图 5-93 【点击元素（手机）】指令配置界面（4）

新媒体自动关注机器人的整体实现流程如图 5-94 所示。

```
1   连接手机
    使用 Appium 模式连接名称为 MI 9 的手机，并将连接对象保存至 device_session
2   打开手机APP
    打开手机 device_session 应用com.ss.android.ugc.aweme，并激活到屏幕
3   点击元素(手机)
    在手机元素按钮上，单击中心点位置
4   打开/新建Excel
    打开已有的 Excel C:\Users\Administrator\Desktop\自动\新建 Microsoft Exc...，将Excel对象保存到 excel_instance
5   读取Excel总行数
    读取Excel对象 excel_instance 中Sheet页的总行数，将结果保存到 excel_row_count
6   For次数循环
    从2开始到 excel_row_count 结束，递增值为1，将当前循环值保存到 loop_index
7     读取Excel内容
      从Excel对象 excel_instance 中读取单元格（第 loop_index 行，第1列）中的内容，将数据保存到 excel_data
8     输入文本(手机)
      在手机 device_session 中的输入框元素中输入 excel_data
9     点击元素(手机)
      在手机元素文本框_搜索上，单击中心点位置
10    点击元素(手机)
      在手机元素按钮_用户2上，单击中心点位置
11    IF 手机包含
      检查手机 device_session 中是否包含元素移动元素_关注按钮2
12      点击元素(手机)
        在手机元素移动元素_关注按钮2上，单击中心点位置
13    End IF
      结束判断
14  循环结束标记
    表示一个循环区域的结尾
```

图 5-94　新媒体自动关注机器人的整体实现流程

5.4　店铺经营报表制作机器人

5.4.1　场景描述

小蒋是一家电商企业的运营人员，主要负责店铺的日常运营。他每天都需要手动整理各项数据，并将其更新到店铺经营报表中。这个过程比较烦琐且容易出错，需要耗费大量的时间和精力。为了提高工作效率，同时降低错误率，小蒋决定制作一个 RPA 机器人来实现自动化报表的制作。通过这个机器人来自动化处理数据、生成报表，小蒋能够更加专注于店铺的其他经营工作。

5.4.2 业务流程

本业务流程会涉及店铺经营报表、店铺整体数据表和流量来源数据表,如图 5-95、图 5-96 和图 5-97 所示。要完成每日的店铺经营报表制作,需要将当日店铺整体数据表及流量来源数据表中相应的数据填写到店铺经营报表中。

	A	B	C	D	E	F	G	H	I	J	K	L
1						店铺经营报表						
2	日期	店铺整体数据						流量来源				
3		交易金额	访客人数	支付人数	支付件数	单品转化率	客单价	直通车	我的淘宝	淘宝客	手淘搜索	购物车
4	2023-05-01	70442	6704	299	787	0.0446	235.59	2662	417	371	431	912
5												
6												

图 5-95 店铺经营报表

	A	B	C	D	E	F	G	H	I	J	K
1	商品信息	日期	交易金额	访客人数	搜索人数	收藏人数	加购人数	支付人数	支付件数	单品转化率	客单价
2	全店宝贝	2023-05-07	24033	7705	589	212	567	129	200	1.67%	186.3
3	全店宝贝	2023-05-06	27046	8653	698	201	586	148	232	1.71%	182.74
4	全店宝贝	2023-05-05	58375	7976	712	225	735	261	652	3.27%	223.66
5	全店宝贝	2023-05-04	42828	6665	539	168	570	191	472	2.87%	224.23
6	全店宝贝	2023-05-03	41325	6395	465	177	534	194	448	3.03%	213.02
7	全店宝贝	2023-05-02	35553	6296	427	158	512	151	381	2.40%	235.45
8	全店宝贝	2023-05-01	70442	6704	462	186	571	299	787	4.46%	235.59
9	全店宝贝	2023-04-30	5882	5962	385	180	529	29	53	0.49%	202.83
10	全店宝贝	2023-04-29	10426	6092	497	173	564	50	106	0.82%	208.52

图 5-96 店铺整体数据表

	A	B	C	D	E	F	G	H	I
1	商品信息	日期	流量来源	交易金额	访客人数	支付转化率	支付人数	客单价	UV价值
2	全店宝贝	2023/5/6	------	0	2	0	0	0	0
3	全店宝贝	2023/5/6	------	0	3	0	0	0	0
4	全店宝贝	2023/5/6	直通车	10383	4338	1.38%	60	173.05	2.39
5	全店宝贝	2023/5/6	------	0	3	0	0	0	0
6	全店宝贝	2023/5/6	------	0	1	0	0	0	0
7	全店宝贝	2023/5/6	我的淘宝	2360	552	2.17%	12	196.67	4.28
8	全店宝贝	2023/5/6	------	0	1	0	0	0	0
9	全店宝贝	2023/5/6	------	0	11	0	0	0	0
10	全店宝贝	2023/5/6	------	4039	545	4.22%	23	175.61	7.41
11	全店宝贝	2023/5/6	------	0	1	0	0	0	0
12	全店宝贝	2023/5/6	淘宝客	1824	274	2.55%	7	260.57	6.66
13	全店宝贝	2023/5/6	------	129	14	7.14%	1	129	9.21
14	全店宝贝	2023/5/6	------	0	8	0	0	0	0
15	全店宝贝	2023/5/6	------	238	19	10.52%	2	119	12.53
16	全店宝贝	2023/5/6	手淘搜索	2475	567	3%	17	145.59	4.37
17	全店宝贝	2023/5/6	------	0	3	0	0	0	0
18	全店宝贝	2023/5/6	------	0	3	0	0	0	0
19	全店宝贝	2023/5/6	------	0	5	0	0	0	0
20	全店宝贝	2023/5/6	购物车	8581	612	8.16%	50	171.62	14.02

图 5-97 流量来源数据表

当制作店铺经营报表时,该业务流程主要包括以下几个步骤。

(1)打开数据表:打开店铺经营报表及制作该表所需的数据表。

(2)找到数据并填入店铺经营报表:找到制作店铺经营报表所需的数据并将其填入店铺经营报表,如图 5-98 所示。

(3)保存店铺经营报表:将数据填入店铺经营报表后进行保存,如图 5-99 所示。

图 5-98 找到数据并填入店铺经营报表

日期	店铺整体数据						流量来源				
	交易金额	访客人数	支付人数	支付件数	单品转化率	客单价	直通车	我的淘宝	淘宝客	手淘搜索	购物车
2023-05-01	70442	6704	299	787	0.0446	235.59	2662	417	371	431	912
2023-05-02	35553	6296	151	381	0.024	235.45	2880	327	329	393	591
2023-05-03	41325	6395	194	448	0.0303	213.02	2974	356	356	429	568

图 5-98 找到数据并填入店铺经营报表

日期	店铺整体数据						流量来源				
	交易金额	访客人数	支付人数	支付件数	单品转化率	客单价	直通车	我的淘宝	淘宝客	手淘搜索	购物车
2023-05-01	70442	6704	299	787	0.0446	235.59	2662	417	371	431	912
2023-05-02	35553	6296	151	381	0.024	235.45	2880	327	329	393	591
2023-05-03	41325	6395	194	448	0.0303	213.02	2974	356	356	429	568
2023-05-04	42828	6665	191	472	0.0287	224.23	3141	390	335	490	596
2023-05-05	58375	7976	261	652	0.0327	223.66	3683	502	356	645	746
2023-05-06	27046	8653	148	232	0.0171	182.74	4338	552	274	567	612
2023-05-07	24033	7705	129	200	0.0167	186.3	3674	523	270	486	553

图 5-99 保存店铺经营报表

店铺经营报表制作机器人的完整业务流程如图 5-100 所示。

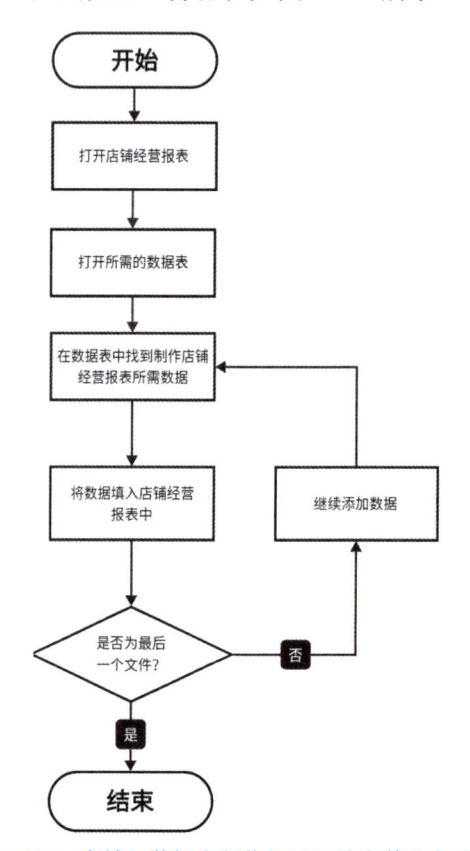

图 5-100 店铺经营报表制作机器人的完整业务流程

5.4.3　RPA 机器人流程设计

根据业务流程，以下是对 RPA 机器人实现流程的设计。

1. 打开数据表

添加两个【打开/新建 Excel】指令，用于打开店铺经营报表及制作该表所需的数据表。

2. 找到数据并填入店铺经营报表

（1）添加【获取文件列表】指令，用于获取流量来源数据表的文件名。

（2）添加【ForEach 列表循环】指令，用于将获取的文件列表进行循环操作。

（3）添加【从文本中提取内容】指令，用于提取循环项（Excel 文件名）中的日期。

（4）添加【获取第一个可用行】指令，用于获取店铺经营报表中的第一个可用行。

（5）添加【写入内容至 Excel 工作表】指令，用于将提取的日期填入店铺经营报表中的指定位置。

（6）添加【查找数据所在行】指令，用于查找店铺整体数据表中与前面获取的流量来源数据表日期相同的行。

（7）添加【查找数据所在列】指令，用于查找店铺整体数据表中列名与店铺经营报表所需数据项名称相同的列。

（8）添加【读取 Excel 内容】指令，用于读取【查找数据所在行】和【查找数据所在列】指令所获取的行/列位置中的内容。

（9）添加【写入内容至 Excel 工作表】指令，用于将所读取的指标数据填入店铺经营报表中的指定位置。

（10）重复添加【查找数据所在列】、【读取 Excel 内容】和【写入内容至 Excel 工作表】指令，用于在店铺整体数据表中找到制作店铺经营报表所需的各项数据并将其填入店铺经营报表。

（11）添加【打开/新建 Excel】指令，用于打开【获取文件列表】指令所获取的流量来源数据表。

（12）添加【筛选】指令，用于筛选出制作店铺经营报表所需的数据。

（13）添加【读取筛选内容】指令，用于读取上一步所筛选的内容。

（14）添加【写入内容至 Excel 工作表】指令，用于将读取的流量来源数据填入店铺经营报表中的指定位置。

3. 保存报表

先添加一个【关闭 Excel】指令，用于将店铺整体数据表关闭；再添加一个【关闭 Excel】

指令，用于将填写好所有数据后的店铺经营报表关闭并保存。

5.4.4 开发步骤

本案例所需的数据集如图 5-101 所示。

图 5-101 本案例所需的数据集

1. 打开店铺经营报表及店铺整体数据表

打开影刀 RPA，在首页点击【应用】→【新建】→【PC 自动化应用】，新建一个 PC 自动化应用，如图 5-102 所示。此时，会自动跳转到应用开发界面。

图 5-102 新建一个 PC 自动化应用

在应用开发界面中，添加【打开/新建 Excel】指令，并在该指令配置界面中点击【选择文件】按钮，找到店铺经营报表的文件路径，使用同样的操作打开店铺整体数据表，如图 5-103 所示。由于流量来源数据是日数据，被存储在多个数据表中，所以可以在下面的循环板块中依次打开。

2. 找到数据并填入店铺经营报表

从图 5-95 可知，店铺经营报表中需要填写的内容可分为 3 个板块，即日期、店铺整体数据及流量来源板块,且日期板块内容可在流量来源数据表的文件名中提取。

图 5-103 【打开/新建 Excel】指令配置界面(1)

1)日期板块

(1)添加【获取文件列表】指令,并在该指令配置界面中选择流量来源数据表文件所在的文件夹,获取文件名中有"-"符号的文件列表,并将获取的文件列表保存到变量【file_paths】中,如图 5-104 所示。

图 5-104 【获取文件列表】指令配置界面

（2）添加【ForEach 列表循环】指令，并在该指令配置界面中设置【列表】为步骤（1）所生成的变量【file_paths】，也就是流量来源数据表的文件列表，并将每次循环的文件类别保存到变量【loop_item】中，如图 5-105 所示。

图 5-105　【ForEach 列表循环】指令配置界面

（3）添加【从文本中提取内容】指令，并在该指令配置界面中设置【文本内容】为【loop_item】、【提取方式】为【提取自定义内容】，在【正则表达式】输入框中输入正则表达式【\d{4}-\d{2}-\d{2}】，用于提取日期内容，将每次提取的结果保存至变量【日期】中，如图 5-106 所示。

图 5-106　【从文本中提取内容】指令配置界面

（4）将获取的日期内容填入店铺经营报表，添加【获取第一个可用行】指令，并在该指令配置界面中设置【Excel 对象】为【店铺经营报表】，如图 5-107 所示；添加【写入内容至 Excel 工作表】指令，并在该指令配置界面中设置【Excel 对象】为【店铺经营报表】、【写入范围】为【区域】、【行号】为获取第一个可用行生成的变量【row_num】、【列名】为店铺经营报表中日期所在列【1】、【写入内容】为步骤（3）中提取的变量【日期】，如图 5-108 所示。

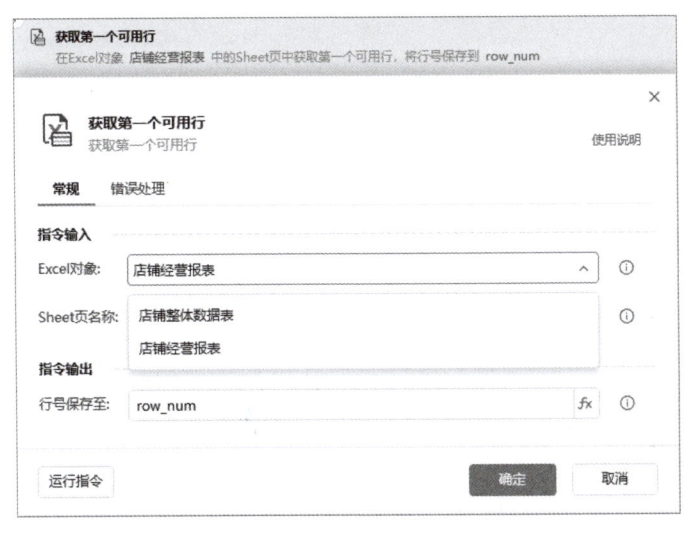

图 5-107　【获取第一个可用行】指令配置界面

图 5-108　【写入内容至 Excel 工作表】指令配置界面（1）

2）店铺整体数据板块

（1）找到填入店铺经营报表日期时该日期对应的店铺整体数据表所在行，添加【查找数据所在行】指令，并在该指令配置界面中设置【Excel 对象】为【店铺整体数据表】、【查找列名】为日期所在列【B】、【查找内容】为变量【日期】、【查找范围】为【第一个】、【匹配方式】为【相等】，将查找结果保存到变量【日期对应行号】中，如图 5-109 所示。

图 5-109 【查找数据所在行】指令配置界面

（2）查找店铺经营报表所需数据项对应的列名，添加【查找数据所在列】指令，并在该指令配置界面中设置【Excel 对象】为【店铺整体数据表】、【查找行号】为数据项名称所在行【1】、【查找内容】为店铺整体数据板块所需的数据项【交易金额】、【查找范围】为【第一个】、【匹配方式】为【相等】，将查找结果保存到变量【交易金额所在列】中，如图 5-110 所示。

（3）读取日期对应行及数据项所在列内容，添加【读取 Excel 内容】指令，并在该指令配置界面中设置【Excel 对象】为【店铺整体数据表】、【读取方式】为【单元格内容】、【行号】为步骤（1）生成的变量【流量来源日期对应行号】、【列名】为步骤（2）生成的变量【交易金额所在列】，将读取的 Excel 内容保存到变量【交易金额】中，如图 5-111 所示。

图 5-110 【查找数据所在列】指令配置界面

图 5-111 【读取 Excel 内容】指令配置界面

（4）将读取的数据内容填入店铺经营报表中的指定位置，添加【写入内容至 Excel 工作表】指令，并在该指令配置界面中设置【Excel 对象】为【店铺经营报表】、【写入范围】为【区域】、【行号】为店铺经营报表第一个可用行变量【row_num】、【列名】为数据经营报表中交易金额所在列【2】、【写入内容】为步骤（3）读取的变量【交易金额】，如图 5-112 所示。

图 5-112　【写入内容至 Excel 工作表】指令配置界面（2）

重复执行步骤（2）～（4），分别找到店铺整体数据板块的其他数据项并将其填入店铺经营报表。店铺整体数据板块的 RPA 机器人实现流程如图 5-113 所示。

3）流量来源板块

（1）打开流量来源数据表，添加【打开/新建 Excel】指令，并在该指令配置界面中设置【启动方式】为【打开已有的 Excel】、【Excel 文件路径】为前面【ForEach 列表循环】指令所生成的循环项变量【loop_item】，其变量内容就是流量来源数据表的文件路径，将 Excel 对象保存到变量【流量来源数据表】中，如图 5-114 所示。

图 5-113 店铺整体数据板块的 RPA 机器人实现流程

图 5-114 【打开/新建 Excel】指令配置界面（2）

（2）从店铺经营报表可知，流量来源板块所需的数据有【直通车】、【我的淘宝】、【淘宝客】、【手淘搜索】和【购物车】5 个来源，而流量来源数据表中有其他来源的数据，所以需要添加【筛选】指令。在【筛选】指令配置界面中设置【Excel 对象】为【流量来源数据表】、【筛选类型】为【等于】、【筛选行号】为【1】、【筛选列号】为流量来源名称所在列【C】、【筛选内容】为表达式模式【['直通车','我的淘宝','淘宝客','手淘搜索','购物车']】，如图 5-115 所示。

图 5-115 【筛选】指令配置界面

（3）添加【读取筛选内容】指令，并在该指令配置界面中设置【Excel 对象】为【流量来源数据表】、【开始行号】为【2】、【读取类型】为【筛选数据】，并将读取结果保存到变量【filter_content】中，如图 5-116 所示。

图 5-116 【读取筛选内容】指令配置界面

(4)如图 5-117 所示,Excel 筛选出来的内容属于多维列表,所以添加【多维列表转一维列表】指令。在【多维列表转一维列表】指令配置界面中设置【多维列表】为步骤(3)读取的筛选内容变量【filter_content】,将转变后的一维列表命名为【流量数据】,如图 5-118 所示。

图 5-117 Excel 筛选出来的内容

图 5-118 【多维列表转一维列表】指令配置界面

(5)将匹配好的内容填入店铺经营报表,添加【写入内容至 Excel 工作表】指令,并在该指令配置界面中设置【Excel 对象】为【店铺经营报表】、【写入范围】为【行】、【起始列名】为店铺经营报表中流量来源板块的起始列【H】、【写入方式】为【覆盖一行】、【行号】为店铺经营报表第一个可用行变量【row_num】、【写入内容】为【多维列表转一维列表】指令生成的变量【流量数据】,如图 5-119 所示。

(6)添加【关闭 Excel】指令,并在该指令配置界面中设置【Excel 对象】为【流量来源数据表】,由于筛选时会对源数据进行改动,因此设置【关闭方式】为【不保存】,如图 5-120 所示。流量来源板块的 RPA 机器人实现流程如图 5-121 所示。

图 5-119　【写入内容至 Excel 工作表】指令配置界面（3）

图 5-120　【关闭 Excel】指令配置界面（1）

第 5 章　影刀 RPA 实训案例

```
折叠开始
  说明：流量数据
    打开/新建 Excel
      打开已有的 Excel  loop_item ，将Excel对象保存到 流量来源数据表
    筛选
      在 流量来源数据表 的第 C 列从第 1 行筛选 等于 ['直通车','我的淘宝','淘宝客','手淘搜索','购物车'] 的内容
    读取筛选内容
      读取 流量来源数据表 从 2 开始到结束的可见内容
    多维列表转一维列表
      将多维列表 [filter_content] 转成一维列表保存在 流量来源数据 ，如：[[1,2],[3,4]] 转成 [1,2,3,4]
    写入内容至 Excel 工作表
      在 Excel 对象 店铺经营报表 中第 row_num 覆盖一行，从第 H 列开始写入内容 流量来源数据
    关闭 Excel
      关闭 Excel 流量来源数据表 ,不保存数据
折叠结束
```

图 5-121　流量来源板块的 RPA 机器人实现流程

3．保存报表

循环结束后，添加【关闭 Excel】指令，将填写好所有数据的店铺经营报表关闭并保存，该指令配置界面如图 5-122 所示。

图 5-122　【关闭 Excel】指令配置界面（2）

店铺经营报表制作机器人的整体实现流程如图 5-123 所示。

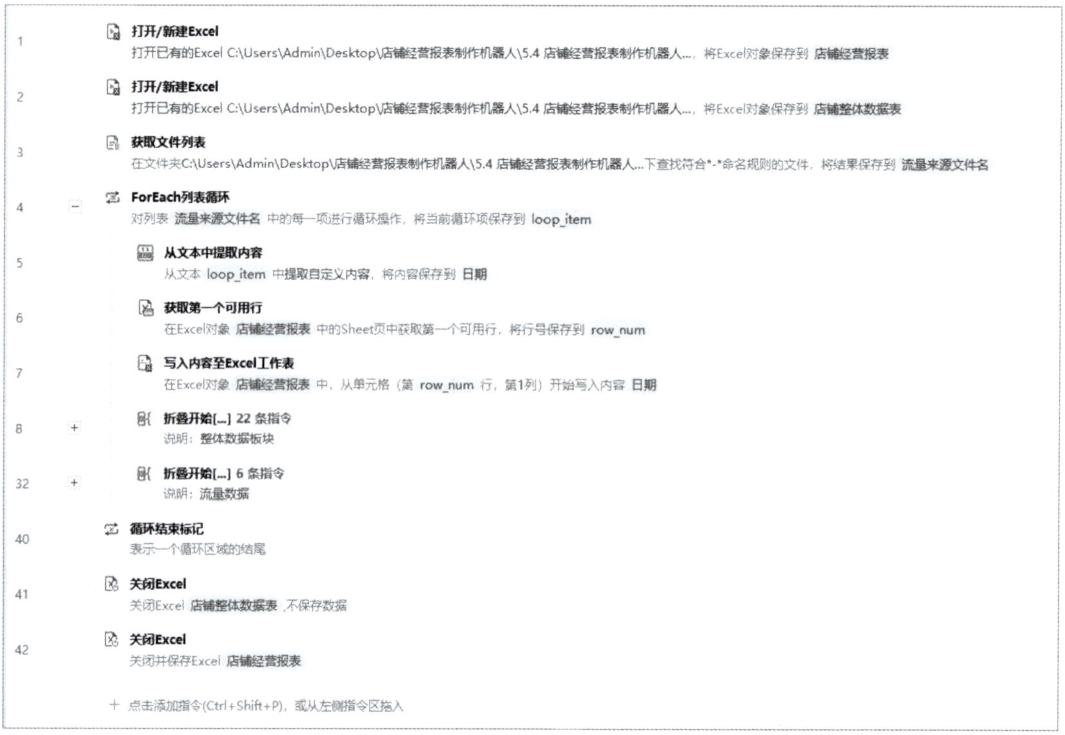

1		**打开/新建Excel** 打开已有的Excel C:\Users\Admin\Desktop\店铺经营报表制作机器人\5.4 店铺经营报表制作机器人\...，将Excel对象保存到 **店铺经营报表**
2		**打开/新建Excel** 打开已有的Excel C:\Users\Admin\Desktop\店铺经营报表制作机器人\5.4 店铺经营报表制作机器人\...，将Excel对象保存到 **店铺整体数据表**
3		**获取文件列表** 在文件夹C:\Users\Admin\Desktop\店铺经营报表制作机器人\5.4 店铺经营报表制作机器人\...下查找符合*-*命名规则的文件，将结果保存到 **流量来源文件名**
4	−	**ForEach列表循环** 对列表 **流量来源文件名** 中的每一项进行循环操作，将当前循环项保存到 **loop_item**
5		**从文本中提取内容** 　　从文本 **loop_item** 中提取自定义内容，将内容保存到 **日期**
6		**获取第一个可用行** 　　在Excel对象 **店铺经营报表** 中的Sheet页中获取第一个可用行，将行号保存到 **row_num**
7		**写入内容至Excel工作表** 　　在Excel对象 **店铺经营报表** 中，从单元格（第 **row_num** 行，第1列）开始写入内容 **日期**
8	+	**折叠开始[...] 22 条指令** 　　说明：整体数据板块
32	+	**折叠开始[...] 6 条指令** 　　说明：流量数据
40		**循环结束标记** 表示一个循环区域的结尾
41		**关闭Excel** 关闭Excel **店铺整体数据表**，不保存数据
42		**关闭Excel** 关闭并保存Excel **店铺经营报表**

图 5-123　店铺经营报表制作机器人的整体实现流程